基于古希腊神话的英雄史诗研究

吴国萍 著

应急管理出版社

·北京·

图书在版编目（CIP）数据

基于古希腊神话的英雄史诗研究／吴国萍著．－－北京：应急管理出版社，2021

ISBN 978 - 7 - 5020 - 8803 - 3

Ⅰ.①基…　Ⅱ.①吴…　Ⅲ.①神话—研究—古希腊

Ⅳ.①B932.545

中国版本图书馆 CIP 数据核字（2021）第 126783 号

基于古希腊神话的英雄史诗研究

著　　者	吴国萍	
责任编辑	陈棣芳	
封面设计	优盛文化	

出版发行	应急管理出版社（北京市朝阳区芍药居 35 号　100029）
电　　话	010 - 84657898（总编室）　010 - 84657880（读者服务部）
网　　址	www.cciph.com.cn
印　　刷	定州启航印刷有限公司
经　　销	全国新华书店

开　　本	710mm×1000mm¹/₁₆　**印张**　13　**字数**　230 千字
版　　次	2021 年 10 月第 1 版　2021 年 10 月第 1 次印刷
社内编号	20201817　　　　**定价**　68.00 元

前　言

　　神话对于任何一个民族来说，都是其先民集体意识的产物，所要表达的是人类解释自身和自然的愿望。作为一切文化的源头——神话，在其漫长的生成过程中，由于不同民族存在的社会经济条件、历史背景、宗教意识、文化传统的不同，民族审美心理的巨大差异使神话呈现一定的丰富性，也使各民族的神话表现形式各异。在各种神话类型中，古代希腊神话较具典型性。荷马史诗是希腊文学中的一颗明珠，包括《奥德赛》和《伊利亚特》两部史诗。荷马史诗具有强烈的英雄主义色彩，塑造了很多有血有肉、极具人文色彩的英雄形象，集中体现了荷马时代希腊人的英雄观。

　　在《荷马史诗》中，奥林匹斯的众神无论是在行为方式、思维方式还是在面貌形体上，都更加接近于人，具有"神人同形同性"的明显特征。在这些神身上，宗教的意味有所削减，这体现出了古希腊世俗性的宗教文化。这种世俗性在荷马史诗的众英雄身上也有所体现。荷马史诗中的英雄并非完人，他们大多具有双面性，无论是在与敌人、与大自然还是在与命运的搏斗中，他们都可能失败甚至死亡。英雄生命的脆弱使他们更接近于人，而作为古希腊人的杰出代表，

他们与命运的搏斗也表现出一种深沉的悲壮和崇高。荷马史诗中不厌其烦地赞美阿喀琉斯的形体之健美有力，奥德修斯的心智之聪慧坚韧。而与东方神话中高居云端的神仙不同的是，这些具有形体之美或理性之美的英雄普遍拥有人的各种欲望，他们享受酒肉和美女，争夺权力和利益，拥有世俗的情与欲。

虽然如今的时代是一个失去神话和英雄的时代，但我们仍然渴望英雄，呼唤英雄。希腊是古老的民族，它的神话英雄的性格和特点代表了西方国家、海洋国家的特点。研究古希腊神话对于我们进一步弘扬优良传统和人文精神、吸收其他民族的优良品质都有着多方面的意义。在撰写本书的过程中，参考了部分专家学者的研究成果，在此表示感谢。由于作者水平有限，书中难免存在疏漏之处，还请同行与广大读者不吝赐教。

吴国萍

2021.3

目　录

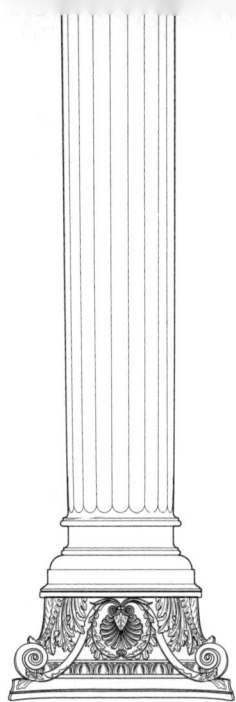

第一章 | 古希腊神话的古史观及研究理论和方法

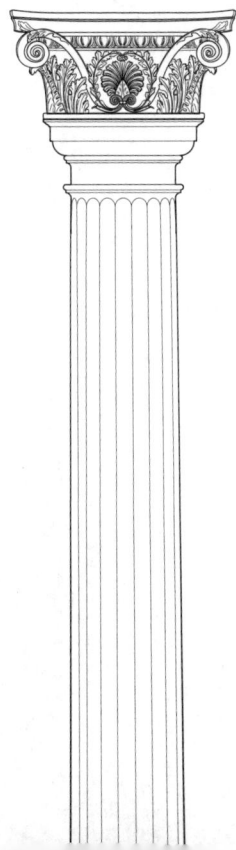

第一节　古传故事的类型

为了更加谨慎地研究希腊英雄故事中所包含的历史和文化信息，有必要首先澄清某些重要的概念，如神话（myths）、传说（legends，sagas）和民间故事（folk-tales）。三者都是民间自古流传的故事（traditional tales，简称"古传故事"），彼此亲缘密切、相互包容，很难做出清晰的学术界定。但出于研究需要，对这些概念加以适当澄清还是有必要的，虽然在实际应用时不必过分拘泥。学术界对这三种故事类型历来有一种朦胧的区分：神话似乎与古代社会有着特殊密切的关联，具有很实用的社会功能和文化意义，被原始先民视为神圣和真实的故事，主角是神和图腾动物，主题严肃、庄重，意义深远；民间故事则被认为是虚构的故事，是以娱乐消遣为目的，兼有教育和启发性；传说则是一种准历史的英雄传奇故事，其主角是凡人英雄。人类学的调查表明：很多古老民族能够对古传故事类型加以分辨，如真实与虚构之分或神圣与世俗之分。20世纪20年代，英国人类学家布罗尼斯拉夫·马林诺夫斯基（Bronislaw Malinowski，1884—1942）曾深入南太平洋特罗伯里安群岛（Trobriand Islands）的土著社会进行实地调查，发现当地土著能将古传故事分成三类：第一类故事叫"库克瓦尼布"（kukwanebu），相当于民间故事，是农闲季节演唱的供消遣娱乐的故事，有固定的表演形式。对于这类故事，说书人很注重故事情节的生动性和趣味性，讲起来绘声绘色，听众也听得津津有味，如醉如痴，但从不当真。其中某些故事据说还有促进生殖的巫术作用。第二类故事叫作"利伯沃格沃"（libwanebu），相当于历史传说，表演方式和时节不固定，被人们看作是真实的和有教益的，是土著记忆中代代相传的有关其先祖们的传奇经历、所见所闻和经验教训，是具体的、准历史的。叙述者在讲述这些故事时其对祖先的仰慕之情、自豪感、成就感和荣誉感会油然而生，并感染听者，使他们受益，唤醒他们的希望和激发他们的奋斗精神。用马林诺夫斯基的话说："（这类故事）可使过去的历史揭开帐幕，使人看见它的庄严伟大。"第三类故事叫作"里流"（liliu），相当于神话。简而言之，神话是真实而神圣的故事；传说是真实的故事，但未必神圣；民间故事则是虚构的娱乐性故事。

这种分法显得整齐划一，但在实际操作时，三种故事成分常常盘根错节地交织在一起，剪不断，理还乱，此中有彼，彼中有此，很难清晰划分。然而，为澄清概念，学者们仍努力尝试对其加以区分。首先应注意三种故事类型的共性：它们都属于"自古流传的故事"，在民间长期口耳相传，创作时代和作者均难稽考。有的学者将此三类故事统称为"散文体故事"（prose narratives），以区别于格言、谜语、民谣、诗歌、绕口令等其他口传文艺形式。但此种说法易导致误解，因为早期的神话传说多为诗歌形式，后来才被改编成散文故事。

关于民间故事，美国人类学家威廉·巴斯康（William Bascom）曾给出如下定义：

民间故事被认为是虚构的散文体故事，没有人视之为信条或历史。它们可能发生或不曾发生，没人对此当真。然而，尽管人们常说，讲述民间故事是为了娱乐，但它们还有其他重要功能，如一些民间故事所显示的道德说教性。民间故事可以被置于任何时空范围内，在此意义上，它们是没有时间限制（timeless）和地点限制（placeless）的。它们被称作"保姆讲的故事"（nursery tales），但在很多社会，它们并非只属于孩子们。它们也被熟知为"仙话"（fairytales），但这并不合适——不仅因为仙女故事通常被认为是真实的，而且因为大多数民间故事中没有仙女。

仙女、妖魔乃至神祇可能会出现，但民间故事通常讲的是动物或人的冒险。❶

巴斯康的定义把握了民间故事的几个重要特征：虚构性、无时间性、无地点性和世俗性；主角是人，或是仙女、魔怪等。然而，巴斯康的描述还不是很具体。古典学者杰弗里·柯克（Jeffrey Kirk）所勾勒的民间故事特征似乎更加生动直观，且看他给出的民间故事定义：它们是古传故事，没有确定的形式，其中的超自然成分是附属的；"严肃的"课题或对深奥和最急迫事物的思考并不是它们的主要关注点；它们最关心的是故事的趣味性。

柯克认为此定义是最一般性的、初步的和不完全的，因此他进一步对民间故事的细部特征加以描述，这些描述对我们识别民间故事助益匪浅。他指出："民间故事主要涉及普通人即大众的生活、问题和期望，没有贵族的情调。"❷形成对照的是，希腊神话的贵族色彩浓厚，其主角不是神就是"英雄"，后者都是出身高贵的人物，自命为"神的后裔"；民间故事则是"欧洲农民

---

❶ 阿兰·邓迪斯.神圣的叙述：神话理论读物 [J].美国民间传说杂说，1965(78):20.

❷ [英] 罗伯特·A.西格尔.神话理论 [M].刘象愚.北京：外语教学与研究出版社，2008:79.

的故事"或"家常故事"（household tales），直至 19 世纪前期才引起学术界的关注，并被搜集和研究。他进而指出：民间故事并不关心重大的问题，如死亡的不可避免性，或制度上的问题，或王权的合理性问题。它们的社会关注点局限在家庭问题上。民间故事涉及的主题是继母或嫉妒的姐妹所引发的困扰，而不是对乱伦的担心和所允许的性接触的界限。民间故事中的超自然成分包括巨人、妖怪、巫师、仙女教母、魔法用具或符咒，但没有扩展到完全意义的神祇的问题、世界或社会怎样形成的问题以及宗教方面的问题。

民间故事因为是讲给大众听的，所以要尽可能保持一般化和通俗化。故事一般以散文形式在民间口头流传，而不是像神话传说那样通常写成诗的形式。民间故事在讲述上有独特的方式，有引发惊喜和高潮的简单叙事技巧，有自己的故事套路和母题，后者构成故事结构中最基本的独立单元，可以是个典型形象或角色，也可以是个约定俗成的基本情节。最常见的民间故事类型是对英雄的考验：英雄人物要经历各种危险和困难的考验，战胜凶狠狡诈的妖魔鬼怪（如猛兽、毒龙、怪物、魔法师等），最终赢得锦标（如美人、公主、前王遗孀、半个王国等）；而且考验常常是三部曲，一次比一次难，但英雄总是最后的胜利者，并常常得到仙人的帮助。

研究神话的学者们很早就注意到，希腊神话里充溢着民间故事的母题和套路。柯克解释说："神话也是故事，也要吸引听众，因而很自然地吸收民间故事的主题和技巧，以增加故事的生动性和趣味性。"❶ 如英雄柏勒洛丰的故事，地点、人物和神祇都很具体，也有较严肃的神话主题，如神明嫉妒凡人功业和凡人切忌狂妄的主题，具有宗教教训的意义。然而，该故事本身却吸收了大量民间故事的母题（motif）和主题（type），如"波提乏之妻""乌利亚的信""看似不可能完成的任务""战胜妖怪，赢得公主"等。至于罗马版本的"普赛克与丘比特的故事"，虽然貌似神话，但却充溢着民间故事的母题和套路，实属披着神话外衣的民间故事。

关于神话，威廉·巴斯康也给出一个定义：

神话属于散文体故事，在其被讲述的社会里，被认为是对遥远古昔事件的真实叙述。它们是靠信仰而被接受下来的，传授它们是为了相信它们，也可引之为权威来驳斥无知、怀疑和不虔信。神话是教义的体现，通常是神圣的，常常与神学和仪式相关联。它们的主角并不总是人，但常有人的属性；他们是动物、神祇或文化英雄，其行为被置于较早时代，彼时的世界不同于今日，或被置于另一个世界，如天空或地下。神话解释世界的起源、人类的

❶ ［英］罗伯特·A. 西格尔. 神话理论 [M]. 刘象愚. 北京：外语教学与研究出版社，2008：90.

起源、死亡的起源、鸟和动物的特征、地理特征和自然现象。它们可以讲述神祇的活动，他们的爱情故事、家庭关系、友谊和仇恨、胜利与失败。它们旨在解释这包括祭礼用具或仪式的细节，或者为什么要遵守禁忌，但这种说明性的因素并不局限于神话。

关于传说，巴斯康给出的定义是：

传说系散文体故事，与神话类似，被叙述者和听众当作真事看待，但被置于不那么遥远的时期，彼时的世界与今日相差无几。与神圣的故事相比，传说常常更世俗些，而且其主要角色是人。传说讲述移民、战争和凯旋，往昔的英雄、酋长和国王们的功绩，以及王朝的兴替。它们常常以口头传颂的方式对书面历史进行补充，但有关宝藏、幽灵、仙女和圣人的地方故事也包括在内。

巴斯康的定义给出了神话、传说与民间故事的基本不同点。就信仰而言，神话和传说都被先民们当作真事看待，而民间故事则被看作是虚构的。在故事发生的背景上，神话被认为发生在遥远的古昔；传说被认为发生在最近的过去；民间故事则没有具体的时间限定，似乎任何时候都能发生。就故事发生的地点而言，神话被认为发生在较早的时代或另一个世界里；传说被认为发生在今天的世界里；民间故事则没有地域限定，似乎发生在任何地方都是可能的。就人们对三类故事的态度而言，神话被认为是神圣的，传说被认为是世俗或神圣的，民间故事则被认为是世俗的。就主要人物而言，神话的主角是神，传说的主角是人，民间故事的主角是人或某种超自然的角色。另外，民间故事的开场白已形成俗套，神话和传说却没有。

巴斯康的定义是描述性的，即说明神话、传说和民间故事究竟是什么样的。瑞士古典学学者瓦尔特·伯克特（Walter Burkert）则从功能性角度给出一个更简洁的神话定义："神话是一种自古流传的故事，间接地、部分地与某种具有群体重要性的内容相关联。"❶ 该定义突出了神话的两个特征：神话的古传性和社会性。首先，神话是自古流传的，产生于史前时期，包含远古时代的历史和文化内核，很可能源于某个真实的历史事件、某种风俗制度或宗教观念等。其次，神话产生并服务于某个特定的社会集团，并对之意义重大。然而，荷兰学者简·布里摩尔（Jan Bremmer）在研究希腊神话后指出，希腊神话既是古传的，"也常常是非古传的"，也要随着社会的发展而变化，不断创新。因而，在强调希腊神话古传性的同时，也必须强调其非古传性和创新性。

巴斯康的定义给我们提供了区分三种古传故事类型的标准。然而，在实

❶ [美] 依迪丝·汉密尔顿. 神话 [M]. 刘一南，译. 北京：华夏出版社，2010:105.

际操作中，清晰地区分常常是不可能的。在很多原始民族中，传说和神话是可以被区分的。传说是准历史的陈述，是世俗性的、真实的，其主角是人。神话则不仅被看作是真实的，而且是神圣的，是真理的体现，是不验自明的，其主角是神或图腾动物。人类学家弗朗兹·博厄斯（Franz Boas）曾指出：北美钦西安人（Tsimshians）能区分两类不同的故事：一类是历史或历史化的故事，发生在我们所生活的时代；另一类是神话，发生在人兽未分的"神话时代"或创世时代。然而，这两类故事并不存在绝对界限，图腾动物常常钻入历史故事中；而历史故事也常常被移植到神话时代。如果对文明古国的神话和传说加以考察，也会有混沌未分之感。

古希腊的英雄故事自然属于"英雄传说"范畴，但若称之为"英雄神话"（heroic myths），以区别于所谓的"神祇神话"（divine myths），亦无不可。由于故事的主角是凡人，其活动被置于尚不遥远的"英雄时代"，人物和地点都交代得很具体，叙述也较写实，给人以强烈的历史感，因而把这些故事归入传说是有充分依据的。然而，学术界常把古希腊的英雄故事归入神话类，其根据是：虽然故事主角是凡人，但他们都是出身高贵的"神的后裔"；神灵仍积极介入英雄们的活动，超自然、超现实的气氛仍很浓厚；神与人虽然已经分离，但仍保持非常密切的关系。故事发生的时代属于朦胧的史前时代，难以稽考，故事中的英雄人物没有哪位能被确认为真实的历史人物。此外，希腊神话中的某些神生于凡间，长于凡间，和传说中的王子、公主无异。例如，酒神狄俄尼索斯（Dionysus）就是宙斯与忒拜公主塞墨勒（Semele）所生之子，卡德摩斯（Cadmus）的外孙。他不是高居奥林匹斯神界，而是周游人世间，传播葡萄种植术、酿酒术及神秘宗教，扮演文化英雄和教主的角色。森林之神潘（Pan）竟被说成是奥德修斯（Odysseus）的忠贞贤惠的妻子佩涅洛佩（Penelope）与赫耳墨斯（Hermēs）神所生之子。希罗多德（Herodotus）甚至推算出这两位神的确切出生年月，狄奥尼索斯和潘分别比这位历史学家早出生 1600 年和 800 年。❶鉴于这些特殊性，将古希腊的英雄故事归入神话也是有充分依据的。这说明，神话与传说之间并无绝对分野，希腊神话尤其如此。出于学术研究的需要，我们有必要了解神话与传说的差异，但在实际操作中不必过分拘泥。

另须注意的是，传说故事中也常常有吸收大量民间故事的成分。如果我们把荷马史诗《奥德赛》中有关奥德修斯在海上的漂泊历险当作英雄传说看待，我们会发现，这个传说实为民间故事母题的大杂烩。如果我们承认传说故事有其历史内核，这种史实基础经民间长期口头流传，按民间故事的

❶ 徐旭生．中国古史的传说时代 [M]．桂林：广西师范大学出版社，2003:23.

母题和技巧进行加工和再创作,再加上诗人的文学润饰与夸张,以及口传诗歌的流动即兴特征,必定会被严重地歪曲,使我们辨别史实内核的工作更趋困难。

看来,三种古传故事此中有彼,彼中有此,做出清晰界定的确困难。尽管如此,对神话和传说的主要特征还是应该加以归纳,给出较为折中的描述式定义。首先谈谈传说。"传说"的英语词汇 legend 源自拉丁文的 legenda("读物");古挪威语为"saga"(萨伽),系指散文体英雄故事;德语为 sage("圣人")。总而言之,传说是一种古传故事,故事的主角是凡人英雄,有些是在真实历史人物基础上加工而成的,但也不排除神祇、图腾动物、仙女、魔法师、巨人、恶龙及其他超自然精怪的介入。故事发生的地点常常交代得比较具体,多为现实世界中的真实地名,不像民间故事那样,放之四海而皆准,也不像神话故事那样发生在非现实的世界,故事通常被置于"英雄时代"。该时代被描绘为人神分离但彼此交往密切的时代,常与某个民族历史上的某个特定时代相关联,可能很古远,也可能很晚近。在理性较弱的时代,讲述者和听众都把传说故事当作史实看待;但从现代学术角度看,尽管某些传说可能有其真实的历史内核,但总体上和细节上都是虚构的。与神话相比,传说中的神异荒诞成分要相对少些,对故事情节和环境的描述相对写实些。由于超自然因素的淡化,现实感和世俗感的加强,时间、地点和人物交代得较具体,主角是人而非神,因而常给人以较强的可信性,但神圣感和神灵启示色彩则相对削弱了。

至于神话,其内涵更宽泛些,足以涵盖那些既可纳入传说亦可归入神话范畴的英雄故事。神话也是古传的故事,但故事发生的背景不像民间故事那样含糊不清,也不像传说那样,让故事在某个现实和具体的历史背景下展开,而是被置于遥远的古昔、不可记忆的年代、创世的时代、梦幻的时代、人神共处的"黄金时代"以及人神分离但关系依然密切的"英雄时代"。与传说相比,神话故事的时代背景和情节中超自然与超现实的气氛相对浓厚,历史感和现实感相对弱些,但绝对的分野并不存在。当代社会生活的细节也经常融入神话中,成为其整体有机的一部分。神话的主角是神灵,荒古时代的图腾动物,还有与神渊源深厚的超人、英雄,但神灵和图腾动物的参与是必不可少的。神话与宗教关联密切,很多是解释神灵和宗教仪式起源的,因而被看作是神圣的。神话一般面对重大严肃的主题,涉及自然、社会、人生的重大问题,力图解释自然万物和各种现象的起源、社会风俗礼仪和典章制度的确立等;神话中主角的活动对某个部族、群体而言常常是意义重大的,影响深远的,而这种活动又往往是出于无意和偶然。神话往往服务于它赖以

产生和发展的特定的社会和群体，具有很多现实的无可替代的社会功能，可以凝聚人心，规范调节社会心理和行为，确认某种社会风俗、制度和特权的合理性，等等。总之，神话有一种不同于其他口传故事的特质。尽管今人看上去似乎荒诞离奇，不足为训，但在它赖以产生并不断被加工改造的古代社会中，作为一种"活的载体"，则被看作是神圣的、真实可信的、实用的和有教益的。

第二节　古希腊人的神话古史观

一、早期诗人和历史学家的神话古史观

古希腊人对神话和历史并无明确的界定。在他们看来，神话就是古代的历史，从鸿蒙初辟的创世时代讲起，把宇宙的形成解释成神族的自然繁衍过程；日月星辰和山林川泽等自然万物都成了拟人化的神灵，都能在神族的谱系中找到自己的位置。神话还讲述天界的王朝更替，老一代的巨人神族与新一代的奥林匹斯神族的战争，以及后者建立宇宙新秩序的故事。继而，神话开始讲述人类的起源和早期历史，如宙斯怎样创造和毁灭人类种族；雅典娜（Athena）怎样协助普罗米修斯（Prometheus）用泥土造人；诸神怎样创造第一位女人潘多拉（Pandora）；还有人类诞生于大地、湖水或树木的故事及以人神共处、其乐融融的"黄金时代"和希腊版本的"失乐园"故事。随后，神话开始讲述英雄们的时代，一个人神分离但仍交往密切的时代，讲述一个介于人神之间的曾被诗人赫西俄德（Hesiod）称作"半神"的高贵正直的"英雄种族"。他们被认作历史时期希腊人的先祖，是神与凡人结合繁育的后代。他们是部落的名祖、城市的创建者，曾创造许多非凡的业绩，如阿耳戈（Argo）英雄远征黑海夺取金羊毛，狩猎卡吕冬（Caludon）野猪，"七雄"与"后辈英雄"攻打忒拜，希腊人联合远征特洛伊，最后，伴随着"赫拉克勒斯子孙"的回归，"英雄时代"的帷幕最终落下。这些神与英雄的故事，在历史时期的希腊人心目中，都是古昔真实发生过的。

这些"古史"的早期传承者不是历史学家，而是史前文盲时代和历史初期的口传诗人们，他们是故事的讲述者，也承担着历史学家和教育家的职责，扮演着文化传承者的角色。当然，他们不具备历史学家的那种年代学意识，因为神话本身就是超越于时间概念之外的。荷马的英雄们"生活"在往昔某个不确定的时间点上，他们与现世的唯一关联就是从他们及其行为中吸

取灵感和教训。《伊利亚特》中没有年代。荷马没有安置特洛伊战争的时间框架，"知道年代"本来就与他无关。❶因为英雄史诗对时间的延续不起什么作用，年复一年对荷马来说几无差别。格劳库斯（Glaucus）对狄俄墨得斯（Diomedes）的谈话反映了荷马的态度："人类世代相继，犹如落叶不息。风吹枯叶满地，而每逢春归，活木复萌新芽。人类世代生息，亦复如是。"❷

继早期诗人之后，在公元前6世纪后期，希腊出现了最早以散文形式记述历史的人，即所谓的史话家（logographoi）。他们是历史叙事作品的先驱，重视对地方编年史和传说谱系的研究与整理，曾被希罗多德称作"故事的讲述者"。最早的史话家来自小亚细亚的爱奥尼亚人殖民地，如米利都的赫卡泰俄斯（Hecataeus），生活于公元前500年前后。其他人如阿尔哥斯的谱系学家阿库西劳斯（Acusilaus）、西基昂的达玛斯忒斯（Damastes）、莱斯沃（Lesvo）斯岛的赫兰尼库斯（Hellanicus）和雅典的佩里基德斯（Pherecydes）等，大约都生活于公元前5世纪，是希罗多德的同代人。他们的完整作品均已失传，但其作品内容却为古典作家们经常援引或转述，因而尚有相当数量的残篇存世。他们有了更清晰的年代意识，致力于地方史料的收集、整理和编纂，将很多英雄故事纳入其系统和连续的谱系或年表中。他们相信神话就是"古史"，并以散文形式陈述，叙事内容常显得荒诞不经。他们当中的某些精英分子则更具批判精神，难以容忍神话传说中的荒诞细节，遂依靠理性的武器，对古代神话材料进行辨析和改造，试图删除其神异、荒诞和非理性的成分，保留和恢复其"史实"成分，这就是神话的"合理化"，这种做法尤其体现在赫卡泰俄斯的著作中。

赫卡泰俄斯的著作大多已失传，仅有残篇存世。在其被称为《谱系》（Genealogies）的著作开篇，他嘲讽古希腊人失于轻信，对众多荒诞可笑的故事不加分辨，表示自己只按自己觉得可信的方式叙述古史，然而赫卡泰俄斯并不完全排斥这些可笑的故事。他相信故事里保存着真实的历史成分，只想剔除其荒诞不合理的成分，恢复"历史"的本来面貌。例如，赫拉克勒斯据说曾从冥界抓回守卫哈得斯宫殿大门的三只犬。赫卡泰俄斯认为不应从字面理解这个荒诞的故事，而应还原其本意：赫拉克勒斯曾在通常被人们看作地府入口的泰纳隆海角抓住一条巨蟒，此蟒因其致命的毒性而获得"哈得斯之犬"的绰号。后人从字面上理解此绰号，产生误解，遂导致出现如此荒诞的故事。另一个合理化例证是有关弗里克索斯王子骑着长有金羊毛的有翼公羊飞往黑海东岸科尔基斯国的故事。赫卡泰俄斯觉得故事情节不可信，认为

❶ [法]K.K.卢斯文.神话[M].耿幼壮，译.太原：北岳文艺出版社，1989:52.

❷ [美]依迪丝·汉密尔顿.神话[M].刘一南，译.北京：华夏出版社，2010:251.

事实真相应该是：弗里克索斯乘坐有羊头标志的船驶往黑海。关于埃及普图斯国王拥有50个儿子的传说，赫卡泰俄斯从希腊人实行一夫一妻制婚姻的实际经验出发，觉得此说荒谬绝伦，于是天真率直地做出自己的主观判断，认为埃及普图斯国王所生育的孩子，"依我看，连20个都不到"。❶

史话家们开始了神话的合理化、历史化和世俗化进程，这反映了他们的理性觉醒和历史意识的加强。然而，从现代学术的角度看，古希腊人的"合理化"手法是主观的、随意的、幼稚的，无任何科学性而言。他们"去伪存真"的努力虽然把神话改造得貌似"历史"，但却不能恢复神话的历史内核，往往与事实相去更远了。

早期历史学家们在讲述和复原"古史"的同时，还不断地编造新的"古史"，为其所在族群和城邦的政治利益服务，这和早期诗人们的做法一脉相承。编造"古史"的做法在希腊很普遍，在雅典尤其显著。赫兰尼库斯擅长地方史和族群史的写作。他的《阿提卡史》（Atthis）开创了一种地方编年史风格，史前部分汇集了阿提卡地区的神话传说，其中有很多是历史时期的编造附会，包括雅典的"王表"。

二、希罗多德和修昔底德的神话古史观

早期希腊史学家中的最杰出代表，真正历史学的奠基人是希罗多德，其著作《历史》的叙述对象是当代史，即希腊人与波斯人的战争，但在分析希波战争的起因时，他在其所了解的世界范围内展开调查，追溯各地的"古史"和风俗制度的起源，因而涉及丰富的古传神话内容。这位"历史之父"对古代神话的态度和分析方法自然是本书感兴趣的课题。他开篇即追溯希波战争的古代起因，认为希腊与亚洲的矛盾由来已久，即所谓"冰冻三尺非一日之寒"。但他引用的证据，即导致双方矛盾的古代历史事件，实质上都是神话故事，如伊娥被劫持到埃及，欧罗巴和美狄亚被劫持到希腊，以及海伦被劫持到特洛伊等。只是这些神话故事被合理化了，其神异荒诞成分被净化了。然而，在更多情况下，他只是不加批判地讲述那些神话版本的"古史"，或是那些按民间故事母题加工过的近代或当代史，但不愿为这些事件的真伪承担责任，而是把传闻的来源归于给他提供信息的希腊人或外国人。他只是据实陈述而已，而把评判权留给他的听众或读者。他说："我有义务把我听到的事情如实陈述，但我绝无任何义务去相信它，这种做法贯穿我全书的始终。"❷

❶ [法]K.K.卢斯文.神话[M].耿幼壮，译.太原：北岳文艺出版社，1989:87.

❷ [英]菲利普·马蒂塞克.希腊罗马神话[M].崔梓健，译.北京：民主与建设出版社，2018:204.

古典时代的希腊史学家都有强烈的历史年代意识，希罗多德也不例外。在某些例子中，他试图给出传说事件和人物的准确年代。他认为赫拉克勒斯比他早900年，特洛伊战争比他至少早800年，荷马比他早400年等，从而把神话人物和事件置于可供考察的年代体系中。他甚至在个别场合已经朦胧地感觉到"英雄时代"和历史时期的差异，而把后者视为更可信的"人类时代"，希罗多德的年代体系是靠推算谱系建立起来的，这是古典史学家惯用的年代学方法。他在讲述温泉关战役前曾列出斯巴达国王列奥尼达的20位祖先；在讲述米卡列战役前又介绍了另一国王列奥提基达斯的20位祖先；两个王族的始祖都是赫拉克勒斯。梅叶认为，希罗多德可能根据斯巴达王族的谱系（按每代40年）来推算赫拉克勒斯的年代；伯克特则认为希罗多德可能是根据伪造的吕底亚人王表来推算的。尽管谱系本身很不牢靠，计算方法也不准确，但毕竟体现了古希腊人历史意识的觉醒。谱系在神话和历史时期之间架起了一座可沟通的年代桥梁。当然，我们也应该注意到，希罗多德无意给所有的神话人物和事件确定年代，而是选择他认为重要和有意义的，或是他认为可靠的。对大多数神话事件，他并不做年代推算，也很少试图在各种神话事件中建立起年代联系。他这样做可能是由于手段匮乏，无从稽考，或因故事邈远而心存狐疑，不愿意花费过多的精力。这和他处理希波战争的严谨手法形成对比，显示出他对待神话和历史题材的手法上的差异。

总之，希罗多德是古希腊史学走向成熟的代表。他和古代史话家一样，喜欢搜集神话版本的"古史"材料，把荒诞的古代和当代传奇讲述给听众；但他已经有了理性批判的能力，并不盲目相信他听到的任何传闻，也不愿意为古代传闻的真实可靠性承担责任。当他觉得必要时，他会为读者提供更加合理化的神话版本。他已经有了很强的历史年代意识，在某些场合试图推算出神话事件的确定年代，甚至已经模糊地感觉到神话时代与历史时期的差异。然而，他仍把神话传说当作古史陈述，相信其基本的真实性。今人眼中的神话故事和神话人物，在他看来依然是史实和真实的历史人物。在他那里神话与历史仍然不能清晰地区分开来。

修昔底德（Thucydides）是古希腊最伟大的历史学家，他以客观、严谨、重实证和理性批判著称于世，与希罗多德有闻必录的治史方法形成鲜明的对照。他的历史著作以伯罗奔尼撒战争史为研究课题，史料价值和研究方法均受到古今史学界的高度评价。与同代史话家们对任何故事都轻信盲从，不愿辛苦付出去探寻真理，不加甄别地全盘接受不同，他认为传说的细节令人难以置信。另外，擅长讲故事的史话家们为吸引听众常常不顾事实真相，而他

认为史诗诗人的铺陈夸张会导致事实的扭曲。❶因而，他在史著中绝口不提"怪力乱神"的荒诞内容，而是致力于史料的甄别，在调查研究的基础上做出冷静客观的描述和判断。

但这里仍需要关注的一点是修昔底德虽以当代的伯罗奔尼撒战争为研究对象，但在追本溯源时，就不可避免地回到传说的时代，因而他把《伯罗奔尼撒战争史》的第一章奉献给"古史"研究。然而，修昔底德的研究方法在探索传说历史时常常力不从心，难以奏效。由于既无现代考古学的手段，也无可供考据的古史资料。与希罗多德和其他史话家一样，他从口传诗人那里继承了一笔神话传说的遗产，至于其真伪虚实，只能靠推理和经验做出判断。他所依赖的资料源，除了荷马的诗篇，就是史话家的散文记述。他质疑这些资料源的史料价值，但他别无选择，只能根据这些不可靠的"史料"复原希腊古史的"原貌"。他的通常办法是基本相信传说的史实基础，批判和订正不合理的细节。他所复原的"古史"是经过理性梳理的神话，尽管他的洞察力和批判力令人印象深刻，但是他的神话古史观与希罗多德其实并无差别。在他的史著中，著名的神话人物如珀尔修斯、珀罗普斯和阿特柔斯，依然是历史上真实的王朝奠基者。阿伽门农（Agamemnon）依然是远征特洛伊的希腊联军统帅，希腊世界最有实力的君主。他和希罗多德一样，都把传说的克里特国王米诺斯看作希腊最早创建海军的真实历史人物，都不曾怀疑其"海上霸权"传说的史实基础。然而，在该场合他却没有修昔底德那般更清晰的历史意识。例如，修昔底德把米诺斯的"海上霸权"置于朦胧往昔，而把公元前6世纪晚期的萨摩斯岛僭主波吕克拉特斯看作"人类时代"的第一个海上统治者。德国古典学学者格拉夫因而认为，就神话的历史性而言，"现代的"修昔底德并不比"幼稚的"希罗多德高明多少。他进而指出："尽管希罗多德所用的词句'人类时代'可能暗示，把神话看作某种本质上不同于历史的东西的观念已经萌芽，但在其他地方，他和所有的晚期历史学家一样，只是根据事情的可证实程度来区别神话和历史。越遥远的事情就越难证实。"❷

现代历史学家认为神话和历史是两个不同的完全对立的概念，而古代历史学家却把它们看作单一的连续体。对希罗多德而言，神话并不是伊娥、欧罗巴、美狄亚、海伦和米诺斯的故事，而是那些不合乎可能性和经验的传闻，如大洋之水被南风所迫涌入尼罗河导致河水上涨之说。类似地，当修昔底德讲到"神话"时，他所指的是一种令人难以置信的娱乐性的历史叙述。

❶ 劳比特斯契克.希腊人怎样看待其早期历史 [J]. 古代世界,1989(20):41.

❷ 劳比特斯契克.希腊人怎样看待其早期历史 [J]. 古代世界,1989(20):90.

他避开这种类型的历史，试图写出"无论何时都有价值的东西"。

尽管古希腊历史学家有了历史分期的初步意识，并把朦胧的往昔归入"英雄时代"和"神话时代"，但他们并不怀疑那个时代的历史真实性，而且把希腊的历史进程看作是连续发展的。他们并未感到从"英雄时代"至历史时期发生了什么断裂，不觉得有任何激烈的人口变动，而历史时期显贵家族的谱系都能追溯到"英雄时代"。他们对那个时代的主要事件，如阿耳戈号英雄的远征、"七雄"攻忒拜和特洛伊战争等，也均持肯定态度；这些事件随着"赫拉克勒斯子孙的回归"和斯巴达君主制的建立而告终；而斯巴达的君主制从"英雄时代"一直持续到他们生活的年代；他们从考古上发现的"黑暗时代"并不存在于人物的意识中。

三、欧赫墨罗斯主义

欧赫墨罗斯主义（Евгемер-зм，欧赫墨耳主义 [Эвгемер-зм]）是在希腊化时期流行于希腊世界的学说，它是西西里的空想哲学家欧赫墨罗斯在《神书》中提出的。欧赫墨罗斯生活在马其顿国王的宫廷中，他的历史宗教观点是古典希腊一些史学家和哲学家的唯物主义观点的继续。欧赫墨罗斯认为，神和英雄不是别的，只是过去的伟大人物，被后人神化并赋予了超自然的品质，这和他所在的时代把希腊化时期的君主加以神化并无不同。希腊神话反映出来的乌拉诺斯、克洛诺斯和宙斯统治的依次更迭，在欧赫墨罗斯看来，是人民关于远古时期地上的君王——人类的救星——幻想性回忆的折射。虽然这种幼稚的唯理主义的解释不能说明大多数的神话，并且完全不能说明宗教仪式的性质，但是欧赫墨罗斯主义在古代的思想家中间毕竟得到了广泛的传播。罗马诗人埃恩尼斯把《神书》翻译成了拉丁文；公元前 1 世纪的作家，西西里的狄奥多罗斯在他的《历史丛书》中也介绍了欧赫墨罗斯主义的基本理论。

美塞尼人欧赫墨罗斯（Euhemeros of Messene）是希腊化时代的哲学寓言家。他生活在公元前 300 年前后，曾在马其顿国王卡桑德尔朝廷内供职；其有影响的著作是《圣史》（或译《圣录》），残篇保存在狄奥多罗斯（Diodorus）和欧西彼乌斯（Eusebius）的作品中，讲述他南下印度洋漫游诸岛屿的虚构故事，创作手法模拟早期乌托邦作品，如柏拉图的"大西岛"故事，但本意是宣扬一种新颖的神学思想，相关细节在狄奥多罗斯《历史文库》（The Library of History）第六章的残篇中，其表述如下：

关于诸神，古时的人传给后代两种不同的观念。他们说，某些神是永生不朽的，比如太阳、月亮和天上的其他星体，还有诸风及其他性质类似的

神。他们都是永恒的、无始无终的。然而另一些神，是属于地上的生物，由于他们施惠于人类而获得不朽的荣耀和名声，比如赫拉克勒斯、狄俄尼索斯、阿里斯泰俄斯和其他相类似的神。关于这些地上的神，历史学家和神话学家们流传给我们很多不同的故事。历史学家当中有欧赫墨罗斯，即《圣史》的作者，他为此写了一篇专论；而神话的作者们，如荷马、赫西俄德、俄耳甫斯和其他类似的人，则编造了有关诸神的相当荒诞的故事。就我们而言，我们只是尽力概述一下这两类作者的叙述，力争让他们都有所阐述。

先说欧赫墨罗斯，他是马其顿国王的朋友，应其邀请参与某些国事，并周游海外。他曾向南旅行，远至大洋。他从神恩眷顾的阿拉伯半岛起航，在大洋中航行多日，途经海中一些岛屿，其中之一被称作潘卡亚岛。住在岛上的潘卡亚人对神极虔诚，以极隆重的献祭和极可观的金银供奉太阳神。这个岛是诸神的圣岛，岛上有很多其他东西，以其古老和工艺卓绝而令人歆羡……岛上还有一座高丘，那里坐落着特里菲利亚·宙斯（"三个部落的宙斯"）的圣殿，这是宙斯成为世界万民之王并和他们在一起的时候亲自兴建的。这座神庙里立着一个金柱，上面用潘卡亚人的文字大略刻出了乌拉诺斯、克洛诺斯和宙斯的功绩。

欧赫墨罗斯接着说：乌拉诺斯是第一位国王。他是一位高尚仁慈的人，精通天体运行法则，也是首位通过献祭荣耀天上诸神的人，他也因而被称作乌拉诺斯或"天"。他和妻子赫斯提亚生有二子，即提坦和克洛诺斯；还有二女，即瑞娅和得墨忒耳。克洛诺斯继乌拉诺斯为王，娶瑞娅为后，生宙斯、赫拉和波塞冬。宙斯继承王位后，与忒弥斯、德墨忒耳和赫拉结婚，生育子女，先是库里特们（Curetes），然后是珀耳塞福涅（Persephone），最后是雅典娜。他访问巴比伦，受到伯罗斯（Belus）的款待；然后访问大洋中的潘卡亚岛，在那里为其家族的奠基者乌拉诺斯建立了祭坛。他从那里出发，途经叙利亚，会见了当时统治叙利亚的卡西乌斯（Casius），卡西乌斯山就得名于他；随后来到西里西亚，征服了该地区的首脑西里克斯（Cilix）。他还访问了很多其他民族，他们都膜拜他，公开称他为神。

欧赫墨罗斯认为神有两种：一种是自然的物质的神，实际上也就是自然界本身；另一种是被神化的人，他们原本是真实的历史人物，曾为人类建立不朽功勋，或征服诸多疆土，因而被人们尊奉为神明。欧赫墨罗斯神学思想的核心曾被狄奥多罗斯归纳为："那些因施惠于人而被人们惯称为永生者的诸神，实乃人类；后因征服诸多疆土，才获得现在他们所拥有的称号。"根据此说，既然神话中的诸神原本是历史人物，那么神话也就成了"乔装改扮的

历史"。❶

欧赫墨罗斯主义的诞生并非偶然，而是有其深刻的社会历史原因。随着亚历山大大帝东征的胜利和东方的希腊化，希腊人统治的王国在东方纷纷建立；同时，希腊人的宗教观念和政治制度也被东方化了。希腊征服者们成为东方的专制君主，并被尊奉为现世的神，于是出现了"君主崇拜"，这是希腊社会前所未见的现象，必然深刻影响欧赫墨罗斯的宗教思想，促成其学说的诞生。欧赫墨罗斯的学说在古典世界的影响很有限，卡利马库斯曾尖锐地攻击他亵渎神，厄拉托瑟尼（Emtothenes）干脆斥之为虚妄。然而，作为自古风时代就已出现的神话合理化和历史化趋势的新发展，欧赫墨罗斯主义把合理化的范围从英雄故事推广到神的故事；神明的神秘性和神圣性也因而大为减损，因为他们原本是人，是古昔的伟人，没有什么神秘性可言。因此，可以说欧赫墨罗斯主义是理性主义的深化，是神话"去神秘化"的一种尝试。

第三节　神话研究的理论和方法

一、当代欧赫墨罗斯主义

欧赫墨罗斯主义是古希腊产生的一种解释神话起源的理论，其核心内容是神是被神化的历史人物，神话是乔装改扮的历史。这种理论在古希腊罗马时代的影响力十分有限，但对后世影响深远。欧赫墨罗斯主义在中世纪始终保持影响，因为基督教神学家正可借此说明，异教的神实际上是历史上的凡人，从而证明异教神话的虚妄性，维护基督教的一神论。

在今天的神话研究中，欧赫墨罗斯主义已成为"历史化"（historization）的代名词，但在不同的场合有不同的含义。在印欧神话中，某些凡人英雄属于"隐退的神"，是由古老的神祇"转换"或"降格"而成的。神被贬为人的过程常用"欧赫墨罗斯主义"或"欧赫墨罗斯化"（euhemerization）的术语描述，即所谓的"历史化"或"人化"（humanization）。

欧赫墨罗斯主义在通常意义上是指一种解释神话的方法，即把神话解读为历史的做法。狭义的欧赫墨罗斯主义坚信"神话是乔装改扮的历史"，主张还原神话的历史原貌，方法无非是把神话"合理化"。古希腊人曾这样做过，今日仍不乏效仿者。19世纪后期考古学的长足进展带来了当代欧赫墨罗斯主义的复兴，致使某些学者深信神话具有史实基础，并对神话做表面的历

❶ 劳比特斯契克. 希腊人怎样看待其早期历史 [J]. 古代世界，1989(20):41.

史化解读。马丁·尼尔森在20世纪30年代曾对此现象提出批评："麦克斯·缪勒（Max Muller）和他的追随者们指责欧赫墨罗斯主义，但该理论在近年再度流行。依我看，这种反弹未免走得太远了。某些英国学者视神话为历史事实的复制品，就像（古希腊）编年史家把神话纳入其历史体系中一样。他们当然注意到神话中的荒诞成分，但认为神话人物及其业绩并不荒诞，而是良好的历史记录。他们甚至走得如此之远，毫不怀疑地接受神话的谱系和年代。我无法这样做……"

当代欧赫墨罗斯主义的研究方法在历史学家简·扎菲罗普罗（Jan Zafiropoulo）的《蜂蜜酒与葡萄酒：希腊青铜时代的历史》一书中得到淋漓尽致的展现。作者试图写出一部贯通希腊青铜时代的历史。按照他所复原的历史主线，从希腊时代晚期开始，希腊的阿哥利斯地区首次遭到达那俄斯率领的埃及化的腓尼基人的入侵；随后，在公元前1360年左右，腓尼基人卡德摩斯率领一支推罗人的军队入侵希腊，征服了德尔斐并成为忒拜统治者。此后的希腊陷入经济和宗教的南北冲突中。南方的阿卡亚人被描绘为繁荣富足的饮蜂蜜酒的"公牛崇拜者们"；北方的卡德美亚人则被描绘为贫穷的饮葡萄酒的"山羊崇拜者们"（酒神信徒们）。这种冲突以忒拜最终被摧毁而达到高潮。随着阿卡亚人势力向北方的扩展，迈锡尼国王阿伽门农发动了阿卡亚人对特洛伊的联合军事远征。

扎菲罗普罗（Zafiropoulo）把传说中著名的希腊英雄们都看作真实的历史人物，并对他们的政绩和品德进行评判。例如，他把卡德摩斯描述为"伟大的政治家"和"一流的行政管理者"，而且具有"真正杰出的品质"。在他复原的希腊青铜时代晚期的年表中，著名英雄的生卒年月和重大历史事件都被给出明确的年代。扎菲罗普罗的复原容易给人这样的错觉，即希腊传说中的所有英雄人物都是历史人物。而实际情况是，能够被古文献和考古资料证明为真实人物的英雄微乎其微；一些有可能属于历史人物的英雄，如阿伽门农等，迄今未被确切证实；而且神话学的研究可以证明，很多英雄是虚构的，有些是部落、民族、地方或抽象观念的人格化，有些是宗教性人物或神明，有些属于民间故事角色。"英雄时代"发生的重大历史事件，如忒拜战争和特洛伊战争，迄今未被确切证实；考古能提供诸如城堡兴建和摧毁的线索并给出一个大致年代，但具体的创建者以及创建和毁坏的原因仍难以窥究。因而，扎菲罗普罗的基本假设，即传说人物和事件均有史实基础的假设，显然是根据不足的。

就研究思路和方法而言，扎菲罗普罗基本上重复古希腊人将神话"合理化"的陈旧方法，即把超自然的荒诞神异的故事情节改造成合乎逻辑情理的

情节，而把那些比较写实的情节当作史实直接接受下来。他也大量采用语言学和考古学的资料，但这些资料只是为复原历史提供证据而已，而不是以考古学和语言学的证据为基础重建青铜晚期的古希腊历史。他所复原的"历史"充满主观臆断的色彩，与古希腊历史学家的做法如出一辙，甚至直接承袭已被古希腊人合理化的故事版本。

扎菲罗普罗的方法是狭义的欧赫墨罗斯主义在当代应用的典型例证。这种方法显然缺乏科学性，主观随意性非常浓厚。我们对欧赫墨罗斯主义应从广义上加以理解，即承认神话中包含着很多历史和文化成分，但不能用简单的合理化方式加以探讨和论证。考古学家要靠考古实物证据来复原爱琴史前史的基本轮廓，语言学家则通过释读和阐释爱琴古文献和相关的赫梯文献来复原古史，神话传说则可充当复原古代历史的线索和旁证材料。我们的研究目标是对神话传说材料做出分析和鉴别，钩沉神话传说中的古史和古代文化信息，这不是靠简单地合理化和历史化所能做到的。

二、神话仪式学派

在民俗学史上有一个重要的神话—仪式学派，这个学派是在文化进化论影响下针对表达艺术自身的进化提出神话的起源和发展问题。这个学派将文化和艺术的起点建立在原始人类的仪式行为上，伴随仪式的发展，口头表述不断成长，神话开始出现。仪式是原初的形式，神话是它的直接派生物。随着神话和仪式的神圣性逐渐丧失或者被人遗忘，神话也就渐渐变为故事或歌曲，仪式则成为戏剧、舞蹈、音乐或游戏。所有世俗艺术据说都有神圣的形式先驱，巫术—宗教仪式则具有这种先驱或起源性质。神话仪式论者努力再建神话或其他表述作品的仪式基础，通过确定这类起源性质的仪式来分析它的哪些成分仍旧保留在后来的作品之中。

（一）仪式行为先行论

神话—仪式研究直接来源于文化进化论。进化论的比较文化史研究，特别是比较宗教史研究都假设了一个人类文化、人类宗教的起源和衰落的历史演进模式，按照泰勒的遗留物原则，神话、巫术仪式等，都属于人类早期阶段代表性的文化工具，泰勒认为神话作为解释的根据建立在仪式之上，而无论神话还是仪式都涉及了宗教的本质问题，即它们的基础是万物有灵论。泰勒提出了万物有灵论是"最低的宗教定义"。由于宗教起源与万物有灵论联系起来，进化论的原始文化研究影响越来越大。

然而，随着研究资料越来越丰富，人们发现了更加繁多的事实，这些事

实使许多研究者开始了对泰勒理论的反思和修正。根据大量原始资料，一些学者认定，在万物有灵阶段以前存在一个更早且更原始的阶段，即以巫术阶段为先导的前万物有灵阶段。巫术先行论者同泰勒等人的进化论主张有一个鲜明的区别，即他们不仅把原始人的思维作为观察问题的出发点，而且也把观察和分析原始人的行为纳入视线。

巫术先行论者认为，观察人们实际上在做什么与探索他们内心深处的思想同等重要。他们似乎强调行动是信仰的出发点，而意义则产生于行动之后。他们要分析的是行动，而不是分析行动的动机。威廉·罗伯逊·史密斯（William Robertson Smith）、詹姆斯·乔治·弗雷泽（Vames George Frazer）、罗伯特·雷纳夫·马雷特（Robert Ranulph Marett）等人，都秉持这样的主张。

马雷特选择了"玛纳"作为其理论中心，在宗教的发展过程中提出了一个先于万物有灵论的阶段，不同意万物有灵是宗教的开端。他提出原始人是由崇拜某种非人性的权能和力量而开始产生宗教感受，这些力量实际呈现于任何不常见的对象或引人注目的现象之中。这就是"玛纳"。

马雷特把美拉尼西亚人的"玛纳"作为原始人体验到的臆想的"非人格力量"现象，宣称玛纳是信仰各种精灵、诸神、最后是上帝的一个源泉。按照马雷特的看法，原始人有这样一种感受，即在某些人和事物里存在着一种神秘的力量，当原始人面对令人敬畏和无从理解的事物时，就说："这个东西有玛纳。"于是玛纳成了附体之物。正是这种感受的临在和缺席使得神圣与凡俗、奇迹世界与日常世界隔绝开来。而且，这种感受是一种敬畏感，也就是恐惧、惊异、倾慕、感兴趣、尊敬、甚或爱的混合物。凡是激发这种情感并且被当作一种神秘事物的东西就是宗教。

马雷特感到，泰勒理性主义的原始文化研究没有对心灵的情感状态给予足够的认识，把原始人首先看作是理性的人，其次才是情感的人。他认为这是一种颠倒，提出巫术产生于情感张力，它们是由恐惧、敬畏、惊奇、赞叹之类的宗教感受或直觉组成的，这些宗教的感受或直觉是在面对所谓超自然事物时产生的。他认为，原始宗教百分之百是情感性质的，当这种情况充分地经常发生时，这种反应便得到稳定化，成为发达的巫术，也就是一种在社会上得到承认的习惯性的行为模式。

马雷特在《人类学》（1912）中总结道："野蛮人的宗教，与其说是部分地，不如说是整个地属于习惯的范围；在习惯表现为神圣之物的范围内，原始人便通过想象力在此范围内受习惯的强制。在原始人与尚未认识的准则（无非即其习惯）之间……我们可以说，任何一种习惯和每一种习惯，就其

被认为与交好运相联系而言，乃是一种宗教仪式。"

同探索原始人的理性思想相比，马雷特更强调对他们行为的观察。在马雷特晚年的著作《泽西人》中，他说："在研究原始人的民俗方面，与研究他们在做什么相比，我不那么强调他们在想什么，或者说，不那么强调去猜测他们的思想。"

马雷特在《宗教的肇端》第二版（1914）写道："就早期人类而言，并非观念引发行为，而是行为引发观念。野蛮人的宗教与其说是凭空想出来的东西，毋宁说是跳舞跳出来的。"

（二）仪式与神话密切相关

弗雷泽认为，神话产生于从巫术向宗教的过渡阶段。他指出，在巫术失败后，人们想象大自然是由神来操纵的，关于神的故事也由此产生，神话产生的时代正值巫术与宗教交替，所以神话中保留有巫术信仰的残余。

在弗雷泽看来，人类历史发展的一定阶段，人似乎曾经想象防止灾害威胁人类的手段是掌握在自己手中的，他们可以运用巫术加速或阻拦季节的飞逝。于是他们进行各种仪式，念诵咒语，要老天降雨，太阳放晴，牲畜繁殖，果实成长。

经过一定的时期，人类知识逐渐增长，排除了许许多多一厢情愿的幻想，使得至少是富于思想的一部分人相信：春夏秋冬、节序更迭，并非他们巫术仪式的结果，而是由于在自然景象转换的后面有着更深刻的原因、更强大的力量在起作用。他们这时为自己描绘出植物生长和衰朽、生物诞生和死亡的形象，是有神性的东西，是神和女神力量消长的影响。神和女神也按人类生活的方式生、死、婚嫁、繁育。关于这些神灵的故事就构成了各个民族的神话。

关于神话和仪式的关系，泰勒的理性主义文化立场把神话作为解释古老习俗的幻想工具，其后来真正的意义和起源则被忘记。而在博厄斯看来，仪式自身是神话产生的刺激物，由欲望而生的故事则是对仪式的描述。弗雷泽的看法与前两者略有区别，他不认为神话是仪式设计的理性解释，而认为神话是关于事实的一种简约的描述。比如，阿蒂斯的神话和祭祀仪式的两种说法都有习俗可以佐证，两种说法都可能是创造出来的，以解释信徒所遵从的某些习俗。所以弗雷泽不断地研究这两个方面的资料，综合分析各种习俗。弗雷泽认为，神话与仪式密切相关，多数神话是为了解释仪式或习俗才产生的。在分析埃及人的葬仪时，他看到神话也会导致仪式和习俗的产生。神话与仪式互相解说、互相肯定，是一种普遍现象。神话与仪式的关系，神话的

社会作用，经过他《金枝》的研究，引起了学术界的高度重视，对民俗学的影响甚大，同时也为研究古典文学注入了新鲜血液。

由于神话和习俗主题的共性，所以《金枝》中的回答既是针对习俗的，也是针对神话的。这样深入而广阔的民俗比较，对民俗学来说，是一个巨大的学术冲击，它带来的影响也是深远的。弗雷泽是从神话和习俗的比较中来阐述自己的归纳和发现的。

弗雷泽的问题之一是：为什么内米的狄安娜的祭司，即森林之王，必须杀死他的前任？而后他敏锐地指出，这个问题的焦点是：这个极其不稳定的祭司职位有着王的称号——森林之王。他把森林之王的被杀与杀死"神王"的习俗逻辑联系起来，这样有关为王者到一定时期、或到其精力开始衰退之时必须被处死的这类习俗，就是弗雷泽主要解释的途径。他指出：森林之王必须被杀死，为的是让附在他身上的神灵可以完整无缺地转入他的继任者身上。继任者可以为王，直到比他更强壮的人把他杀死。

他还把杀死神王的习俗和死而复生的植物神信仰习俗结合起来，指出两者的相关性和共同的习俗主题。弗雷泽在此类风俗中着重强调，由于人们的经济生活——尤其是农业生活的需要，对其宗教的概念和实践产生了基本的影响，自然年度的周年循环极大地刺激了那些关于植物死亡与复苏的巫术戏剧的发生和不断重演。弗雷泽推断，在内米神树林里，古代的人们每年都要在这里庆祝血肉之躯的森林之王和森林王后狄安娜的婚配。森林王后狄安娜属于死而复生的植物神或植物女神，人们依照交感巫术的原理，企图利用仪式来保证春天里植物的新生和动物的繁殖，影响自然进程。为了说明这种习俗的普遍性，弗雷泽援引了大量例证。比如他在《五谷与荒草的精灵》和《垂死的神》中讨论了死而复生的植物神，这种神的生命、死亡和随后的复活，都完全遵循四季的变化。为了动物和人的最基本需要，促进大地富饶丰产，许多民族一直年年庆祝草木和水的精灵的神圣婚嫁。在庆祝仪礼中神的新郎新娘角色，经常都是由男人和妇女来充当。

弗雷泽指出，这个习俗十分普遍，不仅仅存在于欧洲。"古代西亚文明国家和埃及都把一年中季节的更迭、特别是植物的生长与衰谢，描绘成神的生命中的事件，并且以哀悼与欢庆的戏剧性的仪式交替地纪念神的悲痛的死亡和欢乐的复活。虽然人现在把每年的循环变化基本上归诸他们的神祇的相应的变化，他们还以为通过进行一定的巫术仪式可以帮助生命本原的神反对死亡本原的斗争。他们想象可以补充神的衰退的力量，甚至使他死而复生。他们为此目的而遵行的仪式，实质上是对自然界进程的戏剧性表演，他们只不过是想要予以促进罢了。因为大家熟悉巫术的一条原则就是只要仿效就能

产生预期的效果，由于他们现在以神的婚媾、死亡、重生，或复活来解释生长与衰朽，繁殖与消灭等现象，因而他们的宗教或者更确切说巫术的戏剧大部分都是这些主题"。

弗雷泽解释仪式习俗的观点和方法被他的学生珍尼·哈利逊加以引申，发展为后来的神话—仪式学派。弗雷泽对仪式与神话功能的重新评估、对复杂宗教体系在实践方面的起源定性，都给这个学派奠定了认识基础和研究空间。这个学派把神话结合到仪式之中进行解释，认为神话的意义存在于它与仪式的联系之中。

（三）神话—仪式学派

弗雷泽的仪式神话研究直接引起了后来的以穆瑞教授和珍尼·哈里森博士、胡克等人为代表的神话—仪式学派的兴起，他们纷纷从神话和仪式关系角度进行新的探讨，出版了大量的研究著作。

神话—仪式论者是文化进化论者中的一个特殊群体。他们讨论的焦点是在表达艺术自身的进化。根据他们的观点，文化和艺术开始于原始人类的仪式行为，特别是献祭仪式。就像文化进化一样，仪式也在口头地进步，后来引起神话出现。当仪式的口头描述达到自制，神话作为表达形式也达到独立。仪式是原初的形式，神话是它的直接派生物。来自神话和仪式的世俗口语和表演艺术，后来发生不断进化。当神话和仪式的神圣性丧失或被遗忘，神话成为故事或歌曲，仪式成为戏剧、舞蹈、音乐或游戏。所有世俗艺术据说都有神圣的形式先驱，仪式是起源性的神圣表达形式。他们指出，所有表达形式和特别的习俗产品都能追溯到仪式。神话仪式论者努力再建表达作品的仪式基础，通过确定起源仪式成分遗留在作品中的情况，说明作品的历史。

弗雷泽对仪式重要性的估价被神话—仪式学派所发展，他们的注意力转向仪式和神话之间的密切联系。神话—仪式学派坚决支持这样的看法：神话是构成宗教仪式的根据，或者说，它是以另一种形式与崇拜相联系。剑桥学者杰恩·埃伦·哈里森，通过她的著作《法神星》表述了这种看法，随后其他一些学者都提出此类意见。他们一般认为仪式出现在神话之前，神话是对宗教仪式的一种解释，或者是对宗教仪式的一种认可。

哈里森同意弗雷泽的假设，即仪式先于宗教。这个模式她认为可以发现于希腊宗教的每个核心部分，例如死而复生的主题常常出现在春天的节日，或与死亡、战败有关的仪式中。哈里森认为，这种重复的仪式导致了涉及神灵概念的叙事出现。她研究希腊宗教的最基本假设是：神话是关于与它相关

的被做的事情或某种行动的讲述。根据她的意见，神话是伴随做事的时候所讲的故事。哈里森把神话作为仪式观念，作为仪式表达的结果。仪式只不过是表达那些没有实际渠道得以实现和发泄的集体要求，所以仪式是再表达的一类行为，即它所表达的是一种集体的被阻碍的情感和渴求。这样一来，神话与仪式所针对的就是经验而不是理性思想，这些经验是人类最难以承受其不安全的那些部分，所以神话和仪式并不服从理性支配，而是依赖那些支撑这样心理需求的习惯。所以，由神话和仪式凝结成的习惯利用宗教的支配权威为人们提供精神性补偿。

哈里森还提出了一个很有活力的过程性观点。在她看来，神话绝不是关于自然科学的解释，也不是关于各种事物起源的解释。神话绝不是历史事件或者人的记录，但它能够自由地存在于它的仪式里，而这样的仪式可能接触到历史事件或人物。神话也可能脱离其原生的仪式和起源时期的形式而被后来的人们不断应用。神话起源于宗教而不是相反，即神话的讲述联系到行为上的仪式。仪式是神话的基础，仪式是不断重复发生的。但是当仪式死亡后，神话在宗教、文学、艺术中，在后来的那些对古代仪式象征形式的误解中，会继续存在。

三、功能主义神话学

神话是具有某种特质的古传故事，其特质就是社会性。神话总是和某个特定的社会群体相关联，并对该群体意义重大。古代的神话在今人眼中是天真质朴的富有想象力的审美对象，但对神话赖以产生和发展的特定的古代社会群体而言，神话具有不可替代的价值和功能，而探讨这种功能正是功能主义神话学的主要研究课题。

功能主义人类学兴起于 20 世纪 20 年代，其奠基者之一是原籍波兰的英国人类学家布罗尼斯拉夫·马林诺夫斯基。他曾在西太平洋特罗伯里安群岛的土著居民中进行实地调查，采集了大量第一手人类学资料，并在 20 年代陆续整理发表，奠定了文化人类学的社会功能学派理论，影响深远，对神话研究方面具有重要的理论指导意义。

（一）神话的主要功能主义特性

神话"折射"出历史，作为历史化的神话具有功能主义的特征。"功能主义"的研究方法，顾名思义，这个研究方法专注于寻找神话的功能，也就是寻求神话故事对文化、历史等各方面的影响。以下分类可以被认作是对神话功能的初步分析：第一类主要是叙述型和娱乐型；第二类主要是操作型、

反复型和确认型；第三类主要是推理型和解释型。对这三种客观类型的论述顺序也基本符合神话的推理逻辑。

所有的神话都是故事，它们的创作和保留都十分依赖于它们的叙述特征，第一类神话明显地表现出这一点。而那种只是叙述，毫无推理或呈现无有效内容的神话却极为少见，或者这类神话只是属于民间传说和传奇，它们只是作为有序而简单的传说或是作为历史的精致遗物而流传保存下来。操作型、反复型和确认型的神话涉及的范畴很广，这种类型所包含的神话倾向于在宗教或仪式场合中有规律地重复出现，这些神话的重复是它们价值和意义的一部分。正如宗教行为的表演是靠象征性的、有规律的复述来对事件产生一种共性的强迫作用，神话的吟诵和对重大事件神话起源的再创作有助于确保这种重复作用。米尔恰·伊利亚德（Mircea Eliade）在《永恒回归的神话》中曾强调："所有的原始社会对于历史、时间的推移，都感到惧怕，因此需要转移这种恐惧。"

伊利亚德这样设想，比如他认为澳洲土著和古代美索不达米亚人一定很有可能已经有了"存在"、"不存在"、"真实"和"形成"的概念——即使他们没有描述它们的话语。对比他还给出了很多范例来证明人类社会有意在确立这样的"始基"，从而也解释了英雄的自夸连续性。西奥多·H.加斯特在他的《泰斯庇斯》中，对古代近东仪式中的神话功能也给予了足够的关注，下面两个相似的例子恰好论证了这类神话的操作、反复功能及它们的暗示意义：在埃及神话中对巨龙阿波菲斯的抵抗；对巴比伦创世史诗的详述。每个晚上，太阳神乘船在地下通过时，他的船都会受到巨蛇阿波菲斯的威胁；每天庙堂里的祈祷者通过表演仪式念咒语来避免晚上的危险，作为仪式的一部分，太阳神的世系和诞生神话，以及他对敌人的典型性胜利，这些都要被吟诵。根据古代棺木里的文稿显示，靠亡灵的帮助，祈祷者才得以进入西方极乐世界。古巴比伦新年仪式时，祭司会悄然到内祠中告事于神，内容即关于马尔杜克获取权力、创建宇宙的神话。同样作为仪式的一部分，其目的是确保继续拥有原始支配权，确保国王作为马尔杜克在大地上的代理人，继续享有权力。在宗教语境中，神话的重复有着不同的目的：为了获得一个特殊神祇当下的支持，重复叙述该神的起源及其过往的善举。实际上这些神话的主要目的是确认部落风俗和制度，保持对这些的记忆，使其具有权威性——这些制度即包括整个氏族体系、王位制度或继承制度，确立部落信仰，并使其制度化。古雅典人声称是阿提喀的原住民，从没有迁移或是被取代过，其领土也没有含糊不清的变化，而他们北面的邻居皮奥夏人的领土却有着变化，这就给后来的土地索要者和入侵者留以口实，产生纠纷。迁移过来的皮

奥夏人确实更有必要拥有对他们土地在神话上的凭证，这就出现了卡德摩斯建立底比斯城这一传统神话。凭证功能在这里其实就是确认性功能，神话的流传确保了氏族的繁衍生存的文化和土地的界限。这类神话也有追因溯源的一面，如北美印第安人的神话。如果一个陌生人问及部落风俗和仪式对象的本质和目的时，其很容易被告知它的神话起源，但其解释常常只是敷衍，关联度不高。溯源神话在某种程度上是一物或一类风俗合理存在的凭证。凭证神话为态度或信仰提供情感支持。马林诺夫斯基曾说："神话使对永生、永葆青春、来世生活的信仰变得合理，它不是对困惑的理性反应，而是明显的信仰行为，这种信仰生于对最令人敬畏和难忘的构想所产生的本能及情感的反应。"

第三类神话功能无论以任何标准来衡量都有重要意义，这类神话功能就是推理性和解释性功能。一方面，它们具有明显的溯源特征，并与重复型和操作型神话的功能相重叠，将多变之现在绑缚于过去之常规中的一部分，而这种过去的常规无论从传统方面还是从神祇方面来看都是受到认可的。另一方面，对于复杂和精妙的神话而言特别是其中有强烈的想象和梦幻色彩的神话，它们的目的很少只是一个具体而特殊的溯源。神话越复杂，它想解答或反映的悖论或制度越复杂，其解释功能与那些"就是这样"型故事的解释功能相比，范围更广，重要性也更大。在这类神话中，问题即在神话叙述中得到反映。有时正如我们所发现的那般，神话所反映的内容或表达方式看上去成为神话创作者的发泄途径或是一种刺激，并没有给出很多深意的叙述，但却得到一代又一代受众的回应。但是在更多情况下，神话提供了一个摆脱问题显而易见的方法，或是故意使问题含糊不清，或是使其看起来抽象而不真实，或是用有效的术语说明这是神祇安排和自然中万物之秩序的一部分，既然问题不能解释或无法避免，那就提供某种调和或是显而易见的解决方案。

推理性神话通过暗示这个问题不相关或假装这个问题不存在的传说来消除问题，或是除去问题本身极强的伪装；像克劳德·列维-斯特劳斯指出的那样，涉入一种神话因素，这种因素用来调节两种极端，通过这种方式来解决矛盾；像泰勒和雅克布森所建议的那样，通过驯化自然令人厌恶或难以同化的那一方面，使非人性化的力量成为人性化的力量，从而形成更容易理解的形式；使用其他种类的寓言，在此类寓言中问题的情境转换成一套新的术语，这种转换揭示了一些新的联想和关系，这些联想和关系使问题的难度降低。

（二）神话功能主义的局限性

神话素是神话符号的最小能指单位；而神话素的意义则是神话符号的最小所指单位。我们可以把神话素看作一种代码，而把神话素的意义视为一种信息。但是对于末世神话以及想象中对冥界的描述这样的神话素不能归类于上述的基本功能，它属于另一能指：神祇或亡灵如何到达地下，途中他们的所见，冥界的形貌，冥界统治者及其臣民，在阳间忽略葬礼仪式的亡灵所受的困难，等等。末世神话既没有很强的叙述特征，也不需要理性和推测（因为存在冥界这一点在很多情况下已被接受），更不需要在操作和实用功能上一成不变。众所周知，在埃及，实用功能几乎普遍存在，逝者的灵魂必领知道如何进入冥界，知道遵守什么仪式，做些什么宣告——那是棺文、死亡之书以及所有其他葬礼上的备忘录目的之所在。

神话是具有悠久历史的综合性研究实体，从自然现象到社会现象，从知识到哲理，其本身涵盖面极其广泛，因此神话可以称为一个民族原始社会文化生活的百科全书。以马林诺夫斯基为代表的功能主义学派不主张孤立地解读神话文本，在他们看来，神话是陈述远古的实体，并且是仍然存在着的现代生活者。神话不只是叙述，也不只是科学，更不会只是艺术或者历史，它所尽的特殊使命，与传统的性质，文化底蕴相延续，与人类对于过去的态度等密切相联。神话是一种重要文化现象，借助文化人类学中功能学派的神话理论，我们可以去发现和研究神话的存在意义，去了解它在社会生活中承担着的宣传宗教观念、神化王权、强化社会礼仪和道德教化的重要文化功能。

四、历史学派的研究方法

神话历史学派的奠基人是德国古典学学者卡尔·奥特弗雷德·缪勒（Carl Altfred Muller）。他是古典研究的通才，精通历史、考古、语言和文学，对神话的研究尤为精深。他的名著《神话的科学体系介绍》被视为神话学，并成为科学的里程碑。缪勒认为，解释一则神话，必须解释其起源。他强调神话的地域性、部族性，并致力于追溯神话的史前起源，将神话的融合与形成同上古部族的历史迁徙活动联系起来，开历史学派研究之先河；但该派的真正繁荣却是 19 世纪末 20 世纪初的事。一些著名学者如厄尔文·罗德（Irwin Rhodes）、爱德华·梅叶（Edward Mayer）、卡尔·罗伯特（Carl Robert）、乌尔利克·维拉姆维兹-墨伦多尔夫（Ullik Willamwicz-Murlendorf）和埃里克·伯特（Eric Burt）等均在该时期崭露头角。他们利用缪勒的历史分析方法，参考考古和语言学的新成果，探讨史诗、神话形成的历史轨迹，对希腊

史前史的复原工作贡献颇多。1932年，瑞典著名希腊宗教史学家马丁·尼尔森发表《希腊神话的迈锡尼起源》一书，通过有说服力的考古调查，系统地确立了希腊英雄神话起源于迈锡尼时代的理论，为复原神话的历史基础做出巨大贡献，影响力至今不衰。

"神话历史学派"的研究方法是严谨的、实证主义的、历史的，重视对神话古文献和古语言的研究，善于利用考古发掘成果。该派研究重视神话的起源和演变过程，通过对神话在不同时期的不同版本的研究，追溯其最早的文献出处，弄清神话的原初状态、最早版本、形成时间以及随社会发展而演变的轨迹，有如给神话进行历史编年，正如缪勒所指出的："准确排列出证据的年代次序对神话研究是极其有益的，而且是必要的。"❶这种编年式排列能显示出神话形成的"准确历史"。

假设年代不同的三位作者对同一则神话的叙述各有不同，且其差异可以用时代或叙述者的精神变化加以很好地解释，那么年代最早者给出的神话当然是相对最早的形式，因而也就必然是进一步考察的起点。

这就是历史学派的方法论，依此论说似乎找到神话的源头也就弄清了神话的本质。按照缪勒的说法，神话是"理想与现实的结合"，不是凭空所生，必有其现实根源，很可能源自某个历史事件，如部落迁徙、城邦纷争、王朝倾覆、神庙和祭礼的创立等。神话的历史分析有助于"把隐藏在传说背后的史实层次揭示出来"，即找到神话的本源形态，从中发现其现实历史的基础，因为史实就寓于神话叙述的故事中。

探寻神话的原貌有助于了解神话赖以产生的史实根源。然而，在具有社会学眼光的学者看来，找到了神话的源头不等于弄懂了神话。神话的意义不只在于其史实基础，而在于神话本身的现实社会功用及其所传载的古代文化信息，即风俗、仪式、制度、生产和生活方式、大众的观念和信仰以及种种物质文化成就等。神话讲述的历史故事只是表象，神话与社会的关联才是至关重要的。功能主义学派和神话—仪式学派均不注重神话与历史事件的联系，而是强调神话与社会的联系。"神话不是将历史事件译成神话语言，再由学者们转译回历史。"❷神话所反映的是其赖以产生和存在的社会。换言之，神话植根于具体的社会文化环境中并"真实地"反映它们。

然而，历史学派的方法论是我们研究神话的基础。追寻某个神话的起源，首先要对该神话的诸多版本进行历史分析，还原其本来面目，追溯和解

❶ [法]K.K.卢斯文.神话[M].耿幼壮,译.太原:北岳文艺出版社,1989:96.

❷ [英]菲利普·马蒂塞克.希腊罗马神话[M].崔梓健,译.北京:民主与建设出版社,2018:117.

释其演变过程。神话是古传故事，不断被改编创新，而新增益的成分只能反映晚近的社会历史内容，神话的原初状态则更接近其赖以产生的古史基础。

本章节介绍的古今神话研究的理论、方法和概念将对后文的研究具有指导意义。神话、传说和民间故事都是古传故事，但它们性质各异。这三种故事形式经常混杂于古希腊的英雄故事中，因而有必要对这些概念做出适当的澄清。古希腊的英雄故事当然属于传说范畴，但也兼具神话性质，很难在两者间做出严格区分。关于古希腊人的神话古史观，古希腊人把神话传说当作他们的古代历史，但随着理性的觉醒和历史意识的加强，他们不再盲目轻信神话的细节，而是对其荒诞成分进行合理化和历史化的改造，并将其纳入历史的年代框架中。神话—仪式学派的理论有助于引导我们发现英雄故事背后的仪式起源。功能学派的"特许证理论"则把神话与古代的社会政治现实紧密联系起来，说明神话服务于社会的现实功利用途。由此出发文章介绍了古希腊人解释神话的一种理论，即所谓的"欧赫墨罗斯主义"。这种理论试图把神祇说成历史人物，把"神祇神话"解释成伪装的历史，这是古希腊人理性主义和人本主义更趋深化的表现。对于近代神话学理论，则介绍了"历史学派"，这是研究古典神话最有效的方法和手段，迄今仍是最基本的研究方法。总之，本章的讨论对英雄神话的研究具有十分重要的意义。

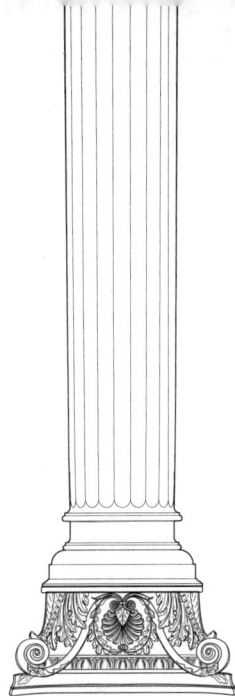

第二章 | 古希腊神话的缘起

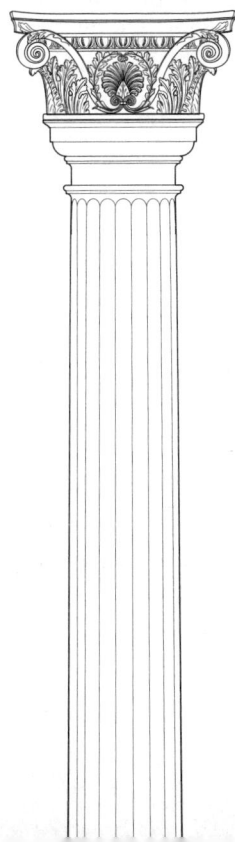

第一节　古希腊神话产生的条件

一、希腊神话的产生

若要研究早期人类看待周围环境的方式，希腊人的描述并没有多大用处。人类学家在提及希腊神话时常常只有寥寥数语，这种现象是值得注意的。

当然，希腊人也曾根植于原始污泥之中，也曾过过野蛮、丑陋和残暴的生活。但神话却表明，在我们开始对这个民族有所了解的时候，他们已经远远超越了粗野和残忍的古代风习。那个古老的时代在神话故事里只残留着几丝痕迹。

我们不知道这些故事是从何时开始以现在的面貌被人传述的，但无论是从何时开始，原始生活都早已成为历史陈迹，我们今天看到的希腊神话乃是伟大诗人们的作品。希腊神话最早的文字记录是荷马史诗《伊利亚特》。希腊神话始于荷马，一般认为不早于公元前1000年。《伊利亚特》是或者说包含着最古老的希腊文学，它的语言丰富多彩、精妙优美；可见在它产生之前，人类必定已经付出了几百年的努力，以便清晰优美地表达自己的思想。这样的表达方式乃是文明的确凿证据。希腊神话故事没有对早期人类的面貌进行任何明确描述，但它们对早期希腊人的面貌进行了大量描绘——这一事实似乎对我们更加重要，因为我们在智识、艺术和政治方面乃是他们的后裔。关于希腊人的知识与我们自身没有任何格格不入的地方。

人们常说"希腊奇迹"，这一短语的意思是：随着希腊的觉醒，世界获得了新生。"旧事已过，都变成新的了。"这样的情况在希腊发生，至于是为什么发生、何时发生的，我们就完全不得而知了。我们只知道在最早的希腊诗人当中逐渐产生了一种新观点，在他们之前，世上从未有人有过这样的观点，但在他们之后，这种观点却在世上长盛不衰。随着希腊社会的发展，人类成为宇宙的中心，成为天地之间最重要的部分，这是思想上的一大变革。在此之前，人类是无足轻重的。在希腊，人们第一次意识到了人类是多么重要。

希腊人按照他们自己的形象来塑造他们的神祇，前人从未产生过这样的念头。在此之前，诸神的外表没有真实感，与任何生物都不相像。埃及的神像要么是一座四平八稳、连想象力都无法使之活动起来的巍峨巨像，和神殿的高大石柱一起被固定在石头中，虽然被雕成人形，但却被刻意塑造成不太像人的模样；要么是一座僵直的猫头女身像，喻指冷酷无情的残忍特性；要么是一座巨大而神秘的狮身人面像，没有任何生命迹象。美索不达米亚的神像则是与人们所知的任何兽类都不相像的兽形浅浮雕，如鸟头人身像、牛头狮身像、鹰翼鸟头人身像和鹰翼牛头狮身像。这些作品出自一心想要创造出世人见所未见、只存在于他们自己头脑之中的艺术家之手，堪称"非现实"的巅峰之作。

这样的神像就是前希腊时代世人的膜拜对象。人们只需在想象中将它们与任何一尊正常、自然、优美的希腊神像做一番比较，就能感受到世界上产生的是怎样的一种新观念了。随着这种观念的来临，天地万物开始变得合乎理性了。

圣保罗（Sao paulo）曾说，无形之物要通过有形之物才能被人理解。这并不是希伯来观念，而是希腊观念。在古代世界，只有希腊人将注意力集中于有形之物，他们的欲望在周围世界里的现实事物之中得到了满足。希腊的一切艺术、一切思想都是以人类为中心的。因而具有人性的诸神居住的天庭自然而然地成为一个亲切宜人的地方，使希腊人感到十分亲近。他们清楚地知道那些神圣的居民在那里做什么、吃什么、喝什么，在何处举行宴会，如何自娱自乐。当然，诸神是令人恐惧的，他们大权在握，发怒的时候会非常可怕。不过，人类只要小心谨慎，就可以与他们相安无事，甚至还可以随心所欲地嘲笑他们。在埃及的狮身女怪或亚述的鸟头兽身神祇面前哈哈大笑是不可思议的，但是在奥林匹斯山上哈哈大笑却是极其自然的，这使希腊诸神显得十分友好可亲。

令人害怕而又不合理性的东西在古典神话里是毫无容身之地的。巫术这种在希腊之前和希腊之后的世界上影响极大的东西，在希腊神话中几乎不存在。没有一个男人拥有可怕的超自然力量，女人中也只有两位拥有这样的力量。直到晚近时期还经常出现在欧美文学中的恶魔一般的男巫和丑陋可憎的巫婆，在希腊神话故事里却从未露过面。喀耳刻（Circe）和美狄亚是仅有的两位女巫，但她们不仅年轻，而且美貌绝伦，讨人喜欢。从古巴比伦一直盛行至今的占星术，在古希腊神话中连影子都看不到。与星辰有关的神话故事很多，但从未出现过星辰影响人生这样的观念。天文学才是希腊人对星辰进行思考的最终成果。

希腊神话主要是由男女诸神的故事组成的，但我们绝不应该把它们当作希腊"圣经"或希腊宗教记录来读。根据最新的观点，真正的神话与宗教无关，是对自然现象的一种解释，例如宇宙间的万事万物，包括人类、动物、某种树木或花卉、太阳、月亮、星辰、暴风雨、火山爆发、地震等各种各样的事物和现象是如何产生的。雷声和闪电是宙斯发射霹雳而造成的；火山爆发是由于一头可怕的怪物被囚禁在山里，不时地拼命挣扎以图脱身；北斗七星（又名大熊星座）从不坠落到地平线以下，是因为一位女神曾经生它的气，判决它永远不得沉入海里。神话是早期的科学，是人类古老时期试图解释周围现象的结果。不过也有许多所谓的神话根本解释不了任何现象，这类故事纯属娱乐，是人们用以消磨漫长的冬日夜晚的谈资。皮格马利翁和伽拉忒亚的故事就是一例，它们与任何自然现象都毫无关系。"寻找金羊毛""俄耳甫斯和欧律狄刻"及诸如此类的很多故事也是如此。这一点已是公认的事实，所以我们大可不必试图从神话中的每一位女性人物身上搜寻有关月亮或黎明的神话，从每一位男性人物的生平中搜寻有关太阳的神话。这些故事既是早期的科学，也是早期的文学。

但是神话也包含着一些宗教因素。这些因素事实上存在于故事背景之中，但仍然清晰可见。自荷马和希腊悲剧作家以降，神话作家们越来越深刻地认识到人类需要什么，以及他们要求神祇具有什么特性。雷神宙斯一度是雨神，这一点似乎是肯定的。他的地位甚至比太阳还要高，因为在多岩石的希腊对人们雨水的需求比对阳光的需求更大，众神之王应该是能够赐予其崇拜者以宝贵的生命之水的神祇。但荷马笔下的宙斯并不是自然现象，而是一个生活在文明已经登场的世界中的人物，所以他自然掌有判断是非的标准。当然，他的标准并不算太高，而且似乎只适用于其他人而不适用于他自己，但他确实会对说谎者和背誓者施以惩罚，并对恶劣地对待死者的行为感到愤怒。当年老的普里安向阿喀琉斯求情时，宙斯给予他同情和帮助。在《奥德赛》中，宙斯达到了更高的标准：史诗中的牧猪人说穷人和异乡人都是宙斯派来的，谁要是不肯帮助他们，就等于违背了宙斯本人的意旨。比《奥德赛》晚不了多久（如果确实晚一些的话）的诗人赫西俄德则说，一个人若是欺负恳求者、异乡人或孤儿，"宙斯就会生那人的气"。就这样，"正义"成了宙斯的伴侣。这是一个新观念。《伊利亚特》中的海盗首领不需要正义，他们希望自己能够随心所欲地进行掠夺，因为他们是强者，他们需要的是一位支持强者的神祇。但赫西俄德是一位生活在穷人圈子里的农民，深知穷人渴求一位公正的神祇。他写道："鱼类、兽类和禽类彼此吞食，但宙斯却将正义赐

予人类。在宙斯的王座之侧，端坐着正义女神。"❶这些语句表明，无助者的许多重大而迫切的需求已经上达天听，把强者的神明变成了弱者的保护神。

于是，在关于多情的宙斯、怯懦的宙斯和可笑的宙斯等诸多故事背后，另一个宙斯渐渐浮现在我们的眼前，这是因为人类越来越了解自身对生活的需求，以及自己所崇拜的神明需要具备哪些特质。这样的宙斯逐渐取代了其他面目的宙斯，以至于占据了整个舞台。最后，正如公元2世纪的作家迪奥·科克亚努斯所言，宙斯成了"我们的宙斯，每一件美好礼物的赐予者，人类共同的父亲、救主和守护者"❷。

《奥德赛》中提到了"全人类渴望的神明"；几百年后，亚里士多德又谈及"凡人竭力争取的美德"。从最早的神话作家以降，希腊人一直具有一种对神性和美德的洞察力。他们对这些特性的渴望十分强烈，因而总是孜孜不倦地努力，要把它们看清楚，以至于雷电之神最终演化成为全人类的天父。

二、希腊和罗马的神话作家

关于古典神话的著作大多以奥古斯都时代的拉丁诗人奥维德（Pubius Ovidius Naso）的作品为依据。奥维德的作品是古典神话的纲要，在这方面，没有哪一位古代作家可以同他相媲美。几乎所有的故事他都讲过，而且是用很长的篇幅讲的。那些通过文学和艺术为我们所熟知的故事能够流传下来，全靠他的记述。毫无疑问，他是一位杰出的诗人和故事家，他重视神话的价值，并且意识到它们为他提供了多么优秀的素材，但是就他的观念而言，他与神话的距离比我们今天与神话的距离还要遥远。在他看来，那些神话纯属无稽之谈。他写道："我信口谈讲古代诗人的弥天大谎，人类见所未见的离奇状况。"他等于在告诉读者："别管它们的内容有多愚蠢，我会把它们打扮得漂漂亮亮的，你们一定会喜欢。"❸他确实常常把故事讲得非常精彩，然而，这些在早期希腊诗人赫西俄德和品达心目中仿若确凿而庄严的真理、在希腊悲剧作家心目中犹如传播深刻宗教真理之媒介一般的故事，到了他那里却变成了无稽的传说。他的作品，有的地方诙谐有趣，但是很多地方却充斥着多

---

❶ [美]珍妮·施特劳斯·克莱.赫西俄德的宇宙[M].何为，余江陵，译.北京：华夏出版社，2020:67.

❷ [英]罗伯特·A.西格尔.神话理论[M].刘象愚，译.北京：外语教学与研究出版社，2008:34.

❸ [英]罗伯特·A.西格尔.心理学与神话[M].陈金星，主译.西安：陕西师范大学出版总社，2019:42.

愁善感的语调和令人难受的华丽修辞。希腊神话作家并不是修辞家，而且完全没有多愁善感的文风。

使神话流传至今的主要作家为数不多。在这份名单中，荷马当然居于首位。《伊利亚特》和《奥德赛》作为我们手中最古老的希腊文献（或者不如说包含），其各个章节的确切写作年代都已无可稽考，学者们对此意见纷纭，今后必然亦复如是。一种意见认为它们问世于公元前1000年，至少两部史诗中成书较早的《伊利亚特》是如此。这个日期同其他日期一样，是无可非议的。

关于名单上的第二位作家赫西俄德，有人认为他生活于公元前9世纪，有人则认为是公元前8世纪。他是一位贫穷的农夫，过着艰难困苦的生活。他的长诗《工作与时日》试图教人如何在残酷无情的世界中过上好日子，这首诗与风格华美的《伊利亚特》和《奥德赛》形成了无比强烈的对照。但赫西俄德也写了很多关于诸神的故事，他的第二首长诗《神谱》（一般认为这是他的作品）就完全是关于神话的。如果此诗确实出自赫西俄德的手笔，那么，这位居住在远离城市的偏僻农庄里的卑微农夫就是第一个对世界、天空、诸神、人类等万事万物的起源感到好奇并设法做出解释的希腊人。荷马可从来没有对任何事物产生过好奇心。作为对创世过程和诸神世系的记述，《神谱》这部作品对神话学而言非常重要。歌颂诸神的《荷马式颂歌》，其确切写作年代已不可考，但多数学者认为其中最早的几首写于公元前8世纪末或7世纪初。其中最后一首重要的诗歌写于公元前5世纪或4世纪的雅典。

希腊最伟大的抒情诗人品达（Pindar）于公元前6世纪末开始写作。他写了很多以赞美希腊全国性节日大典中的竞技胜利者为主题颂歌，其中的每一首都直接或间接地讲到了神话。品达对于神话学的重要性不亚于赫西俄德。埃斯库罗斯（Aeschylus）是古希腊三大悲剧诗人中最年长的一位，他与品达生活在同一时代。另外两位诗人——索福克勒斯（Sophocles）和欧里庇得斯（Euripides）则年轻一些。最年轻的欧里庇得斯死于公元前5世纪末。除了埃斯库罗斯为庆祝希腊人在萨拉米斯战役中战胜波斯人而作的《波斯人》之外，所有的剧作都以神话为主题。它们与《荷马史诗》一样，是我们的神话知识的最重要来源。

生活于公元前5世纪后期至公元前4世纪初的伟大喜剧作家阿里斯托芬（Aristophanes）常常提及神话，两位伟大的散文作家——欧洲第一位历史学家希罗多德（欧里庇得斯的同时代人）和哲学家柏拉图（其生活时代晚于欧里庇得斯不到一代的时间）也常常引述神话。

　　亚历山大派诗人生活于公元前 250 年左右。他们之所以得名，是因为在他们写作的时候，希腊文学的中心已经由希腊本土转移至埃及的亚历山大城。罗得岛的阿波罗尼乌斯（Apollonius）对"寻找金羊毛"的故事进行了长篇叙述，同时也述及许多与此相关的神话故事。他和另外三位也写过神话故事的亚历山大派诗人——提奥克里图斯（Theocritus）、彼翁（Bion）和莫斯库斯（Moskus）——都已不再具有赫西俄德和品达那般对诸神的朴素信仰，也已远离悲剧诗人深刻而严肃的宗教观，但是他们也没有像奥维德那样轻佻。

　　此后，有两位作家做出了重要贡献：一位是拉丁作家阿普列乌斯（Apreus），一位是希腊作家卢奇安（Lucian），两人都生活于公元 2 世纪。关于丘比特（Cupid）和普叙刻（Pusuke）的著名故事只有阿普列乌斯讲述过，他的文风与奥维德十分相似。卢奇安的文风独具一格，与任何人都不相似。他对诸神予以讽刺。在他的时代，诸神已经沦为笑柄。不过，他也借此提供了关于诸神的大量资料。

　　阿波罗多罗斯也是希腊人，他是古代仅次于奥维德的多产神话作家。但与奥维德的作品不同，他的作品平铺直叙，单调乏味。关于他的生活年代有多种说法，从公元前 1 世纪到公元 9 世纪，不一而足。英国学者 J.G. 弗雷泽爵士认为他的写作时间可能是在公元 1 世纪或 2 世纪。

　　酷爱旅行的希腊人帕萨尼亚斯（Passanas）是有史以来第一本旅行指南的作者，他对据说发生在他所游览的地方的神话事件描述甚详。他的生活时代较晚，是公元 2 世纪，但他并没有对任何神话故事提出过质疑。他以极其严肃的态度讲述了这些故事。

　　在罗马作家中，维吉尔（Virgil）首屈一指。他并不比同时代的奥维德更相信神话，但是他从神话当中发现了人性，并赋予神话人物以生命。这是在希腊悲剧作家之后尚无人达到的成就。

　　其他的一些罗马诗人也写过神话。卡图卢斯（Catullus）讲过好几个故事，贺拉斯（Horace）常常引用它们，但是他们两人的文字对神话学来说并不重要。在所有罗马人的眼里，这些故事仅仅是无限遥远的幻影而已。若要获得希腊神话方面的知识，最好的向导就是希腊作家，因为他们对自己笔下的内容深信不疑。

第二节　诸神的历史功能

诸神在古代东方靠着庞大的祭司阶级而在历史上地位举足轻重，这些我们早已有目共睹。但在古希腊，"庙宇里的男女祭司既没有结合成为一个阶级，也不作为一个阶级行使任何权力"❶，因此，如前所述，我们在讨论有关问题时，便常会忽略这里的诸神所应有的历史功能，并沉浸于神话扑朔迷离的情节里。可事实上，希腊诸神却并没有远离历史。

一、希腊诸神历史功能的理论支点

在希腊，各城邦由于山峦阻隔、注重对外单独利益和自古以来充满大家族间的争斗等诸多因素，长年来各自为阵，貌似一盘散沙。然而这并不妨碍希腊人民族感情的表达，在希波战争的重要关头，在几乎每年都有的各种大小祭祀和竞技活动中，他们都曾自觉地走到一起，冰释前嫌，携手同心。是什么力量使古希腊人一改平日的冷眼相向而亲密相聚呢？除了共有的文字、语言、史诗和基于相互间贸易交往而形成的共同利益外，我们更看重他们所共有的神。或许正是这些神在暗中维系着他们看似十分脆弱的联系，并时时呼唤着他们那自远古便已沉积下来的血缘亲情。我们知道全希腊人都认同一个祖先——赫楞（Helen），赫楞的父亲便是鼎鼎有名的丢卡利翁——提坦巨神普罗米修斯的儿子。这是一种由神奠定的民族基础，希腊人以之证明自己血统的高贵和纯洁。此外，我们还能从希腊人供奉的诸神自身的形成中找到民族内聚力确实存在之佐证。

正是有了上述特定的民族起源意识，有了体现于神的身上，并由神来维系的内聚力，希腊人才时时表现出团结的愿望和手足般的亲情。于是，雅典人在马拉松平原上的胜利使沮丧中的希腊为之一振，继而31个城邦结成了反波斯大同盟；于是，斯巴达勇士毫不吝惜地把热血抛洒在了温泉关的凉土里；还有一个个重大的祭礼，把希腊人从各邦聚集起来同心同德地祭祀自己的神灵，并为之歌舞、竞技，而此时至关紧要的一个原则就是非希腊血统者不得参加！是的，是诸神把希腊人从城邦政治的恩怨中带到了圣洁的理想境界；而作为回报，全希腊都极力维护诸神的尊严，例如，大祭期间全希腊实行"神圣休战"，并且在战时，"庙宇对于敌对双方曾是不可侵犯之地，而同时也作为神圣的庇护地和逃难所——已成为公认的法规"。❷希腊人还常将邦

---

❶　[英] 赫·乔·韦尔斯. 世界史纲 [M]. 吴文藻等，译. 北京：人民出版社，1982:310.

❷　[苏] 塞尔格叶夫. 古希腊史 [M]. 缪灵珠，译. 北京：高等教育出版社，1956:284.

际条约、誓言镌刻在神庙石碑上以显其诚意和神圣……因此，我们可以这样认为，在希腊虽然是人们创造了神，但反过来后者又在某种意义上完善了希腊人的民族意识。正是由于有了这段难分难解的因缘，我们才有了说明"希腊神也具有历史功能"的第一个支点，即希腊诸神是希腊民族精神的体现。

支点之二是，希腊诸神更多地体现了希腊民族的心理特征和社会特征。希腊的神首先是希腊人造的，因此它们便具有了与人类几乎完全相同的心理特征。它们与人类不仅模样一致，还同样地需要吃、喝、睡眠及靠性爱的方式繁衍后代。人、神间唯一不同的是神具有人所不及的法力和长生，然而就这么一点差别也在神、人缔结的良缘及爱情的结晶——大批英雄（半神半人）的诞生中被模糊了界限。希腊的人、神之间为何如此投缘呢？这与希腊民族特定的宗教意识和心理需求不无相关，伯恩斯（Burns）认为这是为了："一是用一种方法解释物质世界，即排除对它畏惧的玄密，而给人与之亲密的感觉；二是解释那种侵袭人本性，并使之丧失自制力的错乱情绪，希腊人认为自制力正是作为一个战士获得成功的基本条件；三是获得切实的利益，诸如好运、长寿、高超手艺和丰饶多产。"❶ 显然，希腊人从造神的第一天起就没有打算让这些尤物远离自己。有此前提我们才得以从希腊诸神的故事中体察出些许希腊人的社会行情，也才能从希腊人的政治及社会行为中寻找出诸神影响历史进程的蛛丝马迹。

二、希腊诸神对城邦政治的影响

诸神的政治功能常通过某些宗教或政治集团的活动而实现，最直观的表现便是"神谕"。在希腊"没有为培养僧侣而开设的神学院，任何人如果懂得神的仪典都可能被平静地选择或指定为僧侣"。但这并非就意味着神庙便因此而丧失其独立的政治功能，虽然"祭司是国家的官吏，只能遵照一定机关的指示办事……但占卜的职能使他们得以对国家施展影响，因为决议通过与否往往要视祭司或女先知皮蒂亚（Pitia）在神谕中'看到'什么而定"。❷

神谕的影响是明显的。据载，"公众的神谕在希腊各地的许多神庙贴出，但是最负盛名和享誉崇高的是位于古老的宙斯圣地多多拉和历史久远的德尔斐的阿波罗神庙的神谕。'蛮族'同样也像希腊人那样请教这些神谕；甚

---

❶ ［美］威尔·杜兰特.世界文明史——希腊的生活［M］.台湾幼狮文化，译.成都：天地出版社，2017:92.

❷ ［日］加藤玄智.世界宗教史［M］.铁铮，译.北京：商务印书馆，1933:76.

至罗马也派遣使者去请求或探询神的旨意"。❶ 神谕的作用亦引人注目。雅典曾在希波战争紧要关头两次遣人往德尔斐求取关于其城邦命运的神托。在第二次的神托中有如下诗句："……远见的宙斯终会给特里托该涅阿一座难攻不落的木墙，用来保卫你们和你们的子孙……神圣的萨拉米（Salamis）啊！在播种和收获谷物的时候，你是会把妇女生的孩子们毁掉的。"❷ 这两句似是而非的箴言曾使雅典人绞尽脑汁。观其后效，一方面是地米斯托克利（Temistocles）凭借战舰取得了萨拉米海战的胜利；另一方面则是一些雅典人躲在神庙里，依靠门板、木材筑起的"木墙"做徒劳的抵抗。希罗多德说他们"部分是由于贫困，也还由于他们自以为懂得了戴尔波依神托的意思，即木墙是攻不破的，而且他们相信这便是神托所指的避难所，而不是船只"。❸

　　然而，如果神谕没有相对"灵验"的效果，谁又会相信它呢？为此，德尔斐的祭司用心良苦。他们"对希腊诸邦乃至某些蛮邦的政情了如指掌，每逢世俗人士和城邦祈请指点迷津，则往往可以排解疑难"。他们"故弄玄虚，极力将预言和释疑讲得含糊不清、模棱两可，以免露出破绽，并煞费苦心，力图在相互争衡的希腊诸邦中左右逢源……"❹ 鉴此，我们难道不应该将这些由祭司所从事的活动视为"参政"吗？何况他们还有让时局随自己意志转移的动机。

　　而政治集团假借诸神之名迷惑视听、整治对手的事件在古希腊更是屡见不鲜。早在迈锡尼时代，本土的希腊人便在神的名义下发动了旷日持久的特洛伊战争，虽然谁也不会相信事件真由一个金苹果引起，但战争的责任就此推给了诸神。而另一个政治集团间利用神谕明争暗斗的事例，我们可以从德尔斐神庙找到。下面便是该神庙为何在斯巴达与雅典的冲突中总是偏袒前者的原因：早些时候庇西特拉图执政曾流放了包括阿尔克迈翁尼德家族在内的雅典名门显贵，而当显贵们意识到无法靠自己的力量返乡时，"他们就立约来建造德尔菲神庙，得一笔钱来取得斯巴达人的援助。每当斯巴达人来求神谕时，皮西阿女巫总是谕令他们，解放雅典，一直到使斯巴达人果然做到了

❶ [英] 菲利普·马蒂塞克. 希腊罗马神话 [M]. 崔梓健, 译. 北京: 民主与建设出版社, 2018:81.

❷ [古希腊] 希罗多德. 历史 (卷七)[M]. 王以铸, 译. 北京: 商务印书馆, 1991:141.

❸ [苏] 罗门·雅科夫列维奇·卢里叶. 论希罗多德 [M]. 王以铸, 译. 北京: 华夏出版社, 2019:73.

❹ [苏] 谢·亚·托卡列夫. 世界各民族历史上的宗教 [M]. 魏庆征, 译. 北京: 中国社会科学出版社, 1985:483.

这一点为止……"❶既然神谕的作用是重要的，那么控制神谕则是必要的了。为此，在伯罗奔尼撒战争中"拉西第梦人派军队进入了德尔斐，把以前为佛西斯人占据的阿波罗神庙交给了德尔斐人。他们一离开，伯里克利就派出一支军队来到德尔斐，把神庙又给予佛西斯人"。❷他们争夺的目的只有一个，就是首先获得优于他人的神谕。

当然，希腊的诸神也曾有过影响历史的"辉煌"时刻。我们曾对在温泉关战役中陆军强国斯巴达仅出征300名士兵的举动感到不解，并曾简单地将之归于轻敌。然而当我们读了以下字句后便不再如此认为了："……他们便打算在卡尔涅亚祭举行完毕之后，就把一支卫戍部队留在斯巴达，然后立刻全军火速开拔。其他联盟者也打算这样做。原来奥林匹亚祭也正是在进行这些事情时举行的。"❸结果，波斯人轻易叩开了中希腊的门，300名壮士竟于神坛上牺牲。与之相似，公元前413年8月27日夜，当雅典之西西里远征军正要拔锚从叙拉古人的重重包围中撤离之时，出现了月食。"大多数雅典人很认真地对待这件事，因而劝将军等待"，而另一位将军"尼西阿斯也过于相信占卜和其他类似的事情，所以他说，依照预言家所说的，要等过了三个九天之后，他才再行讨论如何移动军队的事情"。❹这使得主将德谟斯提尼（Demostine）一筹莫展……全军坐以待毙。同样，政府也难例外。斯巴达的监察官要靠9年一次的天象观测表确定王位更替，雅典设有10个专职的祭祀官，"他们奉献神谕规定的祭祀，并和占卜者合作，在需要征兆时，等候吉兆"。❺……迷信固然代表愚昧，但如果迷信有了如此广泛深厚的基础，一次天象、一个征兆都有可能由于被解释为"神在显灵"而带给社会一次事变或灾难。通过以上探讨，希腊诸神的政治功能可见一斑。

三、希腊诸神对社会经济的作用

希腊诸神的经济功能主要可从民间对经济之神的狂热崇拜和神庙经济本身的社会地位上看出来。

在前面，我们已谈过希腊人在宗教信仰上的功利态度，这种态度在民间表现得尤为突出。比如，他们对于具有某种经济职能的神显得有些过分热

---

❶ [古希腊]亚里士多德.雅典政制[M].日知，力野，译.北京：商务印书馆，1959:23.

❷ 中国世界古代史研究会，内蒙古大学历史系.世界古代史译文集[M].内蒙古：内蒙古大学学报编辑部，1987:215.

❸ [美]依迪丝·汉密尔顿.神话[M].刘一南，译.北京：华夏出版社，2010:39.

❹ [古希腊]修昔底德.伯罗奔尼撒战争史[M].谢德风，译.北京：商务印书馆，1978:534.

❺ [古希腊]亚里士多德.雅典政制[M].日知，力野，译.北京：商务印书馆，1959:57.

心。因雅典娜曾用矛尖扎地，使之长出了橄榄树，而"从这时起，雅典人就开始敬奉雅典娜为城市保护神"❶，并为她举行每年一小祭、四年一大祭的"泛雅典娜祭"。而全希腊人对酒神狄俄尼索斯的热情则更令人吃惊，这种"对大自然生命力之神和酿酒庇护神狄俄尼索斯的普遍崇拜，是同葡萄种植业在希腊之推广相联系的"。❷我们知道葡萄酒对于希腊的作用并不亚于橄榄油，同样也是希腊人的主要出口产品，而且由于酒、油均需盛器装运，才大大地刺激了希腊独具特色的制陶业的发展。这一现象真是令人费解，明明是希腊人创造了自己的主体经济，却偏偏将功劳归于神灵。且不论这是为了获取来年更为丰盛的赐予或出于对自然力的无比尊重，反正这么一来希腊诸神与经济的关系便展露无遗了。而在商界，希腊的个体商人们还组织起若干个颇具宗教色彩并互助的联合体，这些团体"在各种事务上互相帮助和共同祭祀庇护商业与航海的诸神，希腊人认为这样的庇护神有赫耳墨斯、波塞冬、狄奥斯库里（Dioscuri）、德尔斐的阿波罗、蓬塔尔（Pontal）的阿喀琉斯等"。❸虽然，在实际上诸神并未真正地给过希腊人任何唾手可得的东西，但它们却赐予了人们对成功的信心、追逐的勇气乃至求生的欲望，而这些对于人类也是至关重要的。

在古希腊，神庙经济的实力是不可低估的。首先，"神庙往往拥有产业，占有田地（即所谓'圣田'），并占有奴隶"。❹其土地经营方式采取了出租份地等办法，在西西里希腊殖民城邦出土的材料上有"按照契约规定，承租人应当照看份地上生长的树木，种植新的葡萄园和四棵橄榄树……租金要取决于所耕土地的数量"❺等内容。其次，神庙也有属于自己的作坊（陶窑、铁铺等）、工匠及奴隶。然而，希腊神庙最重要的经济功能体现在其商业金融方面：在古希腊的神庙中（尤其是几座著名神庙）都聚集着相当数量的财富，这使它们占据了希腊金融界中的重要地位。公元前4世纪中叶的一块巨大碑铭表明，"庙宇不但贷款给私人，而且给整个城市、整个国家"。❻据载，在

❶ [美]文森特·法伦格.古希腊的公民与自我[M].余慧元，译.北京：华夏出版社，2018:47.

❷ 中国世界古代史研究会，内蒙古大学历史系.世界古代史译文集[M].内蒙古：内蒙古大学学报编辑部，1987:78.

❸ [美]文森特·法伦格.古希腊的公民与自我[M].余慧元，译.北京：华夏出版社，2018:60.

❹ [苏]谢·亚·托卡列夫.世界各民族历史上的宗教[M].魏庆征，译.北京：中国社会科学出版社，1985:461.

❺ [美]依迪丝·汉密尔顿.神话[M].刘一南，译.北京：华夏出版社，2010:102.

❻ [苏]塞尔格叶夫.古希腊史[M].缪灵珠，译.北京：高等教育出版社，1956:272.

"公元前 4 世纪，德尔斐神庙拥有巨额财富，其价值相当于一万塔兰特……公元前 377 年，提洛岛所拥有资产达四万七千塔兰特"。❶ 这些巨额财富通过生财手段使神庙成了实际上最大的银行，它们通过当时盛行的种种借贷方式（如城市信贷、土地信贷、海洋信贷等）获取巨额利润。于是我们看到神庙在金融界频繁活动的痕迹，每当战争频仍之际"庙宇便扮演着邦际间（公社间）的调停者和债权人的角色，保证了贸易可能在庙会市集进行"。❷ 此外，无论在古风时代还是在古典时代，希腊的货币上大多铸有神的形象（主神及地方神）。例如，在雅典和科林斯的钱币上铸有雅典娜像，在奥林匹亚的钱币上铸有宙斯像，在西那库斯的钱币上铸有珀耳塞福涅——冥王之妻像，在塞利纳斯币上铸有埃斯库拉庇奥斯（Esculapios）像，在卡塔那币上铸有西勒诺斯（Silenos）像，等等。这种现象要么表明钱币的神圣，要么暗示着神与钱币的某种关系。这种局面直到人间的独裁者亚历山大（Alexander）统治以后才被打破。

那么，神庙的巨额财富来自何方呢？我们发现，这些财产首先出自神庙本身特殊的地位以及人们对于神的充分信赖，其次便是祭司们为此做出的种种努力。由于诸神庙在任何情况下都不得侵犯，于是全希腊无论私人还是国家都将其视作万无一失的保险库，并存钱财于其中。这些存款正好被祭司们拿去放高利贷，越是著名的神庙，其信赖者（存户）越多。同时，庙贡以及个人和国家的捐赠也是神庙财富的一个重要来源。据认为，"在希腊诸城邦中，简直没有一种财产，或是一门手艺，未曾被征募过以做某一庙宇的庙贡的。在建设城市、分配土地的时候，往往划出一份'庙产'。在果实收成、牲口增殖、继承遗产、婚姻嫁娶、竞技得胜、解放奴隶等方面，一句话，在公民生活的一切场合，一部分利益总得拨出来奉献给庙宇"。❸ 此外，著名的神庙还往往在举办全国乃至全希腊之庆节时获得丰厚收入。"每逢节日，庙宇在广场上设有一个宽阔的集市从交易手续中征收种种的繁捐杂税，带来了许许多多的收入，而且比较富裕的远道客人还留宿庙宇所设的旅社之中。"❹ 这类收入并不亚于前者。

诸神的经济功能就是这样从民间经济和金融行业中体现出来的。我们看

---

❶ [美] 依迪丝·汉密尔顿. 神话 [M]. 刘一南，译. 北京：华夏出版社，2010：100.

❷ [苏] 谢·亚·托卡列夫. 世界各民族历史上的宗教 [M]. 魏庆征，译. 北京：中国社会科学出版社，1985：462.

❸ [美] 文森特·法伦格. 古希腊的公民与自我 [M]. 余慧元，译. 北京：华夏出版社，2018：84.

❹ [苏] 塞尔格叶夫. 古希腊史 [M]. 缪灵珠，译. 北京：高等教育出版社，1956：273.

到，这种来自神的影响在希腊经济领域实在是无法否认的。

四、希腊诸神是希腊文化的灵魂

马克思曾经指出："希腊艺术的前提是希腊神话，也就是已经通过人民的幻想用一种不自觉的艺术加工方式加工过的自然和社会形式本身。这是希腊艺术的素材。"❶ 在前面，我们曾谈起过希腊人在造神时掺入了较多的水分。这一点对于宗教严格教义的形成及诸神的尊严而言是不利的，但对于希腊的文化艺术则可谓大幸之所在，因为这样一来希腊的诸神不仅未过分地成为禁锢文化发展的枷锁，反而在相当程度上给了文化以广泛、深刻和积极的影响。

在文学领域，是那部被誉为千古绝唱的《荷马史诗》首先奠定了人神间的特殊关系。那是部描写"英雄"业绩的史诗，就诗中不少英雄本身而论，他们或许就是实实在在的人（过去部落、氏族的首领），但它却赋予了他们渊源深厚的神根。由于有了诸神的参与和文学特有的想象力，真实、质朴的史诗便活起来了。它变得离奇、多彩但不乏真实，妙趣横生又引人入胜。研究表明，远古神话往往能折射当时的历史现实，其所包含的真实性是不容忽视的，"不只是说一说的故事，乃是要活下去的实体。那不是我们在近代小说中所看到的虚构，乃是认为在荒古时候所发生过的事实，而在那以后便继续影响世界、影响人类命运的"。❷ 从这一角度看，我们可以说希腊的诸神正是凭着它们这股类人的激情直接地参与了神话，间接地参与了历史。

对戏剧的产生，美国学者房龙（Van Loon）是这样解释的："在欢度葡萄酒节时，满脸抹着酒糟的种葡萄人，坐在大车上，和老乡插科打诨，于是，就诞生了喜剧。祭祀酒神狄俄尼索斯时，丰祭人，还有另外一些人，扮演了酒神受难及复活的情况，于是就产生了悲剧。"❸ 在这里，神与葡萄、葡萄酒与人、人与悲喜剧环环相扣，何等亲密！这种关系我们不单从希腊的经济和社会生活中感受到了，更从每年一度的戏剧节——狄奥尼西亚——这一名称上看出。在欧里庇得斯的剧本中，我们领略了那个动人的祭祀场面：

啊，欢乐啊，欢乐在高山顶上，/ 竟舞得精疲力尽使人神醉魂销，/ 只剩

❶ 马克思，恩格斯.马克思恩格斯选集 第 1 卷 [M].中共中央马克思恩格斯列宁斯大林著作编译局.北京：人民出版社，1966:210.

❷ [英] 马林诺夫斯基.巫术科学宗教与神话 [M].李安宅，编译.上海：上海文艺出版社，1987:121.

❸ [美] 房龙.人类的艺术 [M].衣成信，译.北京：中国文联出版公司，1989:144.

下来了神圣的鹿皮，/而其余一切都一扫而光，/这红水奔流的欢乐，/撕裂了的山羊鲜血淋漓，/拿过野兽来狼吞虎咽的光荣，/这时山顶上已天光破晓，/向着弗里吉亚、吕底亚的高山走去，/那是布罗米欧在引着我们上路。

正是在这充满对神的感激、对来年好收成的奢望中，正是在这充满狂热的激情和虔诚的祈祷声中，戏剧诞生了。在杰出的剧作中，我们看到了如《普罗米修斯》《俄狄浦斯王》《美狄亚》等一系列以神为题材的脚本。虽然我们不能因此就认定它们的作者是有神论者，但却不得不承认他们都实实在在地把有关神的故事拿来当作了追求表达自身目的的基本素材。在这里我们既听到爱斯奇里斯借（Aschiris）普罗米修斯之口诅咒代表专制君主权威宙斯的声音："难道我没有看见两个君王从那上面被推倒吗？我还要看见第三个君主，当今的主子，很快就会不体面地被推倒。你以为我会惧怕这些新得势的神，会向他们屈服吗？我才不怕呢，绝对不怕。"也听到了索福克勒斯笔下的俄狄浦斯在与命运搏斗后留下的无奈与哀叹："哎呀！哎呀！一切都应验了！天光呀，我现在向你看最后一眼！我成了不应生我的父母的儿子，娶了不应当娶的母亲，杀了不应当杀的父亲。"❶在他们的剧中，神常常成为主角，但诸神躯壳里的实体却是作者的灵魂。

古希腊人有不少引以为豪的建筑物，都标明是为神造的，其中也不乏"神味"。"多立克"柱式的创造者是仙女奥尔塞斯（Olses）之子多鲁斯（Dorus），他以男子的比例创建了该类柱式。而"爱奥尼亚"柱式的创造者则是一个被阿波罗神宣称为自己儿子的人——爱奥（Ion），他被认为是小亚爱奥尼亚殖民地的创立者。我们在古罗马人维特鲁威（Vitruvius）的书中读到下列文字："如在阿卡厄亚所看到的，最先对阿波罗·帕尼奥尼俄斯（Apollo Panionius）建立了神庙，把它称作陶立克……后来又试想用新种类的外貌建造狄安娜神庙，以这样的脚长改用到女子的窈窕方面……这样，就以完全不同的两种方式设计了柱子：一种是没有装饰的男性姿态，另一种是窈窕而有装饰的均衡的女性姿态。"❷这大抵就是两种柱式所谓的"神根"吧！然而令人费解的是，庙是献给神的，但柱式却在尽力展现人体的美。这种奇特的思维方式我们在雅典卫城的建筑群上也找到了。这些建筑是雅典人为酬谢诸神在希波战争中予以的支持而建造的，但它们本身却无处不洋溢着战后雅典人的自信、英雄气概和理想主义。细细想来，这并不矛盾。将自己的成功看成神的赐予，这在世界各民族认识史上都是很正常的事，希腊人也无法例外。

❶ 周煦良.外国文学作品选（一）[M].上海：上海译文出版社，1979:88.

❷ [古罗马]维特鲁威.建筑十书[M].高履泰，译.北京：中国建筑工业出版社，1986:83.

既然如此，将自己认为最美、最纯洁的躯体献给神，正好表明了自己的虔诚。由于希腊的神具有有别于他国神灵特殊的拟人性和社会性，因而在它们的世界里较多地体现出反映希腊人精神面貌的东西，也就是理所当然的了。

诚然，希腊人的雕刻技艺在不少方面得益于埃及，但真正给希腊雕刻注入生命之泉的却是希腊民族特有的审美意识，而这种审美意识的表达又与诸神不无相关。我们知道，最使希腊人自豪的是人体雕刻，这是一种饱含着复杂思维的艺术语言。虽然裸体雕刻早在原始时期便已产生，但那仅体现了原始人对生殖、丰产的祈求。当人们的思维能力随着文明发展而提高之后，我们就再难找到出现在正式场合中的裸体雕像了。因为此时，自然与精神的对立已在艺术家的面前筑起了一道高高的门槛。可是，后起的希腊人却奇迹般地使两者重归于好，是谁帮助他们越过这道门槛的呢？是他们的神！我们曾习惯于把希腊裸体艺术的产生解释为当地战争频繁，人们为强健的体魄而积极锻炼，而当地又气候暖和……但仅此并不足以解释为什么这些裸体雕像会诞生在宙斯大庙的周围，要知道这四年一度的竞技大会是希腊人献给神的祭品。同样地，把在赛会上的赤身裸体仅解释为减少竞技者身上的约束也是很不够的，事实上这体现了希腊人对神的虔诚，在创造人类且无所不知的神面前，一块遮羞布还有何意义呢？实际上，"举行竞赛本来正是要了解上苍把胜利之福恩赐给了谁；正是为了纪念，大概也是为了永葆那些上天加恩的灵迹，胜利者才委托当时最负盛名的艺术家制作自己的雕像"。❶反过来，也正是由于这些"委托"才使雕塑家们得以充分地掌握了人体比例和动态知识，也才有了诸如《掷铁饼者》《系丝带者》《刮汗污者》《荷矛者》等一系列名作的诞生。

诸神与哲学的关系远不是一两句话就能说清楚的。我们知道，哲学界两大派别最根本的区别之一就在于如何对待物质与精神两者的关系，而神本身便是精神的产物和重要体现。与迷信不同的是，唯心主义的哲学力图以理性去解释神及证明神的存在。毕达哥拉斯（Pythagoras）说过："太阳、月亮和其他的星辰都是神灵，因为在其中占统治地位的是热元素，热元素是生命之源。月亮从太阳中取得它的光。人类与神灵是亲戚，因为人类分享了热元素，神灵之所以眷顾人类，原因就在于此。"❷继此之后，苏格拉底曾颇费口舌地论证过灵魂的存在。而柏拉图《理想国》则把宗教信仰与社会安定联系在一起，认为侵犯神明的行为易于削弱社会，故应予以严惩。尽管出发点的错误使他们入了歧途，但这些论证本身则无疑进使了唯心主义哲学思辨本

❶ [英] 贡布里希. 艺术发展史 [M]. 天津：天津人民美术出版社, 1998:63.

❷ 北京大学哲学系外国哲学史教研室. 古希腊罗马哲学 [M]. 北京：商务印书馆, 1982:35.

身的成熟。而就唯物主义的哲学来说，诸神是从被否定的角度来体现其价值的。如普罗泰戈拉（Protagora）曾说："至于神我既不知道他们是否存在，也不知道他们像什么东西。因为有许多东西阻碍我们达到确实的认知的问题是晦涩的，人生是短促的。"❶此外，德谟克利特、克塞诺芬尼（Xenophanes）、欧赫美尔（Ohmel）等对神及宗教起源的本质亦不乏独到见解，其思索的结果便是历史的唯物观趋于完善。而另一个引起我们注意的现象便是，尽管哲学家们似乎已学会了用理性的目光去窥探神的奥秘，但他们的命运却往往要受到神的摆布，并且这种回报是不会询问其对象是何人的，仅以社会或政治的需要与否为转移。毕达哥拉斯的死就与其自身所创的宗教信仰有关，他的宗教戒律之一便是禁食豆子。据说在克罗顿人以僭主罪追捕他时，由于"他不肯穿过豆子地，宣称他宁可被逮住也不愿践踏豆子"❷，终于被抓住并处死刑。而苏格拉底（Socrates）以渎神罪被判死刑的例子我们已在前面举过了。如果说他们两人的死与信神相关，那么阿拉克萨哥拉（Araxagora）与普罗泰哥拉（Protagora）的死则是其宣扬无神论的结果。关于前者有两种记载：一种是，他被克雷翁（Creon）指控为不敬神灵，因为他把太阳说成一团炽热的物质，他的弟子伯里克利保护了他，结果被判处罚金五百塔兰特，并被驱逐出境。但是萨蒂罗（Satiro）在他的《列传》中说，他是被伯里克利的政敌图居第德（Tugudide）所控告，被指为不仅不敬神灵，而且私通美迪人，被缺席判处死刑……最后他隐居到普萨柯，并死在那里。据说著名的亚里士多德也曾有过一段因犯渎神罪而亡命哈尔斯基的经历。在上面，虽然我们看到几乎每个受害者都有一段难言的政治隐情，但相同之处是他们对于神的理性思考显然不为社会所容。

希腊神是古希腊人的影子，是古希腊文化的核心，必然也应是希腊历史的一部分。并且，只要这种文化还在影响着他们，希腊诸神的历史功能便不会完结。

---

❶ [美] 依迪丝·汉密尔顿. 神话 [M]. 刘一南，译. 北京：华夏出版社，2010:32.

❷ [英] 马林诺夫斯基. 巫术科学宗教与神话 [M]. 李安宅，编译上海：上海文艺出版社，1987:71.

第三节　荷马与荷马史诗

一、荷马

他双目失明，四处漂泊，像中国的卖唱艺人似的，背着希腊古代的乐器——一把七弦竖琴，把自己的诗吟唱给大家听。他的诗在七弦竖琴的伴奏下，美妙动听，情节精彩，吸引了一批又一批的观众。他的诗作关涉希腊的历史事迹、神话和传说，但他自己没有用笔写下那些锦绣珠玑般的诗句。

他死了，但他的伟大的诗篇却一代又一代地流传下来。他活着时，穷困潦倒，乞讨为生；他死时，却有九座争着说他诞生在他们城市。正如诗中说的：“九城争夺盲荷马，生前乞讨长飘零。”他就是希腊史诗的作者荷马，他的伟大诗篇就是史诗《伊利亚特》和《奥德赛》。这两部史诗既是古希腊艺术史上的明珠，也是全人类共同的艺术瑰宝。

荷马是否实有其人，是荷马研究的一个热点，几乎每一篇探讨荷马的文章都要涉及，关乎史诗的创作、编撰、保存、传播等一系列颇具争议的问题。究竟谁是荷马？这个问题让不少人耗去毕生心血。古希腊人相信荷马确有其人。从古希腊全盛期之前到公元前 5 世纪，他们认定荷马的出生地是在小亚细亚海岸名叫开俄斯的岛上。公元前 5 世纪的历史学家希罗多德声称荷马与他相隔 400 年。柏拉图读荷马，是表示不满的；他读到的两部史诗的文字本，不管是由雅典的执政官梭伦还是由雅典的独裁者庇西特拉图下令编订的，总之，固定的文字抄本已成为尊崇的对象，而柏拉图质疑的是史诗的“有害影响”，倒不是荷马本人的存在和归属问题。亚里士多德的《诗学》将《荷马史诗》定于一尊，只谈美学评价，不涉及考证问题。大约从 17 世纪末起，人们对史诗的形成及历史上是否真有荷马其人等问题发生激烈争论。这前后的变化可用“古代派”和“现代派”区分。“古代派”更倾向于作者一元论，“现代派”则更倾向于作者多元论。乔治·斯坦纳的文章对“现代派”的观点做了一番梳理，他有感于荷马研究“每隔十年都会出现新论”，指出各种各样的发现“充满了激情和狂热信念”，尤其是在“后弗洛伊德时代，文学创作被看成是极其复杂的行为”，“十九世纪编辑者看成是文字脱漏或穿插的地方，我们往往认为是诗性想象的迂回或特殊逻辑”，这与“古代派”的认识是有区别的。

实际上，古代语言学家对史诗的形成问题也早有争论。乔治·斯坦纳的文章没有提到的一个重要人物是维柯，后者在其《新科学》一书中就谈到古

代语言学家的争议，并做出了他自己的考证和结论。

维柯认为，"创作《奥德赛》的荷马和创作《伊利亚特》的荷马并非同一个人"；"荷马的故乡在哪里是无人知道的"，"就连荷马的年代也是无从知晓的"；"荷马也许只是人民中的一个人"，"荷马不曾用文字写下任何一篇诗"；"用荷马史诗来说书的……他们都是些村夫俗子，每人凭记忆保存了荷马史诗中的某一部分。"

希腊人认同荷马，其中包含民族的感情色彩，也有想当然的成分，但是支撑他们在这一问题上形成共识的依据，主要还是他们所知道的一些散见于史料中的记载，以及根据这些记载所形成的认知传统。对于他们，否定荷马是不可想象的。否定确有荷马其人，甚至比否定传统的神祇（包括长期声名显赫的奥林匹斯神族）的权威更难。希腊人最终接受了耶稣，在信仰上放弃了宙斯，但他们却没有因为喜欢莎士比亚和普希金，没有因为世界上出现了许多诺贝尔文学奖得主而放弃荷马。过去、现在如此，将来大概也只能这样。无论是古希腊人还是现代希腊人，他们都相信他们的祖先中有一位名叫荷马的诗人，他天分极高，阅历丰富，创编过宏伟、壮丽和含带浓烈悲剧色彩却脍炙人口的史诗，是民族精神的塑造者和民族文化的奠基人。一般认为，荷马出生在小亚细亚沿岸的希腊人移民区（因而是一个伊奥尼亚人）。❶据后世的《荷马生平》和其他古代文献的记载，荷马的出生地至少多达 7 个。至公元前 6—前 5 世纪，古希腊人一般将他的"祖城"限定在下列地名中的一个，即基俄斯（Chios）、斯慕耳纳（Smuma）或科洛丰（Kolophōn），其中尤以基俄斯的呼声最高。在一篇可能成文于公元前 7 世纪末或前 6 世纪初的颂神诗《阿波罗颂》里，作者以一位顶尖诗人的口吻称自己是一个"来自山石嶙峋的基俄斯的盲（诗）人"（tuphlos anēr），是一名最出色的歌手。马其顿学问家斯托巴欧斯（Johannes Stobacus，"斯多比的约翰"）编撰过一套诗文集，其中引用了从荷马到塞弥斯提俄斯（Themistios）等众多古代诗人和作家的话。根据他的记载，抒情诗人塞蒙尼德斯（Sēmōnidēs）曾提及荷马的诗行（即《伊利亚特》6.146），并说引用者认为这是一位"基俄斯（诗）人的话"（Chios eeipen anēr）。值得一提的是，塞蒙尼德斯没有直呼荷马其名，似乎以为只要提及"基俄斯人"，人们就会知晓它的所指。上述引文或许还不能一锤定音地证明荷马（或一位创编过史诗的盲诗人）的家乡就是小

---

❶ 伊奥尼亚人是古希腊人的一个重要分支，原先栖居希腊本土，以后（受多里斯人逼迫）由阿提卡一带向小亚细亚沿海地区移民（参考希罗多德《历史》，即《希腊波斯战争史》，修昔底德《伯罗奔尼撒战争史》；另参考斯特拉波（Strabo）《地理志》。荷马曾提及英雄时代尚不很著名的伊奥尼亚人。

亚细亚的基俄斯岛，但至少可以就诗人的故乡归属问题，给我们提供一个大致的范围或参考项，为我们了解荷马其人，提供一条可能从某种意义上来说仍然存在一些疑点的线索。

20世纪荷马研究最可观的两大发现，都分别是由业余爱好者做出的。一是擅长密码学的英国建筑师迈克尔·文特里斯（Michael Ventris），他破解了神秘的线性文字B，让史前迁徙者带到希腊的语言变得依稀可辨。二是美国青年学者米尔曼·佩里（Milman Parry），此人深入南斯拉夫山区，亲耳聆听游吟诗人的吟诵，取得了非同寻常的研究成果。通常的看法是，这两个人在20世纪前期所做的探索，比之过去两千年的荷马研究带来了更多发现，可惜他们都英年早逝，未能在相关领域搭建起更坚固的桥梁。所谓的线性文字A也要留待另一个迈克尔·文特里斯去破解了。不管怎么说，谈到史诗口述传统的问题，人们比从前倒是更有信心，而这一点要归功于米尔曼·佩里的发现。

关于荷马的创作和生活我们所知甚少。从《伊利亚特》和《奥德赛》主要采用希腊语里的伊奥尼亚方言这一点判断，推测作者为伊奥尼亚（希腊）人似乎没有太大的问题。荷马（或《伊利亚特》的原始创编者）熟悉爱琴海以东的小亚细亚沿海地区。诗人讲述亚细亚泽地上的鸟群，称它们四处飞翔，"展开骄傲的翅膀"，提到从色雷斯（即斯拉凯）袭扫而来的风飙。他知道伊卡里亚海里的巨浪，知晓在阳光明媚的晴天，登高者可以从特洛伊平原眺见萨摩斯拉凯的山峰。"读者或许可以从《奥德赛》里的盲诗人德摩道科斯的活动中看到荷马从艺的踪迹，可以从众多取材于生活的明喻中感察到诗人对现实的体验。"抑或，他会像《奥德赛》里的英雄奥德修斯那样浪迹海外，"见过众多种族的城国，晓领他们的心计"。抑或，他也有快似思绪的闪念："此君走南闯北，以聪颖的心智（noesei）构思愿望：'但愿去这，但愿去那'，产生许多遐想。"❶诗人对战争的残酷有着深刻和细致的理解，对人掺和些许喜悦的悲苦命运表现出炽烈和持续的同情。他或许身临和体验过辉煌，或许有过幸福和得志的时光，但他肯定经历过"不一而足"（埃斯库罗斯语）的苦难，吞咽过生活必然会带给他（和所有凡人）的辛酸。毕竟，凡人"轻渺如同树叶，一时间生机盎然，蓬勃尔后凋萎，一死了结终生"。❷在早已失传的《论诗人》里，亚里士多德称荷马晚年旅居小岛伊俄斯（Ios）并卒于该地。荷马死后，活跃在基俄斯一带的"荷马的子弟们"继续着老祖宗的行当，以吟诵《荷马史诗》为业，他们的活动至少持续到伊索克拉底（Isocratēs）和

❶ 谭晶华. 外国文学研究论丛 [M]. 上海：上海外语教育出版社，2012:57.

❷ 谭晶华. 外国文学研究论丛 [M]. 上海：上海外语教育出版社，2012:63.

柏拉图生活的年代。但是，事情也可能不是这样的。基俄斯之所以成为荷马的故乡，有可能不是因为荷马真的出生在那里，而是因为有一些自称为"荷马子弟们"的诗人长期在该地从业。作为一个既成的事实，他们的活动有可能鼓励人们据此进行反推，进而得出并传播基俄斯是荷马故乡的"结论"。

荷马的影响长盛不衰于全部领域——政治、历史语言、地理、民俗、战争、工艺道德、神学意识、世界观、行为规范等，在这些方面，荷马所提供的史诗知识一直是受到重视的行动指南。亚历山大的征伐传播了希腊文化，也扩大了荷马的影响。荷马对"诗人"（ho poiētēs）一词已经拥有冠词所赋予的特别享有权。换言之，在当时的文化界，只要有人提及 ho poiētēs（the poet），对方便知所指是荷马。这种特定的指对效果，就如中世纪时托马斯·阿奎那（Thomas Aquinas）尊亚里士多德为"哲学家"一样，含有"真正的""最好的"或"名副其实的"意思。

二、史诗

史诗，希腊语作 epea（或 epē，其单数主格形式为 epos）。希腊人喜欢交谈，重视语言。epos 是个古老的词汇。在荷马史诗里，epos 的常规指义是"话或话语"。荷马称诗为 aoidē，意为"歌"或"诗歌"❶，称诗人为 aoidos（复数 aoidoi），作"歌诗者"或"唱诗人"解。在荷马时代，古老的唱诗或许已演变为以吟诵为主。epos 在《荷马史诗》里多有见例，除作一般解释的"话""话语"外，该词还可视上下文的不同而含带下列意思：①有音乐伴奏的唱段；②诺言、保证；③劝说、告诫；④神谕、神的话语；⑤成语、诚言。epos 有时可附带说话者的情感，展示评判的道德倾向，因此可以略微不同于一般的话语或叙述（rhēma，muthos）。有时，荷马会连用 epos 和 muthos（话语、故事、讲述），以加强表义的力度。作"话语"解，epos 的对立面是行动（ergon）。荷马多次连用二字，以取得对比和配套的效应，表示史诗人物活动及体现活动之意义的两个主要范畴。古代作家通常用该词的复数 epea 指称史诗，即唱诵人（和神）的功绩或荣耀（klea）的六音步长短格叙事诗，与 melē（抒情诗）形成对比。在中国，古人相信自洪荒的远古时代起便有诗歌，诗的产生"自生民始"。被誉为"肇开声诗"的《康衢谣》《击壤歌》，据说成诗于传说中的黄帝时代。从内容和句式来看，这两首诗似乎

---

❶ "歌"，包括诗和音乐。歌手诵诗用竖琴伴奏。公元前 7 世纪，melē（抒情诗，即用竖琴伴唱的歌），可指歌或诗唱，一般不涵盖无音乐伴奏或音乐比重过小的诗歌，如短长格诗等。严格说来，无音乐伴奏的歌为 oide。大概自公元前 5 世纪起，poitsis 被广泛用于指诗，柏拉图和亚里士多德都用 poites(复数 poita) 指诗人。

不像远古时期的作品，带有后人伪托的嫌疑。如何辨识并确定古歌不易，遑论追溯诗歌的起源，也同样存在于以古希腊诗歌为工作对象的研究领域。史诗最原始的萌发起于何时，从词源学的角度出发进行考证，大概不能解决问题。词源学和文字学的作用在这里显得十分有限。无论是 epos 还是 aoidē，都不能精确表明史诗起源的时间。

aoidē（诗歌）可能派生自动词 aeidein（歌唱），经缩约变化，在阿提卡方言里作 ōidē（"歌"，比较拉丁词 oda，英语词 ode）。作为 aoidē 的同根词，adein 宗承印欧语词根 a-ud-，与梵语中的 vádati（他歌唱，他奏乐）同源。

古诗通常与唱相伴。最早的诗是"唱"（或"歌"）的，而不是"说"的（当然更不是"看"【即供阅读】的）。aoidē 一头连接诗歌；另一头则通连人（即歌者）的发音。它"关涉"人的生理机制和发音能力，以一种不甚明确的方式，暗示诗歌（请注意，不特指史诗）产生年代的久远。既然分析词源不能解决问题，那么我们就只能把目光投向史诗的内容，致力于从中寻找或推导出希腊史诗萌生的大致年代。至迟在迈锡尼王朝的中期，希腊本土（包括伯罗奔尼撒）及其周边（包括小亚细亚沿岸）地区已流传着一些有关英雄征战和创业（如建立新的移民点）的故事。此类故事传诵在民间，也唱诵在宫廷和豪广大族的家院。随着时间的推移，故事渐增规模，形成了有关联、多变体的故事系列的雏形。在公元前 9 世纪，吟游诗人可资取用的素材已相当复杂、繁复，在规模上已为长篇史诗的成型创造了条件。❶当时已形成套路的故事或传奇，在内容上大致可以分为如下几类：①攻劫城池 [如围攻特洛伊、忒拜（即底比斯）和卡吕冬的著名战事]，②抢劫牲畜 [奈斯托耳（Nestor）、伊达斯（Idas）和阿喀琉斯等都有过此类举动]，③争婚或抢婚（比如，可以海伦和伊娥的经历，亦即以被抢为例）。史诗（指《伊利亚特》和《奥德赛》）以描述发生在特洛伊战争最后一年（几十天里）的战事以及战后奥德修斯的回归为主线，因此属于上述①类的涵盖范围。创编某一系列史诗的歌手可以自由采用属于其他系列的故事或唱段。荷马史诗里便有这样的先例。比如，《伊利亚特》多次提及并介绍了力士赫拉克勒斯的生平和事迹，此外还较为详细地描述了英雄伯勒罗丰、忒斯和泰斯托耳所经历过的部分事件。

除了《伊利亚特》和《奥德赛》，普罗克洛斯还逐一介绍了构成特洛伊系列中的其他六部史诗，它们是：

---

❶ 作为一种文学样式，史诗可能初步成熟于希腊历史上迈锡尼王朝覆灭后的黑暗时期，也可能更早一些。有关特洛伊战争的故事远在公元前 9 世纪以前即已开始流传，至荷马编创长篇史诗的年代已被传唱了"几个世纪"（"a couple of centuries" 参见 R. Janko, The Homeric Poems as Oral Dic-tated Texts, CQ 48 <1988>, 第 6 页）。

（1）《库普里亚》（Kupria），共 11 卷，描写了战争的起因及初期的战事，据悉为塞浦路斯诗人斯塔西努西（Stasinus，一说为 Hegesias [或 Hegesinus]）所作。

（2）《埃塞俄比斯》（Aethiopis），因其中的一个重要人物阿伽门农为埃塞俄比亚人而得此名，共 5 卷，内容包括亚马宗人临战特洛伊、阿伽门农之死、阿喀琉斯阵亡以及其后的甲仗之争，据悉作者是米利都人阿耳克提诺斯（Arktinos）。

（3）《小伊利亚特》（Ilias Mikra），共 4 卷，始于希腊将领对阿喀琉斯的甲仗之争，止于联军攻克特洛伊，据悉作者为慕提勒奈（一说为普拉 [Purra]）诗人莱斯刻斯（Leschēs）。

（4）《伊利昂失陷》（Iiou persis），共 2 卷，所述事件包括拉奥孔的故事和埃内阿斯回撒伊达山上等，据称亦为米利都的阿耳克提诺斯所作。

（5）《回归》（Nostoi），共 5 卷，内容涉及战后英雄们的归航、墨奈劳斯在埃及的经历和阿伽门农回国后惨遭杀戮诸事，疑为特罗真（Troezen，位于伯罗奔尼撒东北端）诗人阿古阿斯（Agias）所作。

（6）《忒勒戈尼亚》（Tēlegonia），共 2 卷，故事围绕奥德修斯和喀耳刻之子忒勒戈诺斯回伊萨卡寻父并不幸将其误杀的传说展开，据称作者为库瑞奈诗人欧伽蒙（Eugammōn）。

史诗在希腊主流文学传统中一枝独秀的局面，一直持续到公元前 7 世纪下半叶。当时抒情诗开始批量出现；稍后，自然哲学开始崭露头角，历史和悲剧的诞生似乎也已经在酝酿之中。然而，老资格的史诗并没有即刻消亡，虽已经迈过了鼎盛时期。大约在公元前 6 世纪末，罗得斯的裴桑德罗斯（Peisanderos）写了一部关于赫拉克勒斯传奇经历的史诗。公元前 5 世纪初，哈利卡耳那索斯的帕努阿西斯（Panuasis，此人乃史学家希罗多德的长辈亲属）编写了一部 Heraklea（即《赫拉克利特的故事》），共 14 卷，被后世评论家誉为史诗中的极品之一。希罗多德的朋友、萨摩斯诗人科厄里洛斯（Cherillos）取材于历史事实，创作了一部《波斯人》。柏拉图的同时代人、科洛丰诗人安提马科斯（Antimachos）写过一部《忒拜史》（Thebais），共 24 四卷，15600 余行。公元 3 世纪，罗得斯的阿波罗尼俄斯（Apollonios Rhodius）撰写了一部《阿耳戈远航》（Argonautica），共 4 卷，约 5300 多行，今尚存。一个世纪以后，斯慕耳纳诗人昆图斯（Quintus Smymaeus）的《荷马诗续》（Posthomerica）问世，内容上承《伊利亚特》，下接《奥德赛》，为一部 14 卷本的史诗。公元 5 世纪，诺努斯（Nonus）创编了史诗《狄俄尼索斯传》（Dionysiaca），长达 48 卷，其中第十三卷至第四十八卷描写了狄俄

尼索斯与印度人的交往，书中带有大量的神话传记。

三、荷马史诗

从荷马史诗可以值得称道的草创时期开始，希腊文学就很难说是纯西方的。至迟从公元前 1500 年开始，希腊人就直接或间接地受到东方文明的熏陶和影响。古老的埃及文化、美索不达米亚文化和克里特文化，都在希腊人的文明进程中留下了印记，极大地促进了其发展。

公元前 2000 年，生活在小亚细亚的胡里人就有了自己的史诗，形成了希腊人在一千多年后才学会运用自如的神谱纪事传统。在荷马创编史诗的年代，苏美尔史诗《吉尔伽美什》早已是过去的辉煌——在小亚西亚的一些地方，史诗创作或许已被当作一种成功的经验而束之高阁。希腊神学大量引进了原本属于东方神话的内容，模仿了它的创作样式。同样地，希腊史诗也在放手借鉴东方史诗的成功经验，或搬用，或改编，不经说明地进行移植，为我所用。荷马史诗是希腊的，却产生在东方的小亚细亚，我们不应该忘记它的地域特征。荷马称诗歌为"长了翅膀的话语"，但他未必知道，他的前辈们在这么说的时候，有可能沿用了胡里人的相似（或原创）提法。东方史诗里的"弓箭比赛"出现在了《奥德赛》里，而东方造型艺术生动塑造的基迈拉也有它的希腊对应，在赫西俄德的《神谱》中占有一席之地。荷马多次提及人和神有不同的用语，而这一"古怪"现象很可能是舶来的，有它的东方宗源。据说赫梯人不用通行的印欧语"官话"，而是使用被他们征服的土著居民的方言词汇，用以称呼受其信奉的神灵。

在西方文学和文明发展的早年，荷马史诗是古希腊人智慧的结晶。文艺复兴以后，当哲学（或逻各斯）磕磕绊绊地走过了六七百年理性思辨的路程但最终却面临山穷水尽之际，秘索思是逻各斯唯一可以寻求帮助的古代的智慧源泉，是鼓励并义不容辞地帮助逻各斯走出困境的法宝。秘索思也是人类的居所。当海涅宣布"只有理性是人类唯一的明灯"时，我们不能说他的话完全错了，而只能说它空洞地表述了人的自豪。然而，这位德国诗人或许没有想到，每一道光束都有自己的阴影（威廉·巴雷特语），因而势必会在消除黑暗的同时造成新的盲点，带来新的困惑。人不仅需要借助理性的光束照亮包括荷马史诗在内的古代秘索思中垢藏愚昧的黑暗，而且也需要在驰骋想象的故事里寻找精神的寄托。这或许便是我们今天仍有兴趣阅读和理解荷马史诗的动力（之一），也是这两部不朽的传世佳作得以长存的理由。我们肯定需要逻各斯（Logos），但我们无疑也需要荷马，需要秘索思。乔治·桑塔亚那（George Santayana）或许会说，宗教思维和活动（我们知道，这与崇尚

虚构的秘索思有关）是人的理性生活不可缺少的一部分。在勒奥·斯特劳斯（Leo Strauss）看来，西方文明的张力和生命之源存在于理性与启示、哲学与诗歌（或雅典与耶路撒冷）的紧张对峙和冲突之中。其实，说明哲学与诗歌抗争的最佳例证可以轻而易举地从希腊文明的发展史上找到，斯特劳斯之所以把希腊归为哲学的一方，显然是为了从"两希"（希腊和希伯来）文化的角度出发解析西方文明之合成的立论需要。秘索思可以比逻各斯大度。宗教的激情（尽管有时以沉稳的方式出现）和文学的放荡不羁曾经催生并一直在激励着科学（在这里，联想一下马克斯·韦伯 [Max Weber] 关于新教伦理与资本主义精神的论述或许没有坏处）；我们很难设想科学进步的最终目的是为了消灭包括荷马史诗在内的文学，摧毁曾经养育过它的摇篮。可以相信，秘索思和逻各斯会长期伴随人的生存，使人们在由它们界定并参与塑造的人文氛围里，享受和细腻品味生活带来的酸甜苦辣与本质上的和谐。

　　研究荷马史诗很难避免某些历史遗留下来的问题。早在公元前 4 世纪，亚里士多德就已经感到有必要并直接参与了解答荷马史诗里的"问题"（但无论是柏拉图还是亚里士多德都没有怀疑过《伊利亚特》和《奥德赛》的归属）。公元前 3 世纪，学界出现了几位主张将《伊利亚特》和《奥德赛》分辨开来的人士，认为这两部史诗之间的差异很大，因而不可能同为荷马（或由同一位诗人）所作。以后，人们把持此类观点的学者称作分辨派（chorizontes）。公正地说，两部史诗里的确有一些不一致的地方，有的还相当令人瞩目。比如，在《伊利亚特》里，宙斯的信使是伊里斯，而在《奥德赛》里，担任此角的则是公众更为熟悉的赫耳墨斯。在《伊利亚特》里，匠神赫法伊斯托斯的妻子是卡里斯，而在《奥德赛》里，这一角色则调包成了阿芙洛狄忒。《伊利亚特》里的英雄们不擅长探察，而《奥德赛》的人物里却不乏擅长探察的行家。在用词及使用明喻的多寡方面，在行文的激情流露及其他的一些细节方面，两部史诗中都或多或少地存在着一些不甚协调（或有差异）之处。指出这些问题并对其进行认真负责的分辨研究，是完全必要的。然而，分辨派学者们或许在存异的过程中不总是非常恰当地记得要求同，没有看到这两部史诗在大势上似乎很难逆转的一致，忽略了贯穿在它们之中显而易见的共性。两部史诗都致力于情节的整一，对奥德修斯的描述延续了一条稳定的性格主线。在两部史诗里，奥德修斯都是雅典娜最钟爱的凡人。《奥德赛》对阿伽门农和阿喀琉斯的性格刻画，符合《伊利亚特》定下的基调，即便是熟悉两部史诗的读者，包括专家，也很难从中找出明显的破绽。两部史诗所用的程式化语言一脉相承，套路上没有大的改变，在诗的品位和文体方面亦没有与适应叙事内容无关的明显差异。两部作品都旨在强调

辨识神人的必要，都在严肃的叙述中插入了一些诙谐、幽默以及在最精彩时以神祇为取笑对象的插曲，人物（包括神明）嘲弄时的口气如出一辙，大致体现了同一位诗人的风格。此外，我们似乎还应该考虑到，作为史诗艺术之集大成者，荷马会在继承前人留下的丰厚文学遗产时，部分地接过他们留下的麻烦（包括表述上的不一致）。所以，除非有新的重大考古发现，足以从正面直接论证分辨派（他们在今天仍有众多支持者）的观点，我们大概不宜轻易更改一种从公元前 7 世纪开始就已经初步形成并在后世得到广泛认同的观点，不宜急于把《伊利亚特》和《奥德赛》中的一部与荷马的名字"分辨"开来。当然这不是说这两部史诗必须只能出自同一位作者，也不是说这位作者必须只能是荷马。我们清醒地认识到荷马的"模糊"，不排除它可能是古代诗人的一个"代名"的设想。

自古以来，荷马和他的史诗享有很高的声誉。根据传说，斯巴达在公元前 9 世纪就有朗诵史诗的活动；公元前 7 世纪到前 6 世纪的雅典，吟诵史诗是节日活动的一项重要内容。因此，荷马史诗有大量手稿在希腊各地传抄。公元前 6 世纪中叶，庇西特拉图当政时期，雅典成立了一个专门的机构负责编辑和整理史诗。到公元前 5 世纪，古代希腊人利用陶器上的装饰画来描绘史诗的片段情节，乃是一种习以为常的现象。这些陶器上的绘画内容简洁，形象生动，线条清晰，这证明《伊利亚特》和《奥德赛》的故事已经为广大劳动人民所熟知。

荷马史诗的传播十分广泛，它对以后文艺创作的影响尤为深远。古希腊哲学家、科学家亚理士多德说过，荷马是值得称赞的，理由很多，特别因为在史诗诗人中唯有他知道一个史诗诗人应当怎样写作。亚理士多德对荷马史诗创作的高度评价，主要有这几个方面：结构的完整性，史诗做到了环绕着一个整体的行动，有头、有身、有尾，这样它才能像一个完整的活的东西，给我们一种它特别能呈现的快感；情节的戏剧性，表现在合理的布局和性格的描写上，亚理士多德认为，荷马最先勾画出喜剧的形式；思想的严肃性，即人物对话表现道德品质，表现修辞才能，在亚理士多德看来，两部史诗的言辞与思想都达到了登峰造极的地步。

正是在这些方面，荷马史诗给希腊古典文学艺术，特别是悲剧以巨大影响，通过希腊戏剧又在古罗马文学中得到继承和发展。公元前 1 世纪的古罗马作家荷拉斯在讲到史诗的体裁时说：帝王将相的业绩、悲惨的战争，应该用什么诗格来写，荷马早已做了示范。罗马诗人维吉尔写的史诗《伊尼依德》12 卷，是直接模仿《伊利亚特》和《奥德赛》，这部作品成了欧洲文人史诗的代表作。迄于近代，荷马史诗在人物对话、结构形式和语言风格各方面，也常为欧洲作家所仿效，18世纪，有所谓"英雄史诗摹拟体"，即指采用史诗格式写作的讽刺诗。

总之，荷马史诗的艺术价值及其在文学史上的地位是历来为世人所公认的。

《伊利亚特》和《奥德赛》向我们展示了古代希腊社会发展的种种历史图景：迈锡尼的海上霸权，远征特洛伊的战争，战后的移民运动，多利亚人的社会和希腊氏族制度的解体，等等。随着考古学和历史学的发展，荷马史诗的研究早已不限于史诗的文学方面。19世纪末叶以来，考古学和历史学往往从史诗中得到启示而有所发现；同时又以它们自己的发现和研究加深了对荷马史诗的认识。因此，史诗也成为研究希腊古代历史的一个重要材料。

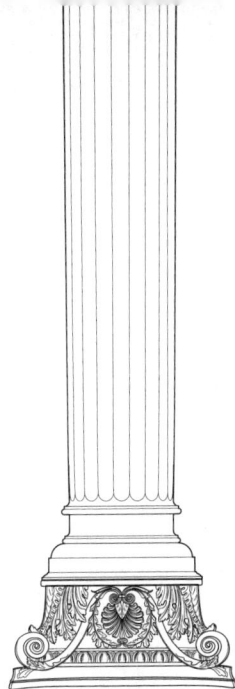

第三章 | 基于古希腊神话的英雄观念

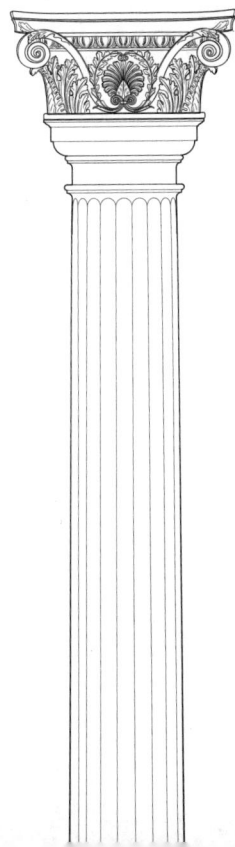

第一节　古希腊英雄的命运观

一、命运的概念界定

纵观古今，"命运"一词早已突破地域局限，作为一种观念渗透于人们的潜意识当中，并引发了人们关于生命个体以及群体繁衍、家国存亡的思辨及思考。马林诺夫斯基认为，"不论已经昌明或尚属原始的科学，它并不能完全支配机遇，消灭意外，以及预测自然事变中偶然的遭遇。它亦不能使人类的工作都适合于实际的需要及得到可靠的成效。""那些靠不住的，大部分见不到的效果，一般归于命运。"❶尤其在生产力水平相对较为低下的古希腊时期以及中国古典时期，人与自然存在的交感集群，面对生老病死、自然灾难时，由于自然力量占据着绝对优势，人们对超出自身控制力和理解力的力量往往会冠以"命运"二字。也就是说，命运的概念并非虚无缥缈，而是对人的生存以及生命困惑中的偶然寻找的一种合理而又必然的解释。

就"命运"概念的界定，自其源头开始，东西方对其认识就有着本质上的不同。在古希腊语言中，命运最为核心的词义是"分配"和"份额"，意指一个人生来就该有的"份额"。这也是中国自古以来所讲的"天命"或"命"。但古希腊人对于这与生俱来的"份额"没有将其限定为宿命轨迹，而是以一种积极的姿态对其追问和思考。在古希腊人看来，命运被看作社会力量与自然规律的一种冲突，而这种冲突具有"先天存在性和不可抗拒性"；这种存在和不可抗拒是不以人的意志为转移的，即便是神也难以改变命运的轨迹。在古希腊人看来，每个人和神都有自己的命运，命运好像一只无形之手规定着人和神；在命运面前，人的主观意志可能会改变走向命运的过程，但对命运的结果是没有影响的。也正由此，古希腊人往往把个体的生死祸福、贫富贵贱以及难以预知的结果归结为命运的规定。也正由于命运造就人类如此的结果，古希腊人生来就对命运生发着敬畏、恐惧之感。

相较于古希腊人对"命运"二字认知的连贯，"命"与"运"在中国却呈现出更为剥离和多维的词义解读。首先，我们来看"命"。在《说文解字》

---

❶　[英]马林诺夫斯基.文化论[M].费孝通等,译.北京:中国民间文艺出版社,1987:56.

中，对"命"与"运"做了这样的解读："命，使也。从口令。"段玉裁注："令者，发号也，君事也。非君而口使之，是亦令也。故曰命者，天之令也。"❶也由此把"命"看作"令"，认为"令是君王的命令，命是上天的命令"，反映出"命"与"令"是有着密切的联系的。南宋理学家陈淳在《北溪字义》里说"命，犹令也，如尊命、台命之类"。❷由此而言，"命"之最初内涵本就是"命令"之义，而"令"本就包含着王命、君命之意。所以早期的"命"包含着关乎君王的伦理纲常和道德意识。其次再来看"运"，在《说文解字》中，"运"解读为："迁也。从辵。军声。"此外《汉语大词典简编》中对于"命运"的解释为两种：第一种是"指生死、贫富和一切遭遇（迷信的人认为是生来注定的）"❸；第二种解释为"比喻发展变化的趋向"。对于第一种解释，把"命运"与"天命"等同，有着唯心主义宿命论的本质。第二种解释则倾向于事物发展变化的趋势与方向。在《辞海》中，对"命运"的解释是"人对之以为无可奈何的某种必然性"。由上可以看出，从早期对于"命"与"运"的思辨，到后来"命运"作为一个独立语汇出现，"命"与"运"以及"命运"都随着语词所在语境的不同而有着多维的解读。

二、古希腊人的命运观念

古希腊人对命运的思辨源于对变幻莫测、神秘未知的自然世界的思考，他们关乎命运的追问极为深刻，远超其所属时代，影响也超越了民族、地域的局限。诚然，对命运观的思辨并非古希腊独有，但就其独特性而言，他者无可匹及。关乎命运的独特思考在古希腊神话和史诗中被鲜明地表现出来，这种表征也就理性地表述为古希腊人的命运观。换句话说，古希腊人正是通过对民族神话与史诗的多维考察，形成了自身的命运观念。除此以外，古希腊哲人也有关乎命运的理性思索。

（一）古希腊哲人的命运观念

古希腊哲人关乎命运的思考都是依存于其哲学之中的。相比古希腊史诗中的命运观，他们关乎命运的思考消解了史诗中的对抗之美，强调命运之于个体存在的永恒性，对命运有着强烈的皈依感。

---

❶ 许慎 . 说文解字 [M]. 段玉裁，黄勇，编 . 北京：中国戏剧出版社，2008:85.

❷ 陈淳 . 北溪字义理学丛书 [M]. 北京：中华书局，1983 :124.

❸ 《汉语大词典》编委会 . 汉语大词典简编 [M]. 上海：上海汉语大词典出版社，1998:76.

1. 命运是规定万物的本源

最早关乎命运的哲学之思并不是来源于希腊本土，而是来自希腊殖民地——一个叫米利都的城邦。泰勒斯（Thales）、阿那克西曼德（Anaximander）、阿那克西美尼（Anaximeni）通过探索宇宙万物的本原（也译作"始基"）来求解"命运"之于人的困惑；"始基"也包含着超越自然人类能力的神秘感，具有统治万物的确定性和必然性。泰勒斯认为"水"是万物的"始基"，万物生于水而归于水，水是不变的本原。随后，阿那克西曼德通过"无定形"的观念发展了泰勒斯的"始基"说，并把万物的"始基"与"命运"观念联系起来，认为宇宙万物由"始基"产生又复归"始基"，宇宙万物的不断变化是由命运决定的。阿那克西曼德说，"万物由此产生的东西，万物又消灭而复归于它，这是命运规定的。因为万物在时间的秩序中不公正，所以受到惩罚，并且彼此互相补足"❶。也由此展开了古希腊人对命运之谜的思索，并由此强调命运之于万物生存、发展、消亡的必然属性。

毕达哥拉斯通过数展开对命运的哲学之思，认为万物皆数，数即是万物的模型，也是万物的摹本，万物都是模仿数的，数的原则统治着宇宙中的一切现象。毕达哥拉斯认为："万物的本原是一。从一产生二，二是从属于一的不定的材料，一则是原因。从完满的一与不定的二中产生出各种数目；从数目产生出点；从点产生出线；从线产生出面；从面产生出体；从体产生出感觉所及的一切形体……"❷也就是说，毕达哥拉斯把"数"看作独立存在的产生万物的本原，赋予数以产生万物的超越自然的神秘力量，把数与命运紧密地关联起来。他认为数就是命运，命运就是数，并且世间"一切都服从命运"，数作为"命运"的载体表征着万物的本原。这种以数作为命运的代名词，强调数对万物的主宰的理念，映照着古希腊神话和史诗关乎命运的哲学之思。

德谟克利特依然延续泰勒斯关于"始基"的思索，认为万物的本源是"原子"和"虚空"，借用"原子"和"虚空"之间相互作用的涡旋运动来揭示万物生存、发展与消亡的规律，也由此论述事物发展的必然性。在论及万物的"始基"以及原子的必然性时，德谟克利特把它与命运联系了起来，强调命运对于万物的必然规定。也基于此，德谟克利特强调事物的生发必有其"始基"，但"决定结果的则是命运"。由此而言，德谟克利特强调命运对个体存在规定的必然。

❶ 北京大学哲学系. 古希腊罗马哲学 [M]. 北京：商务印书馆，1961:7.

❷ 黄颂杰，章雪富. 古希腊哲学 [M]. 北京：人民出版社，2009 :30.

与德谟克利特相似，赫拉克利特也有关乎"始基"的思考。赫拉克利特把万物的"始基"归之于"火"，也由此把"火"与命运联系起来。他指出"火产生了一切"，也由此赋予"火"产生万物的本能。并由此认为，火虽能产生万物，但也有其诉诸的法则，即"一切都服从命运"，强调了命运之于万物的绝对性；也由此断言"一切都遵照命运而来，命运就是必然性"。在此，值得关注的是赫拉克利特强调"一切都遵照命运而来"，表明在难以更改和扭转的命运面前，个体应该转变思维，寻求积极的处世态度，顺应命运的安排，以此来追寻人生的价值，尤其是强调个体在"命运"面前的积极姿态，这一点相较于前人的思考有着进步意义。

巴门尼德（Parmenides）在其"存在论"中指出区分存在和非存在是最重要也最具有决定性，"真正有信心的力量绝不容许从非存在产生或消灭，而是牢牢地抓住存在"。❶存在既不生成也不消灭，即它是永恒的、无始无终的。但他还指出，存在的这种基于永恒与无始无终基础上的必然却始终为"命运"所束缚，在存在物之外，绝没有任何别的东西，也绝不会有任何别的东西，因为命运已经把它固定在那不可分割而且不动的实体上。可以看出，命运的必然与永恒在此得到巴门尼德的肯定。

斯多亚学派认为万物是由命运决定而生发的，"创造之火"系统地形成了包含所有种子原理的宇宙创造，世界万物根据这些种子形成了不同的具体的万物。此外，宇宙原初的大火在其构建性方面，是包含万物的"逻各斯"，又是过去、现在和将来的原因，"在这些事件的联系和序列中，依次是命运、知识、真理和必然存在的法律"❷，每个个体都有自己的命运。但他也指出，面对命运之于个体的必然，个体应当以积极的、理性的态度对待命运，也即在命运所创造的"逻各斯"的秩序井然的世界里，个体顺从命运对个体的规定及安排，坦然面对。

2. 命运的存在具有永恒性

从泰勒斯对万物本原探讨开始，处在古希腊悲剧时代的哲学家们就有着对命运的早期思辨。最初，泰勒斯提出万物的"始基"的概念；之后阿那克西曼德将"始基"与命运相联系，指出宇宙万物的不断变化是由命运决定的；随后毕达哥拉斯和德谟克利特延续泰勒斯关于万物本原的探讨，分别从"原

---

❶ [古希腊] 巴门尼德. 巴门尼德著作残篇：汉英对照 [M]. 李静滢，译. 桂林：广西师范大学出版社，2011:82.

❷ [美] 爱德华·夏帕（Edward Schiappa）. 普罗塔戈拉与逻各斯：希腊哲学与修辞研究 [M]. 卓新贤，译. 长春：吉林出版集团有限责任公司，2014:60.

子"和"火"来阐述万物本原，并与命运相联系，强调命运对世界万物的规定。此外，巴门尼德从自身"存在"理论强调命运之于个体的必然与永恒。最后，斯多亚学派指出在构建万物的"逻各斯"中，命运居于绝对主导。可以看出，在古希腊时期，哲学家对命运有强烈的皈依感，命运之于万物存在有着先天必然和永恒。虽然命运之于个体的束缚难以扭转，但个体可以择取积极的态度来面对命运之于个体的安排。

至此，古希腊哲人对于命运的态度没有了古希腊史诗中的反抗之美，倾向于强调命运存在的必然与永恒，这似乎有违人类认识发展的前进方向。但是，我们要知道，古希腊时期的哲人，亦即当时的知识分子是贵族阶级的代表，强调维护社会秩序。人们过于强调"个体对命运的抗争"不利于维护奴隶主贵族阶级的统治及其稳定，所以古希腊哲人关乎命运的思考呈现出某种皈依感。也由此，古希腊哲人强调命运存在是永恒的，个体对命运的抗争只是徒劳；个体只有顺应命运的规定，掌握命运的规律，才能处理好命运与自身之间的关系。

综上所述，古希腊时期对命运的观照与思考主要体现为三个方面：在神话中，命运之于万物是绝对主宰，命运规定一切；在史诗中，命运对人的控制力有所下降，人们开始质疑"命运规定一切"的合理性；在哲人中，古希腊人对命运产生强烈的皈依感，并通过自身言说强调"命运永恒存在"。但是，从神话、史诗以及哲人来观照命运，其中并没有表现出绝对的分离，而是有相互的交叉。比如，在神话中也存在一些个体对于命运的抗争，只不过神话更多强调命运对万物的主宰，而在史诗中更为强调个体通过抗争来彰显价值罢了。又如神话传说中提到俄狄浦斯王，其中着重强调命运对俄狄浦斯规定的可怖，对其规避命运的作为却退居次位；在此并非说俄狄浦斯规避命运的行为不重要，而是着重通过其行为去强调命运的可怖与威力。也就是说，在神话中对命运的思考侧重于"命运规定一切""命运主宰一切"的普遍与永恒。这里我们需要把神话的俄狄浦斯和悲剧中的俄狄浦斯相区分，毕竟在索福克勒斯时代，神话已经诞生很久，人们对于命运的思考也更为成熟，悲剧《俄狄浦斯王》受神话、史诗等多方面的命运观念的影响，所以，其中既强调命运的可怖，又着重体现俄狄浦斯与命运抗争所造就的个体毁灭的价值与意义。也就是说，命运观念并非某一方的单体影响，而是神话、史诗与哲人综合影响的表征。总而言之，古希腊人的命运观念主要体现为两个方面：一方面是强调"命运规定一切"，并且具有普遍性和永恒性；另一方面也指出个体只有通过抗争才能彰显价值。

（二）英雄史诗中的命运观

1. 英雄成为命运规定的主体

《荷马史诗》借助英雄来阐释命运，以此构筑起了一个强大的命运系统。如果说古希腊神话主要是集中对神关乎命运的思考，那么《荷马史诗》则是通过《伊利亚特》和《奥德赛》来阐述人与命运的哲学思考，人成为《荷马史诗》论述的中心；但是对人的阐释没有流于平凡，而是寻找一种兼具神的力量和人的本性的载体——英雄，即便在《荷马史诗》中也有很多涉及神的叙述，但也是围绕英雄的命运来呈现的。所以，英雄成为命运规定的主体。基于此，《荷马史诗》构筑起了英雄与命运的联系，同时也认为每个英雄都难逃命运的规定。

2. 质疑成为对待命运的态度

《荷马史诗》中，质疑成为对待命运的态度。面对"命运规定一切"之说，《荷马史诗》中呈现着质疑之声。这种质疑主要表现在两个方面：一方面是神灵间的质疑；另一方面是作为被命运规定的英雄本身的质疑。就其第一方面而言，诸神会追问命运给予英雄个体毁灭的合理性，由此在神的世界会对"英雄该不该遭受命运不公"而产生争执。就其第二方面而言，面对命运的不公与规定，英雄对命运的态度并非是隐忍性的接受，而是通过个人自由意志与命运的抗争来彰显个体价值。但是无论是神界的争执还是英雄主体的反抗，都不会改变命运之于个体的规定。

史诗中的质疑之声首先折射于阿喀琉斯和赫克托耳的对抗。在《荷马史诗》中，阿喀琉斯和赫克托耳的对抗是其重要内容。本是两个英雄之间的对抗却引发了神灵之间的争执。尤其是赫克托耳深受万神之主宙斯的喜爱，当赫克托耳在伊利昂城下被阿喀琉斯疯狂追杀时，宙斯想改变赫克托耳惨死之命运，于是请诸神来挽救赫克托耳的生命，但是这样的私心遭到钟爱阿喀琉斯的雅典娜的反对，因为个体命运早已规定好，神不能干预。最终，宙斯提起决定命运的金色天平，赫克托耳一侧下倾，阿波罗即刻遵循命运规定放弃帮助赫克托耳；再加上雅典娜对赫克托耳的蒙骗，赫克托耳被阿喀琉斯无情地杀死。宙斯虽然对赫克托耳无比同情，但其毁灭的命运也不能更改。阿喀琉斯虽然无情地杀死了赫克托耳，但最终也没能逃脱自己的命运——即便其深受战神雅典娜的喜爱，但最终还是作战而亡。在此也可以看出，史诗中的

英雄命运的归宿是一定的，当命运降临时，即使是神也无法拯救自己偏爱的英雄。但是，此处已经呈现出了质疑之声，虽是发生在英雄之间的事，但命运规定一切的合理性在神灵间已产生争执。另外，史诗中的质疑之声还体现于英雄对个体毁灭的直面。即便深知命运不可改变，但也要鼓足勇气面对命运的安排。在《荷马史诗》中，赫克托耳在与阿喀琉斯对战之前就预感到会死亡，但赫克托耳仍选择出城迎战。阿喀琉斯在去特洛伊城之前，就有预言说其将被阿波罗拔箭射击，但其还是毅然决然地前往战场。由此而言，命运之于英雄的存在已不再是坦然接受，而是选择面对，面对命运，面对惩罚，面对关乎死亡的终极思考。

3. 与命运抗争成为个体价值的彰显

《荷马史诗》中，质疑虽是个体对待命运的态度，但史诗的终极诉求则在于强调个体的自由意志与命运抗争方能彰显个体的价值。在史诗中，无论是神界还是英雄本身，都开始对命运的规定有了质疑。无论是神界的宙斯为赫克托耳拿出决定命运的"金色天平"，还是阿喀琉斯和赫克托耳直面死亡，他们都依据个人的意志与激情来挑战命运存在的合理性。虽然最终的结果都是应验"命运的规定"，但质疑之声都诉诸一个共同的命运观：既然命运早已对每个人做了规定，为什么还要臣服于命运，反正都是一死，何不放手一搏。由此可以看出，在不可改变的命运面前，古希腊人充满反抗意识，追求人生的悲剧色彩，彰显人之于现世的价值。古希腊史诗会把与命运抗争看成个体价值的彰显，相比神话时期，在"命运规定一切"的概念之下，个体都隐忍性地接受命运的安排而言，有着认识上的进步。说到底，这样的命运观念转变依然是随着人类与外在自然关系的建构而表征出来的。在神话时期，古希腊人对神秘未知的世界还一无所知，所以用"命运规定一切"的思维来解释一切难以言说的现象。可是到了史诗时代，人类对于自然有了些许了解，并且尝试运用某些规律来解释自然，也由此获得了一些观念上的"自由"，所以多少会对"命运规定一切"这一说法产生质疑。也就是说，主体的积极主动性能够使得自身规避自然的某些风险和更为全面地了解自然，这不得不说是人类认识上的进步。也基于此，在史诗阶段的古希腊社会，人们依然相信命运的存在，但其控制力已经远不及神话时期，人们开始质疑命运对个体存在规定的合理性。所以，在史诗时期的古希腊人看来，既然命运已经规定了一切，作为个体存在的人就需要通过自身的反抗获得自由，即使结果不可更改，也能彰显个体价值。

三、古希腊神话中的命定之论

古希腊神话中所折射出的命运观念强调"命定之论"，意指任何个体的生存、发展与消亡都有各自命运的规定。也正是由于命运对个体存在规定的普遍性，加之命运以一种看不见、摸不着的形式存在所造就的神秘感，使得古希腊人对命运有着"恐惧"与"敬畏"之心。这种"命定之论"在古希腊神话中主要体现在三个方面：一是命运的生发具有无形性和神秘性；二是命运的存在具有普遍性和绝对性；三是命运作用的结果具有难以规避性。

（一）命运的生发具有无形性和神秘性

在古希腊神话关乎命运的思考中，命运的生发具有无形性和神秘性。首先，命运的生发具有无形性。无形性就是指没有独立存在的形象实体，所以命运不能与神画等号。相较于有形的神而言，命运给予的威力远远超过神，因为其看不见、摸不着。但是，在古希腊神话中，命运往往与神相联系。因为命运虽然规定万物的无常与苦难，但它却不能自发地告知于个体存在，所以命运需要一个传播的实体。由此而言，神灵作为命运存在的载体，以神谕的形式传达命运之于个体的规定。因为神灵在古希腊有着崇高的地位，所以在古希腊，人必须有神灵信仰，不能与神对抗且对神不能存有亵渎之心，否则将会被处以"亵渎之罪"。抑或是说，神灵在古希腊人的心中有着神圣地位，人们相信神的言论，并且十分敬畏。所以，通过神灵的传递既可以保留命运的无形与可怖，又可以让个体知晓命运的规定。由此而言，命运的无形通过受人敬畏的有形神灵传递，使得古希腊人不仅敬畏命运，还更加恐惧命运。在神话中，大地神盖娅对克洛诺斯的诅咒、阿波罗的神谕亦是如此。也正基于此，相较于有独立实体的神灵而言，命运却消解了实体形象，倾向于以看不见、摸不着的形式存在。

其次，命运的生发具有神秘性。神话中命运的神秘主要体现为两方面：一是命运的生发超越人类理性认知的范畴；二是命运的生发突破时空与规避道德。命运的生发呈现的是一种非理性特征，没有规律可言，并且命运对个体的规定是不因个人的意志以及激情而改变的。个体越是试图去摸索命运的规律，规避命运的轨迹，就越会受到命运的伤害。在神话中，克洛诺斯依靠自身对命运的理性认知试图消解地母的诅咒，可最后与自身的理性认知相反，应验命运的规定。俄狄浦斯得知自身会有"弑父娶母"的命运后，就一直利用自己的理性去规避命运，不断地变更地点，可最终难逃命运的规定。可见，正是由于命运不受个体理性意识的控制，才使得命运的生发更为

神秘。命运的生发不受时间、空间观念的限制，并且排斥道德的介入。命运的生发往往是突破时空的突发式的诅咒或以神谕的形式存在，且这种存在规避道德。尤其是大地之神盖娅对于克洛诺斯的诅咒，完全处于对自身利益的维系，没有时空的局限。阿波罗给予俄狄浦斯的神谕，完全消解了俄狄浦斯个人的意志和道德，诉诸命运的神秘与恐惧。正是由于命运存在的无形与神秘，使得古希腊人关乎命运的思辨倾向于敬畏与恐惧。也基于此，面对命运的恐惧，个体约束着自己的行为，保持着对命运的敬畏之心。

（二）命运的存在具有普遍性和绝对性

命运的存在具有普遍性和绝对性，主要体现为两个方面：一方面通过命运女神阐明命运规定一切的绝对性；二是通过神话实体阐明命运规定一切的普遍性。

首先，就其"命定之论"的绝对性而言，古希腊神话叙述了一个重要的形象实体——"命运三女神"，以此来彰显"命运规定一切"的绝对性。命运女神是古希腊神话中最早产生的神，源自宇宙混沌之初。其掌管着十二提坦以及奥林匹斯山上的诸神命运，当然也包括世间人类的命运，就连万神之主宙斯的命运也受其管制。"命运三女神"有着严明的分工，各司其职：命运之线交由克罗托纺织；阿特洛波斯手持剪刀，负责切断生命线，以此象征生命的终了；生命的长短之线由拉克西斯决定。"命运女神"对万物的严格规定是不受任何外在因素干扰的，这也是面对命运的规定人们有着敬畏之心的缘由。即使宙斯也只能遵从命运的规定，不能干预或更改命运的结果，除此以外的诸神及现世之人亦然。

其次，"命定之论"之于古希腊神话中的诸神而言，也生发着"命运规定一切"的普遍性。这种普遍性主要有两方面特征：一方面是诸神把外在苦难、不幸等遭遇都归结为命运的规定；另一方面，面对命运的无情规定，作为神灵的主体接受命运的安排，忍受命运之于自身的不幸与苦难。在古希腊神话中，最为人所熟知的是地母之子智慧神普罗米修斯，用木本茴香枝伸到太阳车的火焰里，为人类带来了希望的火种，也由此普罗米修斯激怒宙斯被其困于高加索山。普罗米修斯不但不能睡觉，还要忍受秃鹰每天啄食其肝脏的痛苦。但是面对不幸与苦难，普罗米修斯认为这些都是命运的规定，且安然接受命运的规定，并说"一个人要认识到了必然的不可抗拒的威力，他就必定会忍受命中注定的一切"❶。

❶ [德] 古斯塔夫·斯威布. 古希腊神话与传说 [M]. 高中甫等，译. 北京：中央编译出版社，2011:6.

此外，当宙斯看上阿格诺尔（Agnor）的女儿欧罗巴时，宙斯也认为这是命运的规定，并且认为自己是欧罗巴"命中注定的归宿"；欧罗巴也由最初的恐惧到最后接受命运的安排，这些都体现着"命定"的言说。

（三）命运作用的结果具有难以规避性

命运除了具有发生上的无形性以及存在上的普遍性外，其作用的结果还具有难以规避性。古希腊创世神话通过神谕使之与命运相连，并以此阐述命运的可怖与规定。古希腊创世神话源起混沌之初，乌拉诺斯与大地神盖娅结合，产生六男六女的十二提坦。古希腊以后的神灵都是由十二提坦神的相互结合繁衍而来。但是本是美好夫妻的乌拉诺斯与盖娅，却因为盖娅孕育出三个百手巨人与三个独眼怪胎而反目。乌拉诺斯不顾盖娅的反对把百手巨人关入地牢。于是盖娅鼓动提坦神奋起反抗，最终最小的克洛诺斯推翻了父亲乌拉诺斯的统治，支配整个宇宙。但是获得王位的克洛诺斯并没有释放百手巨人，反而将独眼怪人也关入了地牢。愤怒的盖娅对克洛诺斯下诅咒道："就像你赶走你的父亲并夺取他的权力一样，你的孩子中也有一位将要赶走你并夺取你的权力！"❶克洛诺斯为了应对母亲的咒语把瑞娅生的孩子都吃掉了。这让身为克洛诺斯的妻子也是其妹妹的瑞娅苦恼不已。当瑞娅生宙斯时，宙斯也同样面临着要被克洛诺斯吃掉的命运。于是瑞娅把宙斯换成石头包裹起来送给克洛诺斯，宙斯也就此活了下来。宙斯长大，推翻了克洛诺斯的统治，并且解救了已经被克洛诺斯吃掉的孩子。由此而言，在古希腊创世神话命运观念中，咒语作为一种神谕，是"命运"的化身。被诅咒的个体虽然试图规避诅咒，尝试维系自身的利益，但最终都是徒劳的。命运之于创世的诸神而言是一种"规定"，并且结果不可规避。

综上所述，命运的生发、存在与结果是一个顺理成章的过程，最终呈现为神话中的"命定之论"。正是由于命运生发的无形性与神秘性才造就了命运的普遍性与绝对性，也基于此，诉诸一个难以更改的结果。

古希腊神话折射出的命运观念是一种"命定之论"，强调的是"命运规定一切"。在此，需要言说的是，任何观念的呈现都不会是空穴来风，而一定是特定时代、特定民族以及特定地域的产物。古希腊神话所折射的命运观念说到底还是人类在解决人与自然关系方面所做的早期思考，正如马克思所

---

❶ ［英］菲利普·马蒂塞克. 希腊罗马神话 [M]. 崔梓健，译. 北京：民主与建设出版社，2018:19.

说的："任何神话都是用想象和借助想象以征服自然力，支配自然力"。[1]在神话时期，整个古希腊民族的生产力发展水平还非常低，面对自然的伟岸，超出人类想象力和理解力的现象需要给予一个解释；无论是给予人很大帮助的"意外之喜"，还是给予个体无尽痛苦和苦难的自然灾难，人们都需要寻找一种普遍行得通的群体性的解释。所以，面对外在的神秘自然力量给予自己的灾难，神话时期的古希腊人倾向于表达为命运安排。这也是古希腊神话中的命运观有着"命运规定一切"表达的缘由。

第二节　古希腊英雄的自由观

古希腊神话中的自由观念，体现在主题、结构和象征意象三个方面。从主题上讲它体现为对生命意义的礼赞；从结构上讲它体现为对自由的理性思考；从象征性上讲它体现为对自由的大胆追求和辩证思考；从宏观上讲，它给人以哲理性的沉思；从微观上讲，则具体表现在英雄传说对自由形象化的展示。

一、古希腊神话主题体现了自由追求

公元前 8 世纪，古希腊正处于社会转型的历史转折期，内有人口与土地资源的矛盾压力，外有腓尼基海上霸权的威胁，因而如何面对自然、社会的挑战，成为古希腊人生存自由的时代主题。作为对历史的回应，以海外殖民为先导的航海活动开启了古希腊人为拓展生存空间的艰难选择。而打破青铜文明的文化传统，破除原始巫术的桎梏，重新确立人与自然、人与社会的关系，历史性地摆在了希腊人面前。

《神谱》正是在这一时代主题下诞生的现实主义作品。内容上出现了人神同形、人神同性的艺术形象，淡化了人神之间的界限，将人的自由寄情于神话中的观念意象，创造了爱神厄罗斯（Ems）和阿芙洛狄忒，表达了对生命自由的追求；同时创造了地母盖娅、桀骜不逊的海神波塞冬，奋起反抗的普罗米修斯，从宙斯头中诞生的雅典娜等形象，成为争取生存自由的导引者；人间英雄赫拉克勒斯、忒修斯（Tisius）、阿喀琉斯等纷纷走上神坛，成为人类争取生存自由的实践者。《神谱》在造神的同时，也在创造人类自己，创造自然人向社会人转变的不可或缺的精神食粮。它奠定了希腊神话主题的

❶ [美] 罗伯特·C.塔克.卡尔·马克思的哲学与神话 [M].刘钰森,陈开华,译.天津:天津人民出版社,2018:141.

价值取向，打破了传统的偶像崇拜，歌颂了人类的自由。

正是在这样的历史背景下，希腊神话的主题有别于其他民族神话，既讲现实主义的今生，又坦然面对命运女神的必然约束，形成了富有特色的理性自由观。希腊神话从生命自由和生存自由两方面对此做了形象的阐释。

古希腊神话讲的是"生"，如何面对现实，体现为现实主义生命观，也可以称之为对生命的礼赞和颂歌。而这正是有别于其他民族神话的本质，也体现出古希腊民族对生命之生生不息的真正体悟。

（一）对自然异己力量的崇拜——生命自由

对生命自由的歌颂体现在充满浪漫色彩的爱情故事中，表现了对自然异己力量的崇拜。

在这个主题中，神都是充满生机和活力的，生殖能力是神的魅力所在，尤其以奋起反抗夺位的宙斯最为典型。他的第一位妻子是赫拉，生了战神阿瑞斯、匠神赫菲斯托斯、青春女神赫柏；与墨提斯生了智慧女神雅典娜，与勒托生了太阳神阿波罗与月神阿耳忒弥斯，与狄俄涅生了爱与美之神阿芙罗狄忒，和玛娅生了神使赫耳墨斯，和得墨忒耳生了冥后珀耳塞福涅，和忒弥斯生了三位时光女神与三位命运女神，和欧律诺墨（Orinomo）生了三位美惠女神，和记忆女神谟涅摩西涅（Mosine）生了九位缪斯文艺女神。后来又和凡人生了许多半神半人的英雄：他和塞墨涅生了酒神狄俄尼索斯，和欧罗巴生了米诺斯（Minos）和拉达曼（Radaman），和达那厄（Danae）生了珀尔修斯（Perseus），和阿尔克墨（Alkmer）生了大英雄赫拉克勒斯，和勒达生了全希腊最美的女人海伦。

结合当时的历史条件，许多民族都不同程度地出现了生殖崇拜。在希腊，这种现象也较普遍。"大自然间最有能力和最神秘的是再生，因此很自然地希腊人也和其他的古代民族一样，除崇拜土地的肥沃和再生之德以外，同时也崇拜男与女再生的根源和表征。作为再生象征的生殖器官就出现在得墨忒耳、狄俄尼索斯、赫耳墨斯（Hemies）的典礼上，甚至对于贞节的阿耳忒弥斯的祭礼也不例外。这种象征在古典时代的雕刻和绘画上也一再出现。……希腊伟大的宗教节日狂欢节（在该日还上演希腊剧），就是由和生殖器官相关的游行导起的。"❶众人非但没有今人的"羞耻"，还报以虔诚的欢呼和礼拜，这正是那个时代的民族心理使然。因而，神话中，通过大量的爱情故事使人们对"生"的崇拜形象化。

❶ ［英］菲利普·马蒂塞克. 希腊罗马神话 [M]. 崔梓健，译. 北京：民主与建设出版社，2018:92.

希腊神话做这样的主题处理，实则是用这个象征意象表达这样的主题思想：生命是自由的，而只有自由才能获得新生。自然界的生物繁衍中，也同样存在着这样优胜劣汰的自然法则，那么，与动物生命同形体的人类同样要适应这个法则。这正是希腊民族对生殖崇拜这个主题提炼后的升华。

（二）对社会异己力量的抗争——生存自由

生存的自由体现在"赫拉克勒斯"和"提修斯杀克里特牛"典型神话传说中，反映了对自然异己力量的抗争。

在希腊英雄传说中，赫拉克勒斯传奇的一生，实为自由之歌的绝唱。他为拓展民族生存空间所做的 12 件苦差，在展示"人间自由"拓荒者形象的同时，也在丰富着自由观念的内涵。通过神话传说，我们可以清楚地看到这样的自由奋争。

人类从原始蒙昧走向农业文明，是一个漫长而艰辛的历程，遇到的两大难题是生存空间和食物。没有生存空间，只能逐水而居，构木为巢，占穴为家。渔猎时代的生产力十分有限，靠天吃饭的不利因素与人口扩张的矛盾随着社会发展愈加凸显，人类自身的生存受到挑战，之后火的发现为农业文明的到来开辟了方向，为人类生存空间的获取提供了可能。人类借助于火，烧毁森林，开荒种地，换取生存空间和食物。在漫长的征服自然的过程中，形成了农业文明，并在此基础上形成了各民族不同的图腾崇拜和祭祀风俗。这段悲壮的历史，以不同的方式记录于各民族的神话中，希腊神话同样也蕴含着这样的内容。正如马克思指出的："希腊艺术的前提是希腊神话，也就是已经通过人民的幻想用一种不自觉的艺术方式加工的自然和社会形式本身。"❶

生存自由在希腊民族发展史上，有着特殊的意义和价值。希腊自然环境并不优越，土地贫瘠，不利于粮食作物的生长，人们只可以种植橄榄和葡萄，榨油、酿酒与埃及人换取粮食，因为未掌握航海术，还要受腓尼基人的压迫。公元前 8 世纪即开始了海外殖民，承受着民俗和自然的双重挑战，生存自由的考验十分明显。"吃"对于希腊民族而言尤为重要。这样的历史条件形成了猎取涅墨亚雄狮、亚尔古船摘取金苹果、杀死勒耳拉沼泽里九头水蛇等动人的传说。神话中众多英雄都是为着民族基本的生存自由而奋争的。他们为自由而战，赢得了人民的敬仰和称赞。

在希腊神话传说中，按自然神的形成顺序较著名的十二大神中，最晚出现的是海神波塞东，之所以出现这样的情况，主要是因为人们对大海——自然异己力量认识的能力有限。按意大利历史学家维柯的研究："造船航海技术

❶ 赵家祥. 马克思主义哲学原理 [M]. 北京：经济科学出版社，1999:255.

是民族最后的发明，因为要有绝高的天才方能发明这种技术，以至于这方面的发明家戴达路斯（Daedalus）就成了天才的象征。……柏拉图谈到最初的各民族长期对海恐惧，修昔底德说出了怕海的理由，说希腊民族由于害怕海盗劫掠，不敢下到海边居住。因此海神波塞东被描绘成带着三叉戟做武器，用它来使地球震颤。三叉戟想必是一只钩船的巨钩。这只钩也叫作'牙齿'，冠词'三'指最大数目。海神用这只大钩来使住人的大地为害怕他的劫掠而震颤。"❶

不难看出，这个传说曲折地反映了这样一段苦难活动：米诺斯公牛实质上象征着海盗船。"米诺斯又假装成公牛形状，从阿提卡偷去了一些少男少女，这公牛和三叉戟具有同样的性质。（因此，维吉尔用'船角'来指船帆）。所以陆地上的人们说半人半牛的米诺陀（Mirwtaur）吞噬了他们的船，这话是完全真实的。"❷ 就是说，雅典人当时不掌握航海术，经常遭受海盗的袭击，生活在苦不堪言的生活中，每年向米诺斯王进贡，以获取生存的自由和安宁。

戴达路斯是特苏斯（即忒修斯，引者注）的兄弟，因此特苏斯象征雅典青年人的一种诗性的人物性格，这些青年人受制于米诺斯凭武力制定的法律，被他的公牛或海盗吞噬了。他由阿里阿德勒（Ariadne，即航海术）用一条线（即航线）教会了怎样逃脱戴达路斯所设的迷径（这些迷径在成为王公别墅的游戏场所之前，指的一定就是爱琴海以及其中许多岛屿），杀死米诺斯妖牛，其意为："等到特苏斯已从克里特岛人那里学会航海术后，就抛弃了阿里阿德勒而携带她的姊妹斐竺娜（Phaedra，也是同样的航海术）回到本土。这样他就杀死了米诺陀妖牛，使雅典人可以不再受米诺斯的残酷勒索向他进贡子女（这就是说，雅典人从此也进行海盗式的劫掠）"。❸ 这样，特苏斯的英雄行为，实则是指雅典人的自由抗争。他们为生存而与外来强盗抗争，掌握航海术，由此开始了通往自由之路的艰难历程。

二、古希腊神话结构体现了自由追求

公元前 8 世纪，以《神谱》作为标志，确立了奥林匹斯山神的地位，希腊神话形成了统一。作为对现实的反映，希腊神话出现了等级制的多神结构。奥林匹斯山神以宙斯为主神，形成了十二大神和众多的小神，命运三女

❶ [德]汉斯·布鲁门伯格.神话研究（下）[M].胡继华，译上海：上海人民出版社，2014：59.

❷ 谢六逸.民国 ABC 丛书：神话学 ABC[M].北京：知识产权出版社，2017:112.

❸ 林玮生.中西文化范式发生的神话学研究[M].广州：中山大学出版社，2017:70.

神独步神坛，成为希腊神话中的最高法神，令主神宙斯也不敢越轨。自此希腊神话呈现出众神各司其职、互不替代的神话结构。

《神谱》确立了神的出生世系：以混沌神卡俄斯（Chaos）——地母盖娅（Gaia）为主系，而后生六位神：塔耳塔洛斯（Tartarus）、厄瑞玻斯（Erebus）、纽克斯（Newx）、埃特耳（Aether）、赫墨拉（Hemera）、乌兰诺斯（Uranus）。同时确立了三系换神制：一系，地母生天神乌兰诺斯；二系，克洛诺斯（Cronos）；三系，宙斯（Zeus）。

希腊神话这样的结构，体现了个性自由和选择自由。

（一）个性自由——自然生命崇拜的升华

造神运动获得民族接受的前提是对共同价值内容的认可。从神话的结构中，我们完全可以看出多神教的民族特点。宙斯自然为主神，但尚有十一位神与之共同主持着天界的诸多事宜。在《神谱》中出现的神达 299 位，不仅如此，在神话中的神，更是多达 3 万多个，凡自然界中的现象或人间社会的某些规律，都以神来对待。自然规律中的风神、春神，生活中的智慧女神、缪斯诸女神，等等，可谓洋洋大观，不胜繁述。

在如此结构中，宙斯虽是主神的身份，但他也同样不能随意而为，要受命运女神的制约。著名数学家、哲学家罗素较早就注意到这个问题。"在荷马诗歌中所能发现与真正宗教感情有关的并不是奥林匹克的神祇们，而是连宙斯也要服从的'命运'。命运对于整个希腊的思想起到了极大的影响，而且这也许就是科学之所以得出对于自然律的信仰的渊源之一。"❶罗素认为，这正是引起古希腊科学的原因，但无论这样的结论是否正确，他还是注意到了这个结构中的关键点。命运因其必然性受到普遍的接受和遵守。

希腊神话的多神结构，体现了这样的一个原则和特点：既相互联系又相互制约。但希腊时代的人是不会上升到这样的理论高度来概括和总结的。我们不妨说，它是受了生命现象的启发，无意中采用了生物多样性的自由原则来移植到其创世主题中，从而展示和扩升了生命的个性，给后人以"自由"的启示，诠释着"自由"的另一深刻内涵：个性的存在就是自由，即个性自由。这样的认识正如现代人们看到原子结构后的喟叹，"没有差别，生命就不会存在"。❷

自然界生物的多样性，各不相容又各有秩序，彼此共同繁育和造化了大自然的勃勃生机。这样的秩序性原则，也同样体现在神话中。诸多的神主持

❶ ［法］K.K. 卢斯文 . 神话 [M]. 耿幼壮，译 . 太原：北岳文艺出版社，1989:140.

❷ ［美］依迪丝·汉密尔顿 . 神话 [M]. 刘一南，译 . 北京：华夏出版社，2010:147.

着自然的工作，他们各司其职，忙而不乱，有条不紊，体现了希腊神话的另一层含义：秩序性原则。秩序性原则，赋予了希腊神话新的内涵，那就是由承认个性自由引申为承认普遍性的原则。具体体现在神话中，那就是神的分工细化，向小而精的方向发展，而不是出现万能的神。这样的思想，承认差异性，肯定普遍性，具体到传说中即是对神的个性的张扬。

我们从荷马神话中，可以看出阿喀琉斯两次愤怒的原因，当阿伽门农没有按规定将布里塞伊丝（Brisels）送给他做妻子时，他拒绝出战，而不是无条件地服从和退让。在体现英雄主义思想的同时，我们也可以看出其中的个性和性格，他有狮子般的勇猛，却也有桀骜不驯的性格特点，这正是英雄的本性特色，也正是人性的本真。从这一典型中，我们可以看出，希腊神话对个性自由价值的肯定。

（二）选择自由——自然异己力量的反思

通过神话结构本身，我们又看到了自由的另一种生动的演示，那就是：选择自由。这一点在神坛的顺序更替中有所展示。

1. 神的顺位——选择权属

选择自由体现在造神的顺位上。

我们知道，在希腊造神时代，"生"是个极有神威的名词，只有神才有这种权力和自由。意大利维柯考证："不过是神都称为父亲，……他们之所以叫作父亲，是因为 Patrare（父亲）一词的原义是'制作'或'工作'，这是天神的特权。"❶

希腊《神谱》向我们展示了这样的谱系，最先出现的是混沌神卡俄斯，而后就是地母盖娅，混沌神与地母生天神乌兰诺斯。乌兰诺斯再生克洛诺斯，而后被赶下神坛，之后，克洛诺斯又被宙斯取而代之。

我们知道，神出生的顺序代表着身份地位，或者说，表明了天意：谁选择谁，谁决定谁的问题。先生有地母盖娅，而后，有天神乌兰诺斯，这样的出生顺序，不是随意的安排，而是反映出一个关键性意向：出生顺序象征一种权属和一种价值取向。

造神活动是经历希腊民族长时间的酝酿才形成的。对于这样的顺序安排不可能仅是赫西俄德的个人所为，应该说是时代和民族的选择。这个过程也是广大民众接受和选择的过程，从一个侧面体现了造神起源阶段的选择自

❶ [英]罗伯特·A.西格尔.心理学与神话[M].陈金星，主译.西安：陕西师范大学出版总社，2019:126.

由。在定型的《神谱》中，天上诸神之间的出生顺序、神坛君位更替顺序，则是经广大民众共同价值甄别后的艺术结晶，这个顺序较典型地反映了一种价值认可的倾向。

对于这样的选择，赫西俄德说："使神有一个快乐的乐园。"这只是一个表层的说法。它预示着较深刻的选择权的归属，也即自由的选择权究竟是持于谁的手中。力量，在希腊神话中是英雄的本质和象征。赫拉克勒斯可以替阿特拉斯顶着天体，在科学未出现之前，力量带给人的审美意象是胜利，是选择权的重要标志，也是人们英雄崇拜的根源。因此，力量的源泉象征着选择权。希腊神话中，地母是一切力量的源泉，天神也概莫能外。神话传说大力士安泰与赫拉克勒斯较力的故事，就蕴含有这样的象征意象。安泰力大无比，每当感到无力时就躺在大地母亲的怀中，获得力量。赫拉克勒斯骗其双脚离地，战胜了他。

我们知道，古代"生"是最大的自由权，宙斯出生的艰难经历就说明了这一点。这样，地母处于第一顺序，生天神乌兰诺斯，将生的选择权给予了大地的同时，也把自由的选择权利交给了大地，也就是民众。这一切的寓意说明：大地是力量之源，拥有选择的权利。

2. 选择自由——军事民主制的翻版

选择自由体现在造神的过程中。希腊神话的选择自由权，在造神运动中得到了生动的展示。希腊的神坛盟主产生，不是封建嫡传万世不竭的模式，而是充满了惊心动魄的斗争。对此，《神谱》中曾有所描述。当地母盖娅代表民意，要废除天神乌兰诺斯时，她虽然内心悲伤，但还是鼓励他们说："我的孩子，你们有一位罪恶的父亲，如果你们愿意听我的话，让我们去惩罚你们父亲的无耻行为吧。"她说了这番话后，无人敢开口。但狡猾强大的克洛诺斯鼓起勇气回答了她："母亲，我答应你做这个事情，因为我看不起臭名昭著的父亲，是他最先想起做无耻之事的。""听了克洛诺斯的回答，地神盖娅欣喜万分，安排他埋伏在一个地方，交给他一把缺口如锯齿的镰刀，并向他和盘托出整个计划。"❶克洛诺斯在母亲的帮助下，将乌兰诺斯赶下神坛。

如果说克洛诺斯得位在于勇气的话，那么，宙斯的神位取得则显得艰难万分。首先，他要闯过出生这一关。因为克洛诺斯预感有子女要取而代之，故每当子女出生都无一例外地被其吞入口中，以确保帝位永恒。但宙斯在祖父祖母的帮助下，顺利出生并长大，联合众兄弟姐妹，并得到雷、电、霹雳三种利器，奋战 10 年最终取得胜利，坐上了奥林匹斯山的第一把交椅。克

❶ [古希腊] 赫西俄德. 神谱 [M]. 王绍辉，译. 上海：上海人民出版社，2010:79.

洛诺斯登上神坛君位时，出场谋划者是地母盖娅，而后，神坛君位更迭，宙斯夺位，又获得地母盖娅的帮助，大地为本的倾向已不言自明。不过是"本"的内涵有所拓展，与时俱进，增加了众多的兄弟姐妹角色。希腊神话通过这样一组象征意象说明了选择权归于大地。但，这个大地不仅仅是几何空间，而是有两层蕴意：

从空间角度讲，相对于天而言，大地象征着民众基础。

从时间角度讲，相对历史而言，大地代表着后来者。

换神运动中，宙斯的胜利在于有民众基础，得到了民众的支持和拥戴。自由的基础在于大地的象征意义，由此可见一斑。而自由的选择权在于民众化。一旦失去民心，便被逐下神坛，由此形象而生动地揭示了这样的自由观：自由的选择权在民众。神灵之位，可谓最理想的自由天地。但没有绝对的自由，一旦失去群众基础（地母），就会失去自由。这样大地处于"本"的位置，神则处于"末"的位置。"本"决定着"末"的未来和命运。这样选择的自由权交给了民众。这其实是古代军事民主制的翻版。

通过上述分析可以看到，如果把神作为统治者的话，那么，他的统治地位是否存在，取决于大地（民众）的选择。这样希腊神话就形象地把自由的选择权说明得非常清楚。

三、古希腊神话象征意象体现了自由追求

希腊神话在经过主题歌颂、结构上的理性思考后，又通过其象征意象的表现手法，对自由这个主题的内涵进行大胆追求，使自身更富有了现实主义的价值。希腊神话通过这一象征意象表现了对自由的大胆追求。

正如黑格尔所考察的一样，人类都经历过一个象征文化时期，这一时期，就是神话形成时期：人的想象力丰富，推理能力弱，但对于大自然的观察和思考却一直没有停止过。因为这是生存的本能使然，他们还没有解决基本的生存问题，衣、食、住、行受着自然界（必然性）的约束。

（一）阿芙洛狄忒的象征意象

阿芙洛狄忒是希腊神话中著名的三美神之一，象征着生命自由美，是生殖崇拜的升华。希腊的自然历史与社会历史哺育了古希腊人现实主义的生命观，以至于他们对于生命自由的崇拜，不被今天的审美观所接受，产生了许多价值误读。

早在克里特文明时期，希腊就有生殖崇拜。"他们死亡率很高，因此非常敬重生殖力，当他们有人神之别时，他们想象出一个乳部甚大，侧腹丰满

的母亲神，爬行动物在她的手臂和双乳游行，蛇蜷曲在她的头发中，或在她的头上昂然直立，克里特人在这女神身上看到了自然界的基本事实：人类最大的敌人——死亡，被女人的神秘力量（生殖力）所克服，他们认为这种神秘力便是神。"❶

希腊神话中的神，以充满生命力——生的功能稳居神位。我们看到，乌拉诺斯被易位，他的标志生殖器被割下来，表示他神力已失，不配做神父了。《神谱》中阿芙洛狄忒的诞生表达了这样的象征，"克洛诺斯用燧石镰刀割下了其父的生殖器，把它扔进了翻腾的大海后，这东西在海上漂流了很长一段时间，忽然，一朵白色的浪花从这不朽的肉块周围扩展开去，在浪花中诞生了——少女。"❷ 浩瀚的大海成为生命之源，成为展示生命自由壮美的舞台，并明白无误地表达出这样一种观念：美的根源在于生命力。

《神谱》将阿芙洛狄忒的诞生选在大海为背景的水中。这样的创作意蕴有如下三层内涵：

其一，生命是自由的。

大海在神话中既是自然异己力量的象征，同时又是自由的象征。海神波塞东独领大海，与宙斯三分天下。在神话中曾问鼎宙斯的宝座，又与雅典娜争夺雅典城的冠名权，虽未有收获，但却有天马行空、独往独来的自由。将之作为生命诞生之源，形象地说明了生命源于自由。这种自由，使神话创作将爱神厄罗斯意象化为长着一对翅膀自由飞翔的天使。

其二，生命自由是自然生命复生后的升华。

希腊神话中，水是生命再生之源的象征。传说河神刻佛苏斯（Cephisus）和仙女利墨俄珀（Liriope）生下一子。这位美丽的少年口渴伏于泉边，意外发现了自己水中的倒影是如此之美，于是爱上了水中的自我，化为一朵水仙（narcissuses）而终，获得再生。同理，大海是希腊民族争取生存自由的必由之路和基础。阿芙洛狄忒是人类生命之源的象征，是希腊民族生存之本，因此，大海成为希腊民族获得再生的渊源。换言之，生命自由是以大海为象征的自然生命复生后的升华。

其三，爱是人类之本。

由前两点可以看出：阿芙洛狄忒的海上诞生，是人的生命获得自由——生命再生的象征。它表明了这样一种生命自由观：人有生命，但与动物不

---

❶ [英] 罗伯特·A.西格尔.心理学与神话 [M].陈金星，主译.西安：陕西师范大学出版总社，2019:90.

❷ [英] 菲利普·马蒂塞克.希腊罗马神话 [M].崔梓健，译.北京：民主与建设出版社，2018:40.

同，有自己的爱神厄罗斯，并不是简单的生命体，有爱神而获得的生命自由才是人的价值所在。爱是人类生命自由的灵魂，表达了爱是人类之本这样一个主题，将原始巫术视野下的恐惧、可怕的世界变成为充满爱神的人间乐园。

（二）普罗米修斯神的象征意象

人与自然的不平等受认识能力的制约而形象化。动物有皮毛护体，利爪为器，蹄腱为鞋，天当被，地当床，无衣、食、住之忧。这些自然现象被理解为在神的面前的不公平，因为神造人时把这个功能都给了动物。

古典时期的希腊智者普罗塔哥拉曾以语言的方式讲述了这个过程。"爱庇米修斯还不够聪明，他不知不觉早在野兽身上分完了所有的能力。当他来到人面前，发现人类依然未被装备，因此惊慌不安，不知所措。正在这时，普罗米修斯前来检查工作，看到其他生物都装备得十分完备，唯独人依然赤裸裸的，没有被子，没有床，没有防卫的工具。可指定的日子已经到了，人也和其他的生物一样要从地下出世。普罗米修斯不知道用什么办法来保护人类，于是便偷了赫菲斯托斯的火和雅典娜在记忆方面的智慧，把它们作为礼物送给人类。"❶

普罗米修斯冒险为人类盗取了火种，使人类得到了生存的自由，却为此受到了宙斯的惩罚。"宙斯用挣脱不了的绳索和无情的锁链捆绑着足智多谋的普罗米修斯，用一支长矛剖开他的胸口，派一只长翅膀的大鹰停在他身上，不断啄食他不死的肝脏。长翅膀的大鹰在白天啄食他的肝脏，但夜晚肝脏又恢复到原来那么大。"❷为此，普罗米修斯在高加索山忍受了三万年的痛苦，不向宙斯低头，其抗争的精神和争取自由的行动，由此可见一斑。

按意大利历史学家维柯的考证，绳索、锁链，乃是宙斯权力的象征。鹰，是宙斯图腾时代的象征。心脏，是思想心灵的象征。因此，这个神话的象征意义是，普罗米修斯挑战宙斯的宗教，他的思想与图腾时代宙斯的传统宗教——自然崇拜离经叛道。他要给人类火——光明（智慧）的象征，以此照亮人类蒙昧的心灵。三，表示大数，三万年，可以理解成若干万年之久。希腊神话通过这个象征意象，深刻而形象地说明了人类摆脱自然宗教之艰难，并塑造了一个为人类自由而抗争的形象，表现了对自由的大胆追求。

---

❶ [英]菲利普·马蒂塞克.希腊罗马神话[M].崔梓健，译.北京：民主与建设出版社，2018:142.

❷ [英]菲利普·马蒂塞克.希腊罗马神话[M].崔梓健，译.北京：民主与建设出版社，2018:185.

希腊神话通过主题、结构、象征三个层次体现了对自由这个观念的探索，主题上体现为歌颂生命自由、生存自由的价值；结构上体现为对个性自由、选择自由的理性思考，提出了可贵的普遍性原则；象征意象上，通过对普罗米修斯神、爱与美女神等观念意象的赞美，体现了对自由的大胆追求，在塑造民族精神的同时，也为人类精神家园奉献了可贵的自由这一理性奇葩。

第三节　古希腊英雄的平等观

希腊神话的平等观，指向的是一种相对平等。它渊源于民俗的决斗，并给出了天理公平的标准——天秤。它借助象征文化表达了对自然、社会异己力量的思考。在人与自然的关系上，以"命运三女神"为生命平等观念意象；在人与社会的关系上，以海伦为公民平等观念意象。从主题上它通过对阿喀琉斯的两次愤怒，赫拉与波塞冬等神对抗宙斯的场景的描绘，表达了对理想化的秩序、平等的歌颂；从结构上讲，它表现为多神结构，是等级制平等的现实反映；从意象上，它通过海伦的回归寓示法使平等回归人间。于是，在神话和史诗描绘的英雄世界里，通过"命运三女神"给出了命运平等的模式，以生命的自然约束象征必然性，提出了"法"的面前人人平等。

一、法于社会，平等回归人间

希腊神话通过民间执法者雅典娜使护法者海伦回归等一系列象征意象说明：只有法才能使平等回归人间。

希腊神话三美神的审美，引出了一个非常本质的问题，那就是对于人而言，什么才是最重要的，或者说审美的前提是什么？希腊神话通过金苹果的故事做了象征而富有哲理的说明。神话中，帕里斯将金苹果判给了阿芙洛狄忒。这里的金苹果可以看成生命的本原。宙斯和赫拉结婚时，地母盖娅送给二人的礼物就是金苹果，后来，众英雄寻找金苹果，不惜冒险渡海，但实则是寻找生命之根——粮食。在这里金苹果代表了一种价值——生命之源。

金苹果的传说有载：珀琉斯（Peleus）和海神涅桑斯（Nesans）之女忒斯尼（Tesny）举行婚礼时，请奥林匹斯山神参加，但没有邀请专司闹事的女神尼里斯（Neris）。尼里斯遂决定挑起事端，在婚礼场所投了一个金苹果，上书"赠给最美丽的女神"。众神都欲争之，后决定在赫拉、雅典娜和阿芙洛狄忒三女神中选择。宙斯因妻子赫拉参加评选，故退出。由交通神赫耳墨斯替三女神找公证人来评判，请放牧者——特洛伊王普里阿摩斯（Priam）的

面对三位美神，帕里斯无法进行选择。三美神都讲出条件：赫拉说，若把金苹果给她，她能使帕里斯成为"世界之王"。帕里斯年纪轻轻，"世界之王"对于他而言不实用，当然看不出这种美的价值。雅典娜答应使其成为大智慧大勇者，帕里斯又意识不到大智大勇美的价值。爱与美之神阿芙洛狄忒以爱的诱惑夺得帕里斯的芳心，答应把希腊最美的女人给他做妻子，从而获得了人间牧童的金苹果。这正符合少年特定时期实用美的需求特点，它确实需要这种生命之美。后来阿芙洛狄忒把希腊最美的女人海伦骗给他做妻子，这就是阿芙洛狄忒使斯巴达王墨涅拉俄斯的妻子——海伦被劫骗给帕里斯，引起阿伽门农兴兵大战特洛伊的起源。

三美神评选，实质就是一个审美的问题。帕里斯的审美观显然有问题，以最实用的生命之美为标准，把美的金苹果判给阿芙洛狄忒。从审美标准上讲，帕里斯的标准定位有误。作为人与动物最大的区别，在神话中说得非常明确——智慧，那才是美的本原。

审美结果，出现了失衡，也就是不平等。那么此时象征平等美之神海伦的时空位置出现了变化，从斯巴达到了特洛伊城。这样，帕里斯审美标准失误，而导致的结局更令人担忧——人类之根将失。

智慧女神雅典娜作为人间执法者，她当然要使这个错误得到纠正，要协助迷离航向的人间重新找回美女海伦——平等之神回到身边。所以木马计的关键不仅仅是使美女回归，更是世人迷途知返的桥梁。拉奥孔（Laocoon）父子的作为当然有背历史和人类的利益，故雅典娜用蛇将其处死。我们看到，在希腊神话中，克里特时代就出现过蛇，那么蛇代表着什么？"这些蛇指法律的统治。"❶她代表法律，这样拉奥孔父子受到了神的法律审判，为人间平等回归清除了障碍。希腊神话在此说明：法律才可使平等回归人间。

二、法于自然，神人平等

综观希腊神话，无论是主神宙斯，还是各司其职的小神，以至于英雄传说都充满了一个挥之不去的主题，那便是命运为主宰，且在希腊神话主题思想中时有闪现。从俄狄浦斯王的神谕，到阿喀琉斯、赫克托耳的决斗，主神宙斯也概莫能外，同样受命运三女神的控制。这样的神结构，构成一个完整的神话系统。

这样的必然约束，从《神谱》中就可以看出：每一个孩子一出世，伟大

❶ [英]菲利普·马蒂塞克.希腊罗马神话[M].崔梓健,译.北京:民主与建设出版社,2018:102.

的克洛诺斯便将其吞食，以防其他某一骄傲的天空之神成为众神之王；因为克洛诺斯从群星点缀的乌兰诺斯和盖娅那儿得知，尽管他很强大，但注定要被自己的一个儿子所推翻。尽管如此，他仍然没有逃脱被宙斯推翻的命运。宙斯篡位后，同样担心。"宙斯首先娶墨提斯为妻，她是神灵和凡人中最聪明的人。在她要生产明媚女神雅典娜时，根据星光灿烂的乌兰诺斯和盖娅的忠告，宙斯花言巧语地骗过了她，将她吞进了肚里。" ❶ 但是，雅典娜却从宙斯的头中生了出来。每当神心神不定时，就会不约而同地仰望星空——天，希腊从那里得到信息提示。那么从希腊神话诸神出生的顺序上，我们知道是地母盖娅生的天神，而后再生诸神。生的顺序在一定意义上决定了选择权属。希腊神话中的生，地母盖娅为其源头，象征地把"生"的自然约束置于第一位置，使命运成为人神与生俱来、挥之不去的幽灵。神固然可以永生，但命运也可以不让其生，宙斯的出生被"吞"即为一例。故早期"生"是神人共惧的对象。"生"对于神同样重要，生殖器为其标志即是很好的寓示。所以，"生"在神界也是有威力的。"天网恢恢，疏而不漏。"故此，命运三女神不仅是希腊神话中生命平等的象征，而且还是自然法神的象征。

古希腊社会很早就形成了法神的威慑，一切在法的公平下进行。雅典娜主持的著名的阿雷奥帕格审判被恩格斯誉为：父权制战胜了母权制。阿喀琉斯盾牌中的审判，《神谱》中的巴塞勒司（Basileus），一系列的形象表明了法神承袭军事民主制的渊源。当时的军事民主制由公民大会、贵族会议、军事首长三权分立，与后期出现的元老院、国王、公民大会三权分立体制相同。这种三权分立式的宪政的威力会令国王不敢越权。我们知道，人类自然崇拜的最高形式是力量。社会异己力量崇拜的最高形式为权力，权力作为异己力量走入人们的视野中，是令人恐惧的对象，那么权力的拥有者——国王也同样接受社会法则——三权分立的约束。这样就体现了英雄时代的平等观念——天理公平。

科学为自然立法，文学艺术为人生立法。人是造神运动的主体，因此，神界的立法权当然归于人类。造神运动中，法的观念，随之转移到神话中。由于社会上有了三权分立，所以神话中也出现了执法者，这就是三女神。自然中的神也要受到法的制约，这就是法神——权力棒的转移。三女神作为命运是当时人们解不开、冲不破的自然之法，象征着对自然异己力量的必然性约束。所以，在命运三女神所象征的命运面前人人平等，其实质即为：法律面前，人人平等。

❶ [英]菲利普·马蒂塞克. 希腊罗马神话 [M]. 崔梓健，译. 北京：民主与建设出版社，2018:71.

第四节　古希腊英雄的审美观

美的本质是自由，美的灵魂是创造，美的前提是平等。人们之所以能进入审美的空间，主要是由于人的本质力量——文化的发展，提供了对象化的物质基础。希腊神话是伴随着希腊社会深刻变革的历史进程而形成的。这样的深刻变革，为希腊民族的审美提供了现实基础，使希腊神话能够从发展的社会现实中，反馈整理出美的信息，并形成自己的审美观——和谐美。

一、创造是生命美的本质

希腊神话通过爱与美之神阿芙洛狄忒这一观念意象给出了美是自由这样一个命题。在赞美生命自由美的同时，赋予生命美以哲学的高度，将之视为美的本源。

但是，人是历史进步的产物，人在自然人到社会人的转变过程中，仅仅具有生命自由美是远远不够的。生命自由美对于人而言，仅仅是起步，绝不是终点。为此，希腊神话又创造出了创造女神雅典娜，这样智慧作为人类的本质，使人获得了通向自由、平等的桥梁，使人类可以走出大森林，走出农业文明，进入工商、航海等苛求智力因素的工业文明领地。创造美在希腊神话是创新观念的向导，使人类在获得生存平等——物质文化的同时，也获得了精神平等不可或缺的条件——制度文化、精神文化。对此希腊神话通过"尼俄柏孩子们之死"进行了深刻反思，表现了生命美的本意。

神话中，安菲翁做了忒拜王，娶了尼俄柏为妻，生了7个男孩和7个女孩，对此，尼俄柏非常自豪，扬言可以胜过勒托，因为勒托只生了2个孩子——太阳神阿波罗和月神阿耳忒弥斯。后来由于尼俄柏拒绝敬拜勒托，结果其和子女遭到阿波罗和阿耳忒弥斯的刺杀。只要我们看其女儿被刺，就可以理解这是一种生命美的反思。它启示人类仅有生命美是远远不够的，还必须不断美育重塑才能达到和谐美的标准。

二、重塑自我，认识本我

人类审美趣味和审美理想的历史演变是十分复杂的，然而这种历史演变本身却与人类自身价值的发现密切相关。随着人类对于自身认识的不断深入，以及对于自身价值的充分肯定，人类的审美范围也日益扩展。人进行美的重塑，前提则是认识自己，认识自己的价值，对此，希腊神话通过那耳喀苏斯的自爱做了象征性的说明。

那耳喀苏斯是河神刻佛苏斯和仙女利墨俄珀生的一个美丽少年。神谕的结果显示，这个孩子不能见到自己的面孔，否则会因此死去。为了与命运抗争，河神为那耳喀苏斯选择了不见反光的生活环境。小孩在这个环境中无忧无虑地成长，对于自己的美丽并不知晓，但见到他的人无不为之倾倒。他的美貌也引来姑娘们的青睐和追随。他整日与朋友打猎，行走于崇山峻岭之间，日久生情，为山谷女仙厄科（Eko）所恋。

一天，阳光灿烂，林间葱郁，百花竞相开放，那耳喀苏斯口渴伏于水边，一霎时，他发现了水中的影子是如此之美，于是爱上了水中的自我，化为一朵水莲而终。这实际是希腊七贤梭伦的名言——认识你自己的神话版。

审美的前提是平等，从社会、自然异己力量的角度讲，就是战胜，获得审美的准入。爱上自己，正是人认识自己价值的开端，即以人为中心的审美的开始。人经过漫长的自由奋争，越过了生存自由的约束，以文化的力量获得了与自然平等的地位，从而获得了审美的前提条件；当大海不再是海神波塞冬的领地而是希腊走出爱琴海称雄地中海的舞台时，这样的审美准入才通过了历史时空的测试，人类才获得了自由心灵瞬间解放的前提。

认识自我就是反思自己、重塑自己的开始，是审美的前提。受漫长的风俗文化熏陶，处于等级森严的奴隶制时代的人们从神话思维中醒来，认识自己的价值获得精神自由，完全可以用思想解放形容。在神话思维文化下，人没有自我价值，笃信一切都是命运和神的安排。认识自己的价值就是心中有了自我，这种自我意识是对传统价值观的反思和否定。由此，打开了自然人向社会人转变的大门，由此人的价值观开始走进了思想领域，动摇了神——宗教的权威。

三、美需要条件

马克思早在《1844年经济学——哲学手稿》中曾指出：如果你想得到艺术的享乐，你本身必须是一个有艺术修养的人，对于不辨音乐的耳朵而言，最美的音乐也毫无意义。音乐对他来说不是对象，因为我的力量只能是我的本质力量的确认。可见，一定的审美修养与能力是艺术接受活动得以实现的前提。❶

希腊神话，对于审美的条件性，做了象征性的说明。智慧女神雅典娜想与朋友召开音乐会，于是做了支双管笛，在河水边尽情欢畅地吹奏，忽低头见水中倒影，噘嘴，手指乱动，于是将双管笛扔掉。美乐出于丑形，美与丑

---

❶　恩格斯. 马克思恩格斯选集（第三卷）[M]. 北京：人民出版社，1972:143.

的辩证关系，正如抱朴子所言："非染弗丽，非和弗美。" ❶ 这里实际上象征性地说出了美是有条件的命题。美源于创造，雅典娜的艺术劳动，其形固丑，却创造出动人的美乐。

不仅如此，审美也同样需要条件。传说雅典娜女神丢弃了吹奏时会显出丑态的笛子，被山林中羊角仙马耳绪阿斯（Marsius）看见，便想捡回，正要行动，不料雅典娜又回头看了一眼，马耳绪阿斯忙做一滑稽的动作掩饰。不久，马耳绪阿斯有了笛子，吹得自我陶醉不已，且深得一人，即获取点金术的弥达斯王的赏识。弥达斯王因为帮了酒神狄俄尼索斯迷了路的老师西勒诺斯（Silenos），为表谢意，酒神狄俄尼索斯满足了他的要求将点金术传给他。点金术固然是大美之物，但亦须知音。弥达斯王对于此术不得其神，遂成负担。所触之物，摘苹果，捡石头，甚至吃饭，都成黄金，无法生活。点金术之败，象征着弥达斯王审美能力之低。

这里还有一例。传说神界举办了一场比赛，聘请特摩罗斯（Tmolus）山神做裁判。参加的有众神及小精灵。马耳绪阿斯的崇拜者弥达斯王欣然前往观看。马耳绪阿斯的笛声不堪入耳，令众神瞠目。阿波罗的琴声旋律优美，节奏欢快，令人闻声起舞，天神都赶来欣赏。结果显然是阿波罗获胜，但弥达斯王却提出异议，阿波罗闻后，说弥达斯王白长了个人的耳朵，于是用手一指，弥达斯王长出一副驴耳朵。

希腊神话，在这里形象地说明一个问题：美，是有条件的，未必人人都可以审美，一定的文化底蕴是必不可少的前提。希腊神话在这里用人与动物之间的差别，说明审美的条件性。

四、美是心灵的观照

人与动物最大的区别在于人有美感而动物没有，那么美感是怎样形成的，人是以怎样的审美方式获得这种美感的愉悦的呢？柏拉图在《大希庇阿斯篇》中提出"美就是视觉和听觉产生的快感"。文艺复兴时期，达·芬奇（Da Vinci）提出"眼睛是心灵的窗口"。18 世纪，英国学者夏夫兹别里（Shavzberi）认为人的视听器官之上还有心灵和理性的感受器，即人的"内在感官"或人的"第六感官"。这一系列观点，希腊神话通过著名预言家提瑞西阿斯（Teircsias）通神失明的传说做了象征性的阐释。

提瑞西阿斯之所以可以有预测未来的神通，皆源于他的两次奇遇，希腊神话中著名的三美神雅典娜（Athene）、阿芙洛狄忒（Aphrodite）、赫拉（hera）给他指点迷津，使他找到了审美的正确途径。

---

❶ 于民，孙通海．魏晋六朝隋唐五代美学名言名篇选读 [M]．北京：中华书局，1987:50．

一次，他无意中目睹了智慧女神雅典娜的出浴。美人出浴，是大美之幸，当属眼福不浅。但是雅典娜却使他双目失明，后来他的母亲苦苦哀求雅典娜，其情感动女神。于是雅典娜命她神盾中的大蛇用舌头洗净提瑞西阿斯的耳朵，使他能听懂预言鸟的语言。为什么一次美人出浴的眼福，却换来了痛苦的失明？我们知道古代希腊没有审美这样的观念，所以就用目睹美人出浴来象征审美。雅典娜是希腊神话中的智慧女神，她的美是人间的创造美。这种美，不是贵妃出浴的仪态万端，是来自人心灵的大美，仅用眼睛是看不出来的，要靠思想，就是人的心灵感悟。所以雅典娜女神给了他否定的判决，同时给了他通向心灵的听觉，使其可以听懂神鸟的语言，象征放弃感官的功能，寻求通向心灵观照的途径。

阿芙洛狄忒的审美则说明了体验和标准的重要。有一次，阿芙洛狄忒与美惠三女神（charites）阿格莱亚（Aglaia）、欧佛洛绪涅（Euphrosyne）、塔利亚（Thalia）比美，请提瑞西阿斯做评判，结果是欧佛洛绪涅司愉快，阿格莱亚司荣誉，塔利亚司青春。于是他把奖品授给了具有美目丹唇之美的塔利亚。但阿芙洛狄忒因此又把他变成一个老妇人。

阿芙洛狄忒是爱与美之神，她的美，是生命自由美。她性感美丽，曾把充满魅力的腰带借给赫拉，使天神宙斯神情恍惚，情意迷离。她的美，代表了那个时代的审美价值。而塔利亚虽然脸蛋漂亮，美目传神，秋波迷人，但却是青春靓丽的外在美。她与阿芙洛狄忒相比还没有生命自由美的基本条件——生育，不能使生命获得延续。因此，塔利亚作为青春偶像尚可，作为大美之神显然不够品位。这一次，提瑞西阿斯仅凭外表作审美标准，没有领悟美的神韵所在。阿芙洛狄忒将他变为女人，让其体验女性美的真谛不在其表。换言之，审美要有心理的体验和标准。提瑞西阿斯第三次的审美则更不得法。

传说赫拉与宙斯争吵，反对宙斯的风流。宙斯为之辩护，"女人从性行为得到的快感要比男人多"。"一派胡言"，赫拉喊道，"事实正相反，这个你清楚。"提瑞西阿斯被招来调停这场争论，他凭个人经验做了回答："如果说性爱的快乐以十计算，九分归女人，一分属于男子。"❶赫拉被激怒了，她使提瑞西阿斯双目失明，但宙斯给了提瑞西阿斯可以预见未来的内在视觉。赫拉在神话中是英雄血缘的保护神。没有赫拉的婚礼权，意味着失去了贵族等级的准入资格。她的美来自民政美的血缘把持，体现的是贵族政体等级制的高贵。而提瑞西阿斯却将阿芙洛狄特的生命自由美作为赫拉的美来品评，显然是搞错了审美对象。

---

❶ ［古希腊］荷马. 伊利亚特 [M]. 陈中梅，译. 北京：北京燕山出版社，1999:124.

这正如有眼不识泰山一样，受到了女神的裁决——She blinded Teiresias，通常译为：赫拉弄瞎了提瑞西阿斯的眼。Blined 作动词时又有"蒙蔽、使失去判断力"之义。因此，She blinded Teiresias 意译为，赫拉使提瑞西阿斯丧失了判断力，即提瑞西阿斯没有审出赫拉美之所在。同时又得到了宙斯的馈赠——Zeus compensated him with inward sight。inward sight 原文译成"内在视觉"，Inward 有"心灵"之义，sight 有"见解"之义。因此，意译应是"心灵观照"。

这样希腊神话通过提瑞西阿斯对三位美神的审美之误，说明了美感的形成作为眼睛的感官固然重要，但是第六感官的心灵更是主要的，要经过 inward sight（心灵观照）才能获得真正的美感。

五、美是和谐的

宙斯和赫拉结婚时，地母盖娅送给二人的礼物是金苹果，后来，众英雄寻找金苹果，不惜冒险渡海，实则是寻找生命之根——粮食。在这里金苹果代表了一种价值——生命之源。

希腊神话用一系列的象征意象，说明了一个审美辩证关系：生命美、智慧美、民政美三者必须和谐，否则就要失衡。这实则是审美观——和谐美的一个神话版。

这样希腊神话通过三美神的选美表达了对人和谐的理解。公元前 6 世纪，希腊伴随着奥林匹克运动的传播与美育而出现了人体美，并逐渐形成了人体和谐美的审美观——"健、力、美"，标志着希腊神话的和谐美已由艺术追求转变为人生理念。和谐美是平等观念的升华，平等讲的是二维，和谐讲的是三维。二维强调的是对立统一，三维强调的是和谐与发展。

希腊自然主义风格的人体雕像《掷铁饼者》就经典地表达了这样的理念。生命美来自充满肌肉的健美肌体；智慧美来自"黄金分割"的曲线；而民政美（实为平等美之一种）来自生命的力感，相对静止的动感——运动中的平衡。雕像重心落于一只脚上，固定的动作表现出了连续性，解决了运动中的平衡问题。三美和谐，共同缔造出了宇宙间大写的人，以艺术的语言表达出了希腊民族对人和谐的理解。

和谐美达到人类审美的高峰，这样的神话审美观，与公元前 6 世纪希腊德尔斐神庙殿上所刻名言"凡事勿过度"有异曲同工之妙。而纵观古希腊鼎盛期的社会历史，政治、经济、文化协调发展，其文明的辐射洞彻千古，以无言的历史风姿，诠释着大美无言——和谐美的真谛。

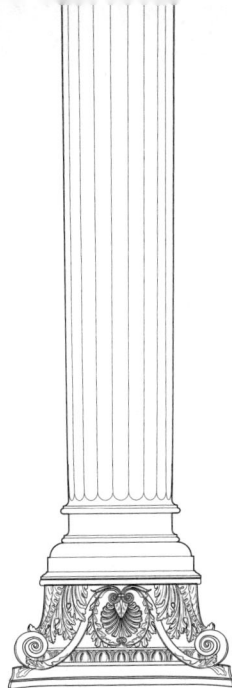

第四章 英雄与英雄崇拜

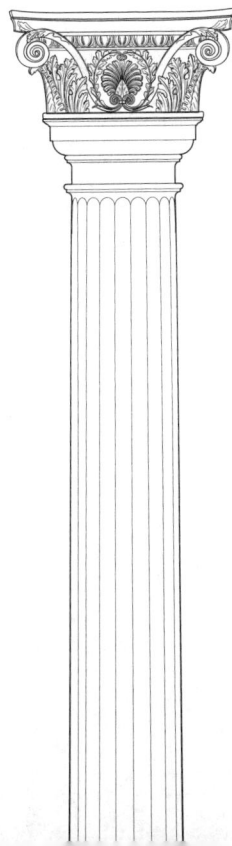

第一节　英雄崇拜的起源

　　英雄崇拜究竟是史前风俗的延续发展，还是历史初期的新兴风俗？其动因如何？这些问题曾长期困扰古典学术界。学者们主要依赖两方面证据加以探讨，即荷马史诗等文学证据和考古证据。19世纪后期，希腊史前考古尚不发达，荷马史诗成为考察英雄崇拜的关键证据。英雄崇拜的基本信仰是死者有能力影响活人的世界，但这种观念与荷马的死后生命观存在矛盾。德国古典学学者厄尔文·罗德曾这样形容荷马的灵魂观和来世观：荷马一直认为，灵魂奔赴难以抵达的死者国度，处于无意识的、不完整的生命状态中。没有清晰的自我意识，因而也就无所欲求。对上界没有影响，也就再也不能分享来自生者的任何崇拜。任何情感，无论是恐惧还是爱，都无法加之于死者，没有办法强迫或引诱他们回来。后期希腊人习以为常的有关死者的巫术，荷马对之一无所知。诸神介入诗歌，参与到故事情节中；死去的灵魂则从不参与。荷马史诗传统的直接继承者在此方面有相当不同的想法，但对荷马来说，灵魂一旦归入哈得斯（Hades）冥府，就不再重要了。

　　这种死后生命观显然与历史时期希腊人的英雄信仰相脱节。因而，罗德认为，英雄崇拜的兴起与荷马诗歌的影响无关。有意识的、活跃的灵魂在死后继续存在的任何观念都与荷马诗歌形成如此强烈的反差，因而，诗歌所描绘的已经死去并奔赴哈得斯的遥远国度的勇士们被认为依然活着并能走出坟墓施加影响，这种情况几乎不可能是荷马史诗所导致的。在历史发展进程中，对史诗中的这些勇士的崇拜导致英雄崇拜是最不可能发生的事。不管怎样，在英雄崇拜中，除少数可忽略的例外，这些勇士发挥的作用很小。此外，任何崇拜只是史诗营造的幻想的产物，其本身就是不可能的。英雄的信仰本质上是建立在宗教崇拜基础上的。既然英雄崇拜的观念不是荷马史诗所引发的，那么这种观念又是如何起源的呢？罗德认为，英雄崇拜不是历史时期的新兴事物，而是古老的祖先崇拜传统的复兴。崇拜祖先是基于这样的信仰，即亡灵能对生者的世界维持强大影响。希腊本土，祖先崇拜的风俗在迈锡尼时代已有迹可寻。迈锡尼时代结束后，与坟墓相关联的祖先崇拜在某些地方长期延续。城邦兴起后，贵族家族的祖先崇拜扩展为城邦的英雄崇拜。

如果坟墓中的英雄先祖的身份被淡忘，就编造和附会出新的名字，或是对其崇拜逐渐衰落乃至终止。

1921 年，路易斯·法奈尔（Louis Fanel）在其名著《希腊英雄崇拜和永生信仰》中反驳了罗德的观点。他认为，英雄的"崇拜"（cultus）和对祖先的"侍奉"（tendance）应有所区别，不宜混淆。英雄和祖先虽然意义重叠，但祖先受地域局限，英雄则是跨地域的。他认为英雄崇拜出现于公元前 8 世纪，且不限于英雄的家乡，因而其根源不是祖先崇拜。他认为很多英雄崇拜直接源自荷马和其他史诗的强劲影响：一个民族的文学会引发对构成其文学主体的伟大人物的实际崇拜，觉得很难相信这种论点的人应考虑基督教的圣人崇拜的演变，这与希腊的英雄崇拜是相类似的例子，是在我们的圣书故事的培植和刺激下诞生的……古老的史诗不仅给被遗忘的坟墓提供了很多名字，而且也常常为仪式提供规则。

两位学者对英雄崇拜的起源各自提出自己的主张，罗德的观点是英雄崇拜源自悠久的祖先崇拜；法奈尔的观点是英雄崇拜是在荷马史诗的影响下兴起的。究竟是祖先崇拜还是史诗影响，围绕这两种基本观点，学者们展开争论。随着时间的推移，新的论据不断被提出来，对某些问题的看法也逐渐深化。

1929 年，哈克（R.K.Hack）在其《荷马与英雄崇拜》一文中继续阐发罗德的观点，主张希腊历史时期的英雄崇拜是从迈锡尼时代崇拜死者的传统发展而来的。但他并不赞成英雄崇拜在荷马史诗中无迹可寻的论点，认为荷马史诗中不乏英雄崇拜的蛛丝马迹。英雄崇拜之所以在荷马史诗中显得匮乏，是因为荷马故意采用"拟古"手法，描述一个理想化的古昔"英雄时代"；故事中的英雄都是同辈人，彼此平等，他们之间相互崇拜显然不合时宜。他的结论是，英雄崇拜是从迈锡尼时代延续至历史时期的悠久传统，荷马的诗歌并不独立于该传统之外。❶普瑞斯（T.H.Price）继续阐发哈克的观点，即荷马史诗中的确存在英雄崇拜的证据，如奥德修斯下地府祭祀已故英雄亡灵等。但她不赞成英雄崇拜是从迈锡尼时代延续下来的古俗。她把英雄崇拜与英雄信仰区别开来：英雄崇拜可以中断，但英雄信仰能借助史诗等传说材料得以延续和传承。❷

瑞典学者马丁·尼尔森也主张英雄崇拜源自祖先崇拜，前者是公众的崇拜，后者是家族的崇拜。当祖先崇拜从家族扩展到全体公众时，英雄崇拜就产生了。祖先崇拜是对死者的服侍，但已形成惯常的固定的形式并定期地重

❶ 哈克. 荷马与英雄崇拜 [J]. 美国语言学会学报, 1929(60):57.

❷ 普瑞斯. 英雄崇拜与荷马 [J]. 历史, 1973(22):129.

复，由家族成员履行并代代延续。当这种惯常的死者崇拜与家族分离成为公众的关注点时，英雄崇拜就产生了。

格里高利·纳基（Gregory Nagy）也认为英雄崇拜不是史诗传播的结果，而是古希腊祖先崇拜的"延绵不断的遗产的强劲复兴"，是祖先崇拜在城邦兴起的社会语境下高度发展引发的转变。"祖先崇拜正是在城邦环境中发展成英雄崇拜的。"❶古希腊的诗歌传统也在城邦语境中发展，与城邦的兴起和泛希腊化趋势同步，从讲述"先祖的故事"发展为歌颂英雄的史诗。换言之，泛希腊史诗与地方性英雄崇拜都是在公元前8世纪的相同社会环境中孕育出来的。英雄的力量受地域局限，因而英雄崇拜是地方性的，这是希腊宗教的基本特征；而史诗英雄是泛希腊的，缺乏宗教性。这就导致罗德的错觉，即荷马缺乏英雄崇拜的观念，史诗中明显缺乏英雄崇拜方面的描述。❷

迈锡尼时代是否存在崇拜英雄或祖先的风俗？这种风俗是否经"黑暗时代"一直延续至历史时期呢？这是学界关注的热点，也是本书颇感兴趣的问题。如果答案是肯定的，那么，迈锡尼时代有关英雄先祖的传奇故事就有可能伴随着家族成员的祭祖传统而代代传承到历史时期。如果这种祭祖风俗不是在某家族内始终一贯地延续着，那么，有关迈锡尼时代英雄先祖的传奇故事和家族谱系就不大可能在祭祖传统中凭借家族世代传承的记忆保存下来，而只能靠史诗和传说故事等民间口头文学的传承而留传后世了。

我们首先考察迈锡尼时代是否存在祖先崇拜风俗的问题。希腊考古学家乔治·米伦那斯（George Mylonas）的考古调查显示，迈锡尼时代并不存在崇拜英雄或祖先的风俗。迈锡尼人的坟墓，如圆顶墓和石窟墓等，均属集体多人葬，其坟墓要被反复使用。早期入葬者要为新入葬者腾地方，其骸骨被重新掩埋在墓室角落或墓道的坑里；或干脆抛弃于墓道中；或被清扫开，堆在墓室角落里；随葬品也被清理掉或被顺手盗走。米伦那斯对这种不敬祖先骸骨的做法曾做如下分析：

这种对早先入葬者遗骸的不敬显示，人们觉得尽可以这样做而不必担心受到惩罚。与之形成鲜明对比的是尸体入葬时得到的精心维护和小心翼翼地堵塞门道和填满墓道的做法。"我相信只能做这样的解释，如我在研究迈锡尼人的埋葬风俗时所指出的：如果我们假定，希腊本土的晚期希腊底居民相信只要肉体存在，死者的'灵魂'就会有感知并在坟墓周围徘徊，他们就必须尊重尸体，必须供养之，必须为之献上生前属于他的心爱之物，必须将其

❶ [英]卡莱尔.英雄与英雄崇拜[M].何欣，译.沈阳：辽宁教育出版社，1998:51.

❷ [英]菲利普·马蒂塞克.希腊罗马神话[M].崔梓健，译.北京：民主与建设出版社，2018:287.

保存在墓门被墙封起的坟墓中"并填满墓道。"等到尸体化解成一堆白骨时，它就什么也不需要了，其灵魂再现的危险没有了，灵魂已经下降到永不复返的最终归宿，因而可以将骸骨扫到一边或干脆扔出去。"在少数例子中，尸骨被仔细掩埋在墓坑里；在其他例子中，它们从未受扰。但事实依然是，按照通例，早先入葬者的遗骸在无仪式伴随下被草率地处理掉。问题来了：对死者的崇拜怎能存在于如此不敬地对待祖先遗骸的民族中呢？对遗骸的极不敬重似乎显示，这些遗骸是没有意义的，这些曾被"灵魂"所拥有的遗骸是没有力量影响活人的生活的。大众所拥有的这种观念是不能导致死者崇拜的。

米伦那斯承认，迈锡尼"墓圈 A"在 LH Ⅲ 时期被妥善维护的事实显示："至少在 LH Ⅲ 时期，在迈锡尼的'墓圈'中曾履行对死者崇拜的仪式以纪念埋葬在那里的国王们。"❶但这只是对少数王室要人的尊重。"没有任何证据证明，在希腊晚期存在与家族坟墓相关联的由大众履行的对死者的崇拜。"❷米伦那斯的结论至少说明，迈锡尼时代没有明显的敬祖和祭祖风俗。那么，历史初期兴起的英雄崇拜肯定不是直接从迈锡尼时代传承下来的。

1976 年，尼可拉斯·科德斯特里姆（U.N.Coldstream）发表《荷马时代的英雄崇拜》一文，对"荷马时代"（公元前 750—前 650 年）出现在迈锡尼人古墓中的供品展开全面调查，得出英雄崇拜源自荷马史诗传播的结论，并在其名著《几何陶时代的希腊》中继续阐发其假说。他指出：公元前 750 年后，希腊本土很多废弃的迈锡尼古墓的墓室和墓道中出现新供品，显示荷马的《伊利亚特》在该时期从爱奥尼亚传播到希腊本土后，引发了当地人"对迈锡尼人先辈的新的敬意"。供品集中出现在阿提卡、彼奥提亚、阿哥利斯和美塞尼亚等地区，而在色萨利、阿卡亚、拉哥尼亚、克里特和罗得岛，则没有这种现象。科德斯特里姆认为，古风初期的人们只对那些久已废弃的豪华壮观的神秘古墓感兴趣，并产生敬意；而当荷马史诗广为流传时，人们自然会把那些无名古墓与史诗传说中的英雄人物联系起来，并加以崇拜。色萨利人和克里特人在青铜时代结束后仍继续沿用迈锡尼时代遗留的圆顶墓和石窟墓，实行集体多人葬，因而，在这些地区偶然发现一个迈锡尼古墓不会引起人们多大兴趣。因而这些地区的迈锡尼古墓中很少发现属于该时期的供品。然而，在阿提卡、彼奥提亚、阿哥利斯和美塞尼亚等地区，埋葬方式早已发生剧变：多人葬的家族圆顶墓和石窟墓早已废弃，单人葬的墓穴则流行已久。这些墓葬方式简朴地区的人们，当其想象力被史诗中的英雄故事激活

❶ 乔治·米伦那斯. 荷马与迈锡尼埋葬风俗 [J]. 美国考古杂志, 1948(52):71.

❷ 乔治·米伦那斯. 荷马与迈锡尼埋葬风俗 [J]. 美国考古杂志, 1948(52):70.

后，"任何迈锡尼时代的大墓都会被立刻称作是英雄的墓"❶。他们献上供品以表达对那些生活在古昔光荣时代的神明般的英雄种族的敬意。科德斯特里姆还解释说，这种对英雄们表达敬意的做法不仅限于迈锡尼人的后裔，多利亚人居住的阿哥利斯和美塞尼亚地区尤其普遍。"那里的统治阶级声称是赫拉克勒斯的后裔，但和已故的英雄们没有其他血缘上的联系。正像多利亚人的史诗诗人——科林斯的欧墨洛斯采用荷马的爱奥尼亚方言进行创作那样，沉迷于特洛伊战争传说的多利亚人听众也普遍对古昔的英雄业绩充满尊敬和热情。正是靠荷马的卓越天才，英雄的往昔成为所有以'希腊人'自居的人们的共同财产。"❷

科德斯特里姆也指出：这些"坟墓崇拜"（tomb cult）的对象基本上都是匿名英雄，有名有姓的英雄们则建有祠堂。祠堂建在英雄生活过的地方，但不必建在坟墓旁。重要的"英雄祠"有阿哥利斯的阿伽门农庙和特拉波涅的墨涅拉俄斯庙，两者似乎都建于公元前700年前。建庙的多利亚人与这些特洛伊战争的英雄们本无谱系上的关联，他们为之建庙的动机"必定源自特洛伊传说的传播"。这反映了某种政治动机："多利亚人的统治者们可能有意地把迈锡尼人传说里的中心人物当作他们自己当地的英雄吸收进来，从而加强对其臣民的控制。"❸科德斯特里姆也承认：雅典人对其地方英雄阿卡德墨斯的崇拜和伊萨卡人对史诗英雄奥德修斯的崇拜可能都早于荷马史诗的流行，因为这两个地区在迈锡尼时代结束后的动荡岁月里没有发生重大的人口变动；当地人一直把他们当作地方祖先膜拜，因而独立于史诗影响之外。❹法奈尔和科德斯特里姆的假说在学术界拥有广泛支持，苏黎世大学古典学教授瓦尔特·伯克特就主张："8世纪以来兴起的英雄崇拜必定直接来自当时流行的史诗影响。"❺

英雄崇拜源自史诗影响之说也面临诸多难点。首先，某些英雄的崇拜可能早在史诗流行前就已存在，普瑞斯曾为此列举出10个相关的例证。其次，围绕迈锡尼古墓展开的"坟墓崇拜"不是公元前8世纪晚期的新现象，至少可以追溯至公元前10世纪并贯穿于"黑暗时代"始终，并在城邦兴起后继续存在。美国学者卡拉·M.安托纳基奥（Carla　M.Antonaccio）不主张把"坟

❶ 乔治·米伦那斯.荷马与迈锡尼埋葬风俗[J].美国考古杂志,1948(52):71.

❷ 林玮生.中西文化范式发生的神话学研究[M].广州：中山大学出版社,2017:104.

❸ 林玮生.中西文化范式发生的神话学研究[M].广州：中山大学出版社,2017:108.

❹ 尼可拉斯·科德斯特里姆.荷马时代的英雄崇拜（"Hero-cult in the Age of Homer"）[J].希腊研究杂志,1976(2):8.

❺ [英]卡莱尔.英雄与英雄崇拜[M].何欣,译.沈阳：辽宁教育出版社,1998:60.

墓崇拜"归入真正的"英雄崇拜";真正的英雄崇拜以英雄祠(heroom)为中心,其祠堂与坟墓是分开的;公元前 8 世纪晚期能被考古确证的英雄祠只有特拉波涅的墨涅拉俄斯庙。"坟墓崇拜"主要围绕史前古墓展开,由家族成员向史前匿名先祖奉献供品,其祭献活动是零星的和偶然的,没有时间的连续性。英雄崇拜主要是供奉史诗和传说中有名有姓的英雄,其祭礼则是定期的和相对持久的。安托纳基奥因而把"坟墓崇拜"归入"祖先崇拜"范畴,她的调查结论是:

少量的早期英雄崇拜及其地点和分布并不支持荷马影响的理论,另一方面,对祖先的尊敬,在希腊的铁器时代自始至终广泛实行,并没有随城邦和英雄崇拜的兴起而消失。❶

安托纳基奥虽将"坟墓崇拜"纳入敬祖范畴,但也明确指出:早期希腊人的"坟墓崇拜"是零星的、断续的,很难想象他们对先祖的记忆能上溯三代以上。"英雄崇拜"则创造出"一个虚拟的血缘关系"。历史时期的希腊文献所记载的古老氏族以及追溯到"英雄时代"先祖的、长的谱系看来都很不牢靠,可能都是晚期杜撰出来的。

希腊学者亚历山大·马扎拉基斯·埃尼安(A.Mazarak Ainian)给出的"英雄崇拜"概念要宽泛得多。他将希腊"早期铁器时代"(公元前 1100—前700 年)的"英雄崇拜"分成三类:①围绕史前坟墓(大多为迈锡尼时代的古墓)对古代英雄先祖的崇拜,即所谓的"坟墓崇拜",最早出现于"原始几何陶时期"(约公元前 1050—前 900 年),公元前 8 世纪后期趋盛;②以英雄祠为中心的,对史诗和神话诗组中的同名英雄的崇拜,大多兴起于公元前 8 世纪后期,有些年代更早;③对离世不久的死者的崇拜,后者被奉为英雄,其坟墓或住宅成为祭祀场所。这些崇拜大多始于公元前 8 世纪后期,少量可追溯到公元前 9 世纪甚至"原始几何陶时期"。埃尼安认为,兴建这些正规的英雄祠是"城邦有意识的行为",其选址可能受到地方口头传说的影响,如在传说的英雄埋葬处或居住处建祠堂;把刚刚过世的死者奉为英雄,将其墓地和住宅开辟为祭礼场所,这种做法在早期铁器时代亦颇盛行。

埃尼安认为,公元前 8 世纪兴起的"英雄崇拜"与荷马史诗的传播存在某种关联,为史诗英雄被建祠供奉的事实提供了证据。但埃尼安提醒说,荷马史诗肯定不是公元前 8 世纪晚期才构思成的,而是在"黑暗时代"长期口头流传,其间引发某些英雄崇拜也未可知。迄至"晚期几何陶时期",史诗仍在全希腊范围内口头流传,但其听众更宽泛了。因而很有可能,为史诗和

---

❶ 卡拉·安托纳基奥. 质疑古昔:早期希腊的英雄崇拜、坟墓崇拜和史诗 [J]. 美国考古杂志,1984(98):389.

神话诗组中的英雄们修建圣祠与《伊利亚特》和《奥德赛》之类的史诗作品的流传紧密关联。同样地，围绕新去世者的坟墓展开的英雄崇拜肯定也更加受到此种文学传统的新激励。可以认为，荷马的故事与赫西俄德所谓的人类第四代的说法部分地源自对晚期青铜时代末期和"黑暗时代"早期的杰出人物的朦胧记忆。或许也就是从这时起（公元前8世纪中期以降），希腊人开始完全意识到，自迈锡尼文明崩溃后度过的漫长岁月最终深深地影响到他们的宗教信仰；也就是在那时，他们首次体验到与祖先们的"距离"感，正是这些先辈们建造了迈锡尼和梯林斯的令人印象深刻的防御墙，并把死者埋葬在他们的蜂房墓和石窟墓里。可能有意义的是，在那些从青铜时代至铁器时代不间断地连续发展的地区，如克里特，人们并不特别迫切去推崇那些杰出的神话祖先和英雄们……然而，在连续性不那么强的其他地方，个人或群体则对"英雄的"往昔非常感兴趣。

"黑暗时代"对迈锡尼时代古墓的崇拜，即对匿名英雄先祖们的崇拜，以及对离世不久的著名死者的崇拜，显然与该时代的敬祖风俗紧密关联，也受到地方英雄传说的影响。由于地方英雄故事在民间长期流传，神话中的英雄们也是民众敬仰和膜拜的对象，有些甚至被建祠供奉。迄至公元前8世纪后期，由于荷马史诗在希腊的广泛传播，其影响深入人心，史诗英雄们成为新时代的宠儿，成为家喻户晓的人物，而新兴城邦也面临着创建公共崇拜的社会需要，因而极力倡导，一时间为史诗英雄们兴建祠堂蔚然成风。某些无主的古墓也和传说的英雄们相附会，成为英雄崇拜的场所。然而，我们很难将"黑暗时代"的敬祖风俗上溯至迈锡尼时代，因为考古证实，迈锡尼时代对祖先骸骨的处理颇为不敬，并不存在明显的祖先崇拜迹象。"黑暗时代"出现的敬祖风俗可能源自当时的希腊人对已逝的迈锡尼文明的朦胧记忆和仰慕，这种朦胧记忆是通过民间流传的神话和英雄传说形式延续的，而且迈锡尼文明的物质文化遗迹仍然残留在地面上。迈锡尼时代的古墓和其中精美的陪葬品也不断被发现，这无疑激发了"黑暗时代"居民对祖先辉煌成就的浪漫想象和敬意，但也难免自惭形秽，为生在"黑暗时代"而哀叹，这种对祖先的羡慕和敬仰发展到公元前8世纪后期达到了高潮。

"黑暗时代"的"坟墓崇拜"是某些家族对迈锡尼古墓中的不知名的英雄先祖的零散和偶然的祭奠活动，并不存在连续持久的家族祭祖活动；而且，在文盲的"黑暗时代"，记忆很难延伸三代以上，因而很难想象某个家族能维持连续和持久的家族史和谱系记忆。因而我们不能指望迈锡尼时代的历史或传说能够通过家族对祖先和谱系的连续记忆而延存到历史时期。

第二节　古传英雄故事中的"英雄"

古人和今人都崇拜英雄，羡慕英雄并渴望成为英雄。但英雄的形象和事迹在历史上和现实中却是千差万别的。在古代的文学作品中，创作者按照人们心目中理想的英雄形象和标准去塑造故事的主人公，形成一种英雄模式。这种英雄模式当然不是千篇一律的，而是与创作者所在的社会环境紧密关联。由于古代社会各民族发展水平、伦理观、价值观和具体的生活环境都有所不同，其英雄人物的塑造也就各有差异。尽管如此，古传故事（traditional tales）中的英雄模式仍存在某种共性，这种共性可大致归纳如下：他们是凡人，却有超人的能力和禀赋；大多有高贵的血统，有着非凡和奇特的出生；成年后接受各种艰难考验，努力去建功立业；他们可能获得成功，也可能是失败者；他们的结局未必幸福，但他们都竭尽所能去追求自己的目标，最终赢得了不朽的荣耀。克西尔·鲍拉（Kehir Paula）在其名著《英雄诗歌》中曾这样概括史诗英雄的典型形象：

英雄是实现人类愿望的斗士，即突破人性弱点所难以承受的阈限，去追求更完整、更有活力的生命；不遗余力地追求自信的男子气概，即不被任何困难所吓倒，即使失败，只要竭尽所能，就心满意足了。

古传英雄故事中的英雄形象也是发展演变的。在较原始的社会，人类的世界观受各种超自然的神秘力量的束缚，祭司和巫术主宰着人们的精神生活。因而在口传诗歌中，英雄常常被塑造成巫师，其能力体现在对超自然力量的驾驭上。他们利用巫术而不是人自身的力量去建功立业，赢得荣誉。这种巫师型的英雄在芬兰史诗《卡勒瓦拉》中非常典型，他们不是靠力量和勇气取胜的武士，而是斗智斗法的巫师。但随着社会的进步，人类对超自然力量的无名恐惧减弱了，对自身力量的信心增强了，原始的萨满型世界观就被富有人本主义精神的英雄世界观所取代，于是出现了英雄史诗中的那种典型英雄形象，正如鲍拉所指出的：

英雄只是在力量的程度上有别于他人。在绝大多数英雄诗歌中，英雄们只限于人，即便他们超越了人的一般局限，即使英雄掌握了超自然力量并因之使人生畏，也无法取代其本质上的人的禀赋。英雄令人羡慕的主要原因是：他拥有很多别人所匮乏的禀赋。当大众只把关注焦点置于人的禀赋而非人所掌握的巫术力量时，英雄史诗就出现了；而且，尽管英雄在人们的观念中仍保留着某些早期世界观的残迹，但人们羡慕他是因为他合乎新的标准，

这种标准为那些品质卓越的人确立了更高的价值观，而人们在某种程度上都具备这种品质。

伟大的英雄生而不凡，血管中流淌着神的血液。苏美尔英雄吉尔伽美什（Gilgamesh）是女神宁苏恩（Ning Suen）之子，"三分之二是神，三分之一是人"。古希腊传说中的英雄常被描述为"宙斯之子"或"神的后裔"。从摇篮到坟墓，英雄总是伴随着奇迹出现。他们有着不凡的出生，降生时常有奇异征兆，即使被父母抛弃也能奇迹般地获救。他们在婴孩时就有不俗表现，如摇篮中的赫拉克勒斯曾徒手扼死两条毒蛇；成人后更是勇武异常，心智、臂力和精力均超乎常人。他们都有强烈的使命感，渴望冒险，建立功勋，追求荣誉。显示超人的力量，追求不朽的荣誉是英雄们的最高奋斗目标。忒提斯女神为儿子阿喀琉斯摆出两条可供选择的人生道路：或战死于特洛伊而获得不朽声名，或留在家中度过漫长而不光彩的暮年。他曾犹豫过，但最后还是毅然决然地选择了前者。❶英雄们宁肯光荣地赴死，也不愿羞辱地偷生，这就是英雄的荣誉观和价值观。英雄为之奋斗的事业可以是充满神幻色彩的，也可以是历史的和现实的。他们凭借膂力、意志、勇气和智能战胜野兽、妖魔、强盗、各种幻化的自然和社会力量，或是比较现实的入侵者、敌国军队和异教徒，并常常得到神明的襄助。他们是蛮力的征服者、战胜死亡的人、造福人类的文化英雄、保护人民的救星、忠君爱国的武士、伟大的民族英雄或殉教者。他们的结局并不总是幸福的，如赢得公主或王位等，常常是灾难性的，有些是注定难逃厄运的。他们也常常自我意识到这种厄运的降临，但为了捍卫和追求荣誉，却坦然面对，知不可为而为之。他们总是死得轰轰烈烈，充满英雄主义气概和震撼人心的悲剧效果，在道德和经验方面也有垂训后世的价值。

古代文学作品中的英雄们，其思想和行为遵循一套所谓的"英雄准则"。他们的生活目标、行为规范、荣辱观和价值取向带有古朴粗放的时代特征。他们的基本生活目标就是追求荣誉，炫耀武力，显示男子气概，个人的荣辱高于一切，甚至重于生命！历史学家摩西·芬利曾对"武士文化"做如是评述："武士"和"英雄"是同义词，构成武士文化主旨的基础有二，即勇武和荣誉。前者是英雄的基本素质，后者是其基本目标。一切价值、判断、行为、技艺和天赋，无非是解释何为荣耀，或是博取荣耀之手段，甚至生命本身也无碍于此……为了荣誉甚至可以献出生命。

在比较原始的英雄世界里，如荷马的世界，劫掠其他民族的城市和财

❶ 吉尔伽美什：巴比伦史诗与神话 [M]. 赵乐甡，译. 南京：译林出版社，1999:5.

富，获取和分配战利品是无可厚非的英雄行为，并不受道德谴责；攻陷城池，将城中男人尽皆屠戮，使妇女儿童沦为奴隶，亦属无可指摘之通例。赠送礼物必图回报；释放俘虏索要赎金都是再正常不过的行为。残酷的杀戮被视为勇武的表现，狡猾欺诈被当作智能歌颂。荷马的英雄不懂得尊重妇女权益，罗兰伯爵也不懂得宽待异教徒。我们今天的行为准则和价值观常常不能适用于古代英雄，他们有自己的生活目标和准则，带着各自时代的古朴特征。

依靠古代文学资料提供的信息，我们对古人的英雄观念已有大致了解。传说的英雄有些是虚构的，有些则有历史原型；英雄故事本身也常以真实的历史事件为基础，并曲折地反映古代风俗制度、宗教仪式和观念，同时与故事赖以产生的社会现实紧密关联。

第三节　古希腊的英雄与英雄崇拜

一、古希腊的英雄

对古希腊人而言，英雄既是文学人物，又是历史人物，还是民众膜拜的宗教人物。他们大多属于史诗或传说中的人物，但也被认为历史上实有其人。他们生活于古昔的"英雄时代"，是非凡的死者；虽为凡人，却有部分神族血统；具备超人的禀赋、力量和勇气；曾建立非凡功业，令后人景仰；因而被诗人赫西俄德称作"半神"，并把他们描绘成宙斯创造的第四代人类，一个高贵的种族，即"英雄种族"。他们介于"青铜种族"和"黑铁种族"之间，最后毁灭于残酷的忒拜战争和特洛伊战争。历史时期的希腊名门望族以著名英雄的后裔自居，把他们当作直系祖先膜拜。城邦兴起后，英雄崇拜走出家族或氏族的藩篱，成为城邦全体公民的崇拜对象；甚至超越地域，成为泛希腊的英雄。历史时期的非凡人物死后也常常被尊为英雄，受到供奉，如伟大的立法者、政治家、创建新殖民地的领袖人物、泛希腊赛会的优胜运动员和某种神圣制度的创立者等。

古希腊的英雄是凡人而不是神。神是永生的，而凡人是必死的。但在实际例子中，两者的界限并不清晰。他们在主体上应属于传说时代的"英雄种族"，但历史时期的真实人物也常被奉为英雄，接受英雄式的祭礼。路易斯·法奈尔曾将古希腊的英雄划分为七种类型，并具体表述如下：

第一，祭礼型的"英雄神"（hero gods）或"女英雄神"（heroine

goddesses）。他们是传说中的英雄或女英雄，也是被崇拜的对象，其名号或传说都显示出与宗教崇拜的关联。他们在此时此地被当作神明崇拜，彼时彼地则被奉为英雄。他们的事迹或纯粹地或部分地属于神祇神话，或纯粹地或部分地属于史诗英雄类型的故事。这类介乎神、人之间的角色最初究竟是凡人被升格为神，还是神灵被降格为人，即所谓的"隐退的神"（faded gods）。从法奈尔给出的例子看，这类"英雄神"或"女英雄神"均源自史前崇拜的下界的或生殖方面的神灵：如阿米克赖的美少年许阿铿托斯，被阿波罗的铁饼误中致死，死后化作"风信子花"，在"许阿铿托斯节"上受祭拜。他的前身明显是位植物神或精灵。女英雄欧罗巴和阿里阿德涅的名号均表明，她们的前身是米诺大女神。

第二，领有神职的英雄或女英雄，在传说中充当某位神祇的祭司或侍从。这类英雄人数不多，没有迹象表明他们是"被贬抑的神"。希腊人可能习惯于把英雄称号赋予某位祭司或宗教祭礼的创建者；或是某个氏族将其所垄断的祭礼的创建归功于某位虚构的名祖。法奈尔列举数例，如特洛伊的英雄埃涅阿斯，即崇拜阿芙洛狄忒女神的埃涅阿代氏族（Aeneadae）的名祖，以及阿耳忒弥斯的女祭司伊菲革涅亚（Iphigenia）和神谕的先知安菲阿劳斯（Anfi Alous）等，此不详述。

第三，既是英雄，同时也是神，具有世俗性的传说故事，在祭礼上兼有英雄和神的特征。法奈尔给出的三位典型英雄是：赫拉克勒斯、狄奥斯库里兄弟和神医阿斯克勒庇俄斯（Asclepius）。

第四，文化或功能性的英雄们，指希腊宗教中某类崇拜对象（cult-figures），不具备实质性专有称谓，只有描述性绰号，说明其狭窄功能或其魔力适用领域。他们通常没有相伴的传说故事或家谱，属于形单影只的角色，似在表征某种自然或社会力量，如"带来谷物丰收的英雄""犁铧英雄""豆子英雄""好礼物赐予者""孩子的保姆""漂亮子女的赐予者"等。

第五，史诗和传说故事中的凡人英雄们，如阿喀琉斯、埃阿斯（Aias）、阿伽门农、奥德修斯、俄狄浦斯、柏勒洛丰、赫克托耳和忒修斯等。他们是真正意义上的英雄，在希腊各地享受英雄的祭礼，虽有神的血统，但却是必死的凡人。

第六，家族、氏族、部落、村镇和地域的名祖英雄，多数明显是晚期虚构的，但也不尽然，如伯罗奔尼撒的名祖珀罗普斯和彼奥提亚南部的卡德美亚人的名祖卡德摩斯等。

第七，历史时期被奉为英雄的真实人物。他们是立法者、政治家、阵亡武士、战争英雄、诗人、运动员和殖民地创建者等。例如，斯巴达人崇拜立

法者来库古（Lycurgus），尽管其历史性至今存疑；雅典的立法者梭伦也在萨拉米斯岛享受英雄祭礼。温泉关战役中最勇敢的两位斯巴达武士阿尔菲俄斯和马龙被斯巴达人立庙供奉；马拉松战役的雅典阵亡者也受到祭拜。斯巴达将军伯拉西达被安菲波利斯人当作英雄祭奠。著名的文学家也在各地受到崇拜，如荷马在斯慕耳纳，赫西俄德在俄尔科墨诺斯（Orchomenus），萨福在勒斯博斯岛，品达在德尔斐，索福克勒斯在雅典等。伟大的竞技家提阿哥尼斯则在家乡塔索斯岛受到英雄式崇拜。雅典刺杀僭主的两位贵族青年也被雅典人奉为英雄。雅典的老米尔提阿德斯，色雷斯克尔索尼斯半岛的雅典殖民地的创建者，也在当地受到膜拜。

二、古希腊的英雄崇拜

希腊人敬畏英雄，是因为相信他们死后仍有能力影响活人的世界：

当他在世时，其品性、影响或人格是如此之强大，或是他死得不同凡响，以至于其灵魂在死后也被认为具有超凡力量，有资格受到崇敬和抚慰。

古希腊人相信，英雄们的亡灵有能力影响他们的生活。当亲族、后代和城邦处于危难时，英雄们的灵魂总会挺身相助。然而，这种观念与荷马的灵魂观差异很大。按照他的描述，死者的灵魂（psyche）不分贵贱，通通被灵魂牵引者赫耳墨斯引领到冥王哈得斯统辖的地府。他们是不具实体的飘忽的影像，虚弱得连说话和思考的能力都丧失了，只在饮用祭牲之血时才能暂时恢复讲话和思考的能力。这种鬼魂怎能对人世间施加强有力的影响呢？冥府是有去无归之所，人鬼殊途，阴阳两隔，两个世界互不相扰，诚如瓦尔特·伯克特所言：

灵魂的观念和来世的图景都与生死两界的截然划分相吻合。生者不是活在死者的怜悯之下；影像是没有力量和意识的。没有对鬼魂的恐惧，没有对尸体腐坏的想象，没有死者遗骸的喊喊之音同样也没有慰藉和希望。

荷马的观念和民间的宗教观念显然有着很大的距离。前者摆脱了对鬼魂世界的恐惧，似乎代表着希腊人乐观进步的精神。厄尔文·罗德认为，荷马反映了爱奥尼亚人殖民地的灵魂观，不是希腊本土的民间信仰。与近东宗教的比较显示，荷马的观念可能受到古巴比伦人和迦南人的来世观念的影响，后者描述的地府是没有阳光的黑暗世界、寂静无声的世界、失去记忆的世界、布满灰尘的世界，鬼魂们食泥土，饮浊水，虚弱乏力，景况凄惨。

英雄崇拜有其特定的祭礼场所，或为英雄墓，或为英雄祠。坟墓多为迈锡尼时代遗留的古墓，被后代希腊人视为古代英雄的墓。当地人时常拜谒这

些古墓，献上供品。这种崇拜被称作"坟墓崇拜"，墓主多为匿名英雄，有些则与传说的英雄相附会，如厄琉西斯（Eleusis）的一群迈锡尼古墓，被当地人视作攻打忒拜的"七雄"之墓。不管墓主人是否匿名，历史时期的希腊人对之敬畏有加，视之为英雄先祖的坟墓。另一类崇拜则围绕英雄祠展开。英雄祠的规模和豪华程度远逊于神庙，其选址也未必靠近古墓，但希腊人却把英雄祠等同于英雄的坟墓，认为英雄祠是供奉英雄骸骨之所。其实，很多英雄祠只有伪造的"衣冠冢"或"空冢"，有些则供奉着"回迁"的英雄"骸骨"，因而成为名副其实的坟墓。

把英雄祠和英雄墓等同看待反映了古老的民间信仰：坟墓是英雄魂魄的居所，而英雄只保护其坟墓所在的地区和国度。客死异乡的英雄，坟墓不在本国，就很难履行守土护家之责，因而必须设法寻获并"回迁"其骸骨，使其落叶归根。

回迁骸骨的事例在希腊历史时期屡见不鲜。斯巴达人从忒革亚秘密迁回英雄俄瑞斯忒斯的骸骨，以确保其在战争中战胜对手忒革亚；雅典人亦将民族英雄忒修斯的骸骨从斯库罗斯岛迁回雅典，立庙供奉。如果英雄的遗骸无迹可寻，就建立一个衣冠冢，履行相应的祭祀仪式，亦可赢得英雄的护佑。

在祭祀方面，每位英雄在宗教年历上都有特定的祭日英雄祭（enagismos）与祭祀下界神灵和鬼魂的仪式相似，但与"天神祭"形成对照。祭祀天神要在白天举行，但祭祀英雄却要在黄昏或黑夜举行；祭祀天神要设祭坛，祭祀英雄则无须祭坛，只需在地上掘祭坑（thusia），以便让祭牲之血渗入地下以饲亡灵。祭牲要选深色皮毛的动物，祭祀完毕要在坑旁烧掉，不能食用。某些祭祀场合还举办纪念英雄的祭祀餐，邀请英雄与生者共享之。在荷马史诗《奥德赛》中，女巫喀耳刻曾传授奥德修斯祭祀亡灵之法：首先在地府入口处掘一方坑，继而在坑旁行奠酒礼，分别以掺蜜的奶、葡萄酒和水祭奠，最后撒些麦粉；然后向亡灵们祈祷许愿；随后祭杀黑色雌雄绵羊各一只，使其血液流入坑中；最后将祭牲剥皮焚献，向诸神祷告，向冥王夫妇祈祷。

对人的神化产生于公元前8—前6世纪希腊社会由氏族向城邦国家过渡时代。最早受到神化的是传说中的或半传说关于历史的人物，如希罗多德和普鲁塔克都记载：斯巴达的奠基者来库古在有生之年被德尔斐神庙称为神，死后享有神的祭礼。赫西俄德在《神谱》中也指出一些凡人因与神结婚而成为神。这一神化是英雄崇拜延伸的产物。

英雄崇拜设立于公元前8世纪，将部落的祖先与神话中的英雄相挂钩，

将祖先崇拜演化为英雄崇拜，打破了血缘关系的限制，扩大了影响，成为城邦爱国主义的源泉和公民群体团结精神的体现。直接为神话英雄设立的崇拜有迈锡尼和斯巴达的阿伽门农祭礼、斯巴达的美尼斯祭礼和海伦祭礼以及厄琉西斯的七将攻忒拜祭礼。将神话中英雄根据现实需要而加以改造的崇拜有：①雅典的忒修斯，他是特洛伊战争前的英雄，但雅典人却因他统一雅典而奉他为"半神"。②城市的建立者，他们的名字往往与城邦名字契合，如科林斯和科林托斯，梯林斯的提林托斯等；与其同时英雄崇拜开始了延伸，一方面是一些半传说半历史的人物成为英雄：一是优秀的人物，如阿尔哥斯的克列欧毕斯和比顿兄弟；二是在文化领域做出重大贡献者，如歌手俄耳甫斯和诗人荷马等。一般的英雄是分属于各城邦的，对他们的崇拜是希腊分裂割据在宗教上的表现。文化英雄是属于全希腊的，是希腊文化统一的反映，是希腊精神的集中体现。这些凡人成为英雄意味着英雄与凡人之间的界限被打破。另一方面，英雄与神之间的鸿沟被跨越。赫拉克勒斯完成十二伟业后进入天国并与赫柏结婚，狄奥斯库里兄弟二人是轮流生活在天国中，伴随他们的父亲宙斯。阿斯克勒庇俄斯被奉为医神，最早在厄庇多洛斯，随后传遍希腊，但他不似前二者生活在天国中，而是出现于凡人中。品达称他们为"英雄—神"。这一崇拜实质上是天神崇拜和英雄崇拜结合的变种。由上述可见，英雄崇拜通过自身的延伸，先后消解了与神、人之间的界限，英雄可以成为神，凡人也可以成为英雄，这就使得半传说和半历史的人物开始成为神。品达忽视了人成为神这个事实，可能是当时事例少，没有获得普遍认同。

公元前5世纪，历史人物开始成为神，历史人物成为神的前提是英雄崇拜的进一步延伸。

一些历史人物开始成为英雄：①城邦的建立者，如安菲波里的哈格农①；②对城邦做出重大贡献的人物在死后可以享有英雄祭仪，如在马拉松和普拉提亚战役中阵亡的希腊人；安菲波里在公元前422年因与雅典作战，废除其创立者雅典人哈格农的祭仪，立其"救星"斯巴达的伯拉西达为殖民地的创建者，设立英雄祭仪。③按神谕的要求为某一重要人物设立的英雄崇拜，如欧涅西洛斯和西蒙分别是玛尔图斯人和基提昂的敌人，后来玛尔图斯人为获得好运气，基提昂人为了消除瘟疫和饥荒而按神谕要求为他们设立英雄祭礼；阿斯蒂帕勒亚的克勒奥墨德斯是一个杀人的疯子，消失于避难的寺庙，根据德尔菲的神谕设立祭仪。历史人物成为英雄为他们进一步成为神做了准备。

公元前5世纪后半期，历史人物开始作为神，而不是英雄受到崇拜。公元前434—433年，伯里克利在向萨摩斯战役中阵亡的将士致祭时，称赞"他

们是像神一样不朽的"。他说："我们虽然看不见神，但是从他们所受的崇敬，从他们赐给人类的福祉，我们可以断定，他们的确是永生不朽的。'他说，"为祖国捐躯的人们，也正是这样的"。④伯里克利的话表明，普通人通过他们的奉献可以获得神性，享受神一样的祭祀。

在古典希腊，行使政府职能的权力主体是以合议制机构的形式出现的公民集体，希腊人文主义思想的发展也未能摆脱权力神赐的观念，希腊人认为，政府的权力来自本邦庇护者，即神和英雄的恩赐。因而对神和英雄的崇拜实质上是对城邦公共权力的神化，属于城邦的公众事务，英雄及其家族与政府权力没有什么关系。为了防止对公共权力的神化转化为对个人权力的神化，凡人只有在死后才能成为英雄或神。

第四节　古希腊的英雄谱系

一、古希腊神话的起源及谱系

意大利历史学家维柯说："一切野蛮民族的历史都是从寓言故事开始的。"古希腊神话，以《神谱》为标志，包括著名的荷马史诗和众多的英雄传说，博大精深，内涵丰富，并系统地向我们展示了希腊由氏族直接进入铁器时代，人由自然人逐渐过渡到社会人的历史进程。既是氏族公社向奴隶制过渡的时代缩影，又承载着丰富的历史信息，为我们解读希腊思想的发展轨迹，留下了珍贵的标本和素材。在古代世界和意大利文艺复兴时影响较大，成为西方文化的渊薮，备受马克思的推崇，被誉为"不只是希腊艺术的武库，而且是它的土壤"。

古希腊神话，以平民诗人赫西俄德的《神谱》为标志，以奥林匹斯山神系为归宿，把诸神纳入一个单一的神系，完成了希腊神话的统一。"近代以来学者倾向于认为，赫西俄德的生活和创作的时代在公元前 8 世纪上半叶。"❶这个时期，海外殖民方兴未艾，希腊完整的科学思想尚未出现，正处于民族上升时期，因此，据《神谱》为蓝本研究神话可以更准确地把握希腊民族的精神风貌，具有典型意义，符合历史真实。

赫西俄德在《神谱》中向我们描绘了诸神的产生。创世之初，大地一片混沌。"最先产生的确实是卡俄斯（混沌），其次便产生盖娅——宽阔的大地，

---

❶ [英] 罗伯特·A. 西格尔. 心理学与神话 [M]. 陈金星，主译. 西安：陕西师范大学出版总社, 2019:37.

所有一切（以冰雪覆盖的奥林匹斯山峰为家的神灵）的永远牢靠的根基，以及在道路宽阔的大地深处的幽暗的塔耳塔洛斯、爱神厄罗斯——在不朽的诸神中数她最美，能使所有的神和所有的人销魂荡魄，呆若木鸡，使他们丧失理智，心里没了主意。……大地盖娅首先生了乌拉诺斯——繁星似锦的皇天，他与她大小一样，覆盖着她，周边衔接。大地成了快乐神灵永远稳固的逗留场所。大地与海生了绵延起伏的山脉和身居山谷的自然女神，以及波涛汹涌、不产果实的深海蓬托斯。后来大地和广天交合，生了涡流深深的俄刻阿诺斯、科俄斯、克利俄斯、许佩里翁、伊阿佩托斯、忒亚、瑞娅、忒弥斯、谟涅摩西涅、以及金冠福柏和可爱的忒修斯。他们之后，狡猾多计的克洛诺斯降生，他是大地盖娅所有子女中最小但最可怕的一个。"❶

天神乌拉诺斯为主系，最为繁盛，但克洛诺斯成了他命运的终结者。在地神盖娅的授意和帮助下，结束了天神的统治。"广大的天神乌拉诺斯来了，带来夜幕，他渴求爱情，拥抱大地盖娅，张开肢体整个覆盖了大地。此时，克洛诺斯从埋伏处握着那把有锯齿的大镰刀，飞快地割下了父亲的生殖器，把它往身后一丢，让它掉在他的后面。"❷

在古希腊神话中，神是以具有生的功能而居于神位的。他的统治地位的标志和法宝就是他的生殖器官，一旦失去，就象征失去了神的统治权。就这样克洛诺斯不辱使命，把父神乌拉诺斯赶下神坛，揭开了希腊神话"造神"与"换神"运动的序幕。

继而，又有两位小神降生。他们虽名不显赫，却对后期的希腊芸芸众生意义非凡，那便是竞争神和胜利神。"大洋神之女斯提克斯与帕拉斯结合，在内室生下了泽洛斯（竞争神）和美踝的尼克（胜利神）"，昭示着今后神坛君位之争的惨烈。登上王位的克洛诺斯心中并不安宁，"因为克洛诺斯从群星点缀的地神盖娅那里知道，尽管他很强大，但注定要为自己的一个儿子所推翻。克洛诺斯因此提高警惕，注意观察，他把自己的孩子吞到肚里"。❸

道高一尺，魔高一丈。出生这一关，并没有难住来者宙斯。宙斯出生后，母亲瑞娅在地母盖娅的帮助下，用襁褓的石头骗过克洛诺斯，使宙斯躲过出生这一劫。母亲瑞娅把宙斯藏在克里特岛的一个山洞里，在两个仙女哺育下，他很快长大成人。后来靠地母盖娅的帮助，迫使克洛诺斯把吞下的五

❶ [英]菲利普·马蒂塞克.希腊罗马神话[M].崔梓健,译.北京:民主与建设出版社,2018:9.

❷ [美]依迪丝·汉密尔顿.神话[M].刘一南,译.北京:华夏出版社,2010:170.

❸ [英]菲利普·马蒂塞克.希腊罗马神话[M].崔梓健,译.北京:民主与建设出版社,2018:121.

个儿女都吐了出来。宙斯联合兄弟姐妹，在奥林匹斯山上筑起堡垒，同父亲和提坦巨神开战。战争进行 10 年之久，最后盖娅要宙斯从大地底层塔耳塔洛斯放出了三个独眼巨神库洛克普斯。他们每人送给宙斯一样武器——雷、电、霹雳，宙斯因此成为司雷、电、霹雳的神，并凭此法宝战胜了克洛诺斯和提坦巨神，把他们关进塔耳塔洛斯。

然后宙斯和波塞冬、哈得斯抓阄分管世界，宙斯掌管天空与上界，为天神；波塞冬掌管大海，成为海神；哈得斯掌管下届界土，为冥王。自此，构成了希腊神话中神谱系的主要脉络。

二、英雄谱系的构建

无论是祖先崇拜的传统，还是史诗传说的强劲影响，总之，在历史初期，当城邦兴起，古希腊的经济和文化开始复苏之际，英雄崇拜已经蔚然成风。人们把迈锡尼时代遗留的古墓想象为古昔匿名英雄的坟墓，或是某位传说英雄的坟墓，或为有名有姓的史诗英雄兴建祠堂，并将之等同于英雄骸骨的埋葬地，虽然祠堂大多只是些衣冠冢，并非真正掩埋骸骨的坟墓。史诗和传说中的英雄有了自己的祠堂和坟墓，就变成了实实在在的历史人物，被奉为希腊各家族的祖先和城邦的保护者。在贵族寡头当权的时代，每个有声望的家族都很重视谱系的建设，试图将家族的世系追溯到古昔的"英雄时代"，与史诗和传说中的英雄人物套上亲缘关系，并最终追溯到某位神祇，从而光耀门庭，显示其高贵的血统，强化其社会地位。为迎合贵族家族的需要，诗人和早期史话家们开始帮助他们构拟家族谱系，并将这些谱系相互联结，形成庞大的谱系网。谱系把古昔的英雄与现实中的每个贵族家族联系起来，同时，也借助这些谱系，把希腊英雄传说的每个部分彼此联结起来，形成一个有机整体。正如古典学学者弗里茨·格拉夫（Fritz Graf）所形容的，希腊的英雄故事不再是"一个个独立的悬挂的永恒实体"，而变成"大拼图上的一块块板块"，"链条上的一个个环节"，而将驳杂的传说故事串联起来的链条就是谱系。因而，并不夸张地说，谱系是希腊神话的骨架，犹如大树的枝蔓，每条树干上都枝叶繁茂，都能引出丰富有趣的英雄故事。

谱系可能保留着某些家族的真实回忆，但这种回忆不可能追溯得很远。很难想象历史时期的希腊家族能记住绵延几个世纪的家谱，何况这种家谱还要跨越数百年无文字的"黑暗时代"，最终与青铜时代的某位英雄先祖衔接起来。很难想象文盲时代的家族谱系能准确地世代传承。古典时期的少数显贵家族可能保留着较长的谱系，能上溯十数代人；若按每世纪三代人计算，至多上溯至公元前 10 世纪，几乎不可能与迈锡尼时代的历史人物续上亲

缘关系。谱系中较晚近的几代或许尚能保留某些真实的历史记忆，但越往前追溯，其可信性就越差，人为编造的成分就越明显，最后肯定要同泛希腊传说中的某位英雄续上血缘关系，并最终追溯至某位尊神。从古典作家的记述中，我们可以了解到某些显贵家族的谱系，如雅典历史学家佩里基德斯讲述的菲莱俄斯家族（Philaedae）。该家族的成员老米尔提阿德斯，即指挥马拉松战役的雅典将军米尔提阿德斯的祖父，曾将其世系向上追溯了十三代，直至名祖菲莱俄斯（Phikeus）。传说菲莱俄斯是荷马英雄埃阿斯之子，忒拉蒙之孙，宙斯之曾孙。他与老米尔提阿德斯之间的十二代祖先不过是个乏味的名单，但真正的历史记忆必定从名单中的某位祖先开始，而早于他的祖先必定是虚构的，其旨在和史诗英雄套上亲属关系。希罗多德记录的斯巴达两王族的谱系堪称希腊最古老的家谱，这两个家族谱系分别从希波战争时期的斯巴达国王列奥尼达和列奥提基达斯算起，各自向上追溯十四代至两王族的名祖阿基斯（Agis）和欧瑞丰（Eurypon）；再追溯六代至始祖赫拉克勒斯。如果假定列奥尼达生于公元前 520 年（战死于公元前 480 年温泉关战役），按每世纪三代人推算，这两位名祖不过是公元前 10 世纪的人物，始祖赫拉克勒斯在公元前 1186 年才刚刚出世。此时的希腊世界正处于迅速衰败中，迈锡尼宫殿文明已经瓦解。赫拉克勒斯此时降生可谓生不逢时，按照传说，赫拉克勒斯死后才爆发特洛伊战争，此时的希腊已经分崩离析，怎能组织大规模的远征？看来，靠谱系推算传说年代，结果必定荒唐，因为谱系本身就不可靠，其早期部分必定是伪造的。

我们必须清醒地意识到，编造谱系的真正目的不是为了延续家族史的记忆，而是另有用途。谱系对家族、城邦乃至希腊民族都有非常实际的功用和重要的意义。贵族为炫耀其门庭和高贵血统，满足虚荣心，巩固其社会地位，会不遗余力地编造谱系，并得到诗人和历史学家们的协助；诗人们会借助谱系建立神话的年代体系，并借助谱系将零散的神话凝聚成一个整体。历史学家也关注谱系，因为谱系可以帮助他们推算传说人物与事件的年代，把朦胧的"英雄时代"与历史时期衔接起来，把神话变成可供考察的"历史"。当然，编造谱系还有更重要的社会功用，即加强部落、城邦乃至全民族的凝聚力，为希腊的族群、方言和政治划分提供依据。

总之，谱系是古希腊历史时期的家族、部落、方言和政治集团出于功利目的而编造的，其服务于社会的现实功能非常明显，也是诗人和历史学家对神话进行系统整合的重要手段。谱系是为当代社会服务的，因而很难保存有价值的古史信息。

三、谱系的推算

给传说的古史建立确定的年代体系是古希腊史家的一项重要工作，反映了古希腊人历史意识的强化。他们的愿望固然美好，但其结果的科学性却令人怀疑，因为他们推算年代的依据——谱系是非常成问题的。在下文中，笔者主要分析希腊史家的年代推算方法，同时对斯巴达王族谱系的可靠性进行考察，据说希腊史家们大多是按照这个谱系推算年代的。

谱系是希腊史家推算传说事件和人物的绝对年代的依据，一般的方法是按每代人的平均年数推算时间。此种方法并无准确性可言，因为谱系本身就不可靠，各家族世系中较古老部分一般都是伪造的。希罗多德曾推算英雄赫拉克勒斯早于他900年，如果希罗多德是在公元前440年左右写成他的史书，那么，赫拉克勒斯的生活年代就在公元前1340年左右；他还说森林之神潘是奥德修斯之妻佩涅洛佩与神灵赫耳墨斯所生之子，早于他800年，但稍晚于特洛伊战争，因而，特洛伊城的陷落年代大约在公元前1250年。❶

希罗多德推算年代的方法是古典学界感兴趣的问题。德国古典学学者爱德华·梅叶估计希罗多德是根据斯巴达王表按每代40年推算出来的。如果斯巴达国王列奥尼达的出生年代为公元前530年，按每代40年上溯20代至赫拉克勒斯，那么赫拉克勒斯的出生年代就在公元前1330年。如果希罗多德的成书年代被置于公元前430年，那么赫拉克勒斯正好比他早900年。

英国古典学学者约翰·弗斯狄克（J.Forsdyke）也有类似看法，认为希罗多德是根据斯巴达王表按每代40年来推算赫拉克勒斯和特洛伊陷落的年代的，他分析了希罗多德推算特洛伊陷落年代的可能方法：希罗多德据说出生于公元前484年，大约在公元前440年创作其史书，当时的斯巴达国王是普雷斯托阿纳克斯和阿尔基达摩斯二世。他从这两位国王向上追溯，凡十八世至"回归"年代，每世40年，共720年。又根据希腊人通常的看法，即特洛伊战争早于"回归"两代人，因而再加上两代80年，正好是800年。

苏黎世大学的瓦尔特·伯克特教授对上述说法提出质疑，认为希罗多德按每代40年推算的说法纯属臆断。希罗多德推算赫拉克勒斯的年代不是依据斯巴达王表，而是根据伪造的吕底亚王表。希罗多德对特洛伊陷落年代的推算同样不足为据，根本不能自圆其说。按希罗多德的推算，赫拉克勒斯应生活在公元前1330年，特洛伊的陷落至少比赫拉克勒斯晚一代人，因而应在

---

❶ 潘神是赫耳墨斯神与德里奥波（Dryops）之女所生，其名不详，或许是佩涅奥佩，后与著名的奥德修斯之妻佩涅洛佩相混。德里奥波是帕尔那索斯山的德里奥佩人（Dryopes)部落的名祖国王。

公元前 1300 年左右；若按他对潘神的年代推断，特洛伊应在公元前 1250 年左右陷落。然而，希罗多德又声称埃及法老普罗透斯（Proteus）曾接待过海伦，因而该法老也应是特洛伊战争年代的人。但根据希罗多德给出的埃及王表，普罗透斯要比第二十六王朝的创建者普撒姆提克早七代，而普撒姆提克大约死于公元前 670 年。若按每世纪三代人计算，普罗透斯的生活年代大约在公元前 936/前 903 年，这与公元前 1300/前 1250 年相差甚远。伯克特指出，希腊史家按不同谱系推算的特洛伊战争年代不下 10 个，从公元前 1334 年至公元前 910 年不等，希罗多德给出的特洛伊陷落年代与考古结论比较吻合只是出于巧合。

古希腊的权威史家都试图为早期希腊历史建立一个准确的年代学框架，库伦尼的厄拉托瑟尼就是其中较成功的一位。他生活于公元前 3 世纪末，是埃及法老托勒密三世的老师，亚历山大图书馆馆长，一位饱学之士。他的名著《年代学》被认为是权威性的著作，其中给出了从"赫拉克勒斯子孙回归"直至亚历山大大帝逝世的诸多历史事件的准确年表。他把"回归"时间确定为奥林匹亚元年（the First Olympiad，公元前 776 年）之前 327 年或 328 年，即公元前 1104/前 1103 年。按古希腊人的共识，"回归"要比特洛伊城陷落晚两代人，即 80 年，因而特洛伊城的陷落年代被确定为公元前 1184/前 1183 年。奥林匹亚元年为斯巴达的阿基斯王族君主阿尔卡门尼斯（Alcamenes）执政第十年，再上溯八位国王至"回归"，凡 318 年。这八位国王都是父位子继，凡八世。尽管厄拉托瑟尼给出的每位国王的执政年代不等，但平均为每代 40 年。约翰·弗斯狄克将此结果与实际统计的晚期斯巴达诸王的平均执政年数和每代平均年数进行比较，得出如下结论：

这种较长的统治期和世代与平常可能出现的情况和后期历史的统计大相径庭。历史上每位斯巴达国王的平均任期为 23 年，每代平均年数为 32 年。事实上，每世纪三代人是正常的世系计量方式。

统治年代肯定是虚构的，井然有序的子承父位也是不可能的，只凭口头记录的年表在其他方面也有明显缺陷。不管怎么说，它们作为时间计量手段是没有价值的。

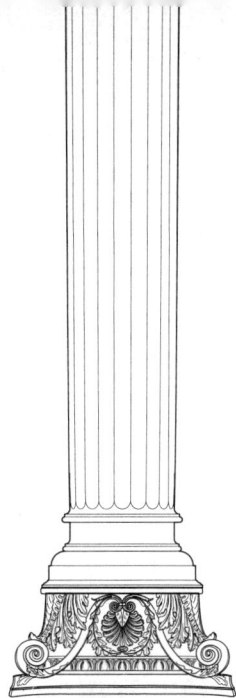

第五章　英雄史诗与"英雄时代"

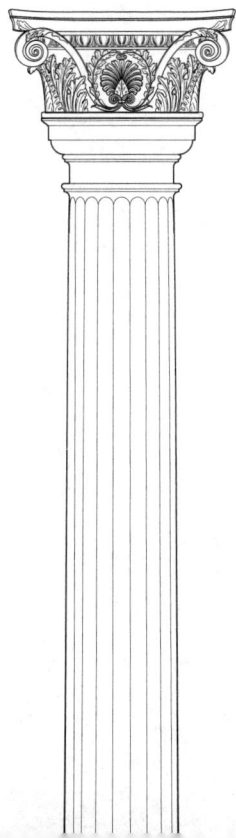

第一节　英雄史诗

一、英雄史诗

按照克西尔·鲍拉（Kirill Paula）的定义，英雄史诗首先是一种叙事诗，其叙事风格一般是写实的，所述的故事也被讲述者和听众认为实有其事；其次，英雄史诗是口传诗歌，其传承者是掌握了口传叙事技巧的文盲诗人。史诗颂扬的对象是英雄，即能力和禀赋超凡的人。史诗歌颂他们建功立业的行为及其获得的不朽荣耀。这种荣耀曾被亚里士多德视为"对最高贵行为的奖赏"和"至高的外在的善"。英雄史诗可以分成古代的和现代的两类：古代的史诗指侥幸存世的上古和中古时期的英雄叙事诗，如古希腊的《伊利亚特》和《奥德赛》、古巴比伦的《吉尔伽美什》、古迦南的《阿喀特》和《克瑞特》以及欧洲中世纪日耳曼人的各种叙事诗。现代史诗则指 19—20 世纪从世界各地的民间诗人那里新采集到的英雄叙事诗。

英雄史诗是叙事体诗歌，客观性和独立性是其突出特征。英雄史诗创造了一个想象的世界，让英雄人物在其中展开活动，建立丰功伟绩，靠英雄们的具体言行打动听众，而不妄加褒贬。故事的主旋律是宣扬"英雄气概与荣耀"，情节洋溢着人本主义精神，歌颂人的力量。这种精神气质并非四海皆有、无时不在，因而英雄史诗也自然受到地区和时代的局限。鲍拉试图将英雄史诗与另一种叙事诗区分开来，后者讲述巫师之类的人物创造奇迹的故事。这种叙事诗并不具备"英雄的世界观"，它所羡慕的不是人凭其自身禀赋去建功立业，而是利用巫术等非人力手段去创造奇迹。这种叙事诗反映了一种更为原始的世界观，即"人不是创造的中心而是受缚于很多看不见的力量和影响。他把兴趣放在驾驭这些力量的假想能力上，以便做出单凭人的自身禀赋难以做到的事情"。英雄史诗也不同程度地残留有这种成分，其英雄人物也时而去做此类事情，但通常是个别事例。那种巫术能力也非英雄的主要能力。❶鲍拉还力图区分两类不同的叙事诗：人的叙事诗和神的叙事诗。前者以人为描述对象，后者以神为描述对象，如赫西俄德的《神谱》和北欧的

---

❶ 王敦书.古希腊"英雄时代"辨析 [J]. 世界历史，1985(12):20.

《老埃达》。在欧洲的中古时期和近代，神的叙事诗被圣徒的叙事诗所取代。鲍拉认为，神与圣徒的叙事诗源自一种神人共同参与的早期英雄叙事诗，如荷马的《伊利亚特》《奥德赛》和西亚的《吉尔伽美什》等。在这类诗歌中，虽然神的作用重大，但描述的主要对象是人。"真正的英雄诗歌讲的是人，尽管可以将诸神引入情节中，但人依然是主要兴趣所在。"❶他把叙事诗的发展阶段归纳如下：起初是"萨满型的诗歌"，主角是巫师，巫术是成功的主要手段；后来受到人本主义精神的影响，出现歌颂伟人的颂诗（Panegyrics）和悼亡诗（Lament），继而出现英雄叙事诗。在早期英雄叙事诗中，神与人共同出现，以后分成神的叙事诗和人的叙事诗。❷

二、早期英雄史诗的口传性

很多英雄史诗诞生于古朴无文的原始时代，最初的创作和传承方式是口头的，并不借助文字。从硕果仅存的荷马史诗看，希腊英雄史诗属于庄严稳重的六步韵诗歌，口传叙事技巧非常明显。这些口传史诗常常是诗行逾万的鸿篇大作，传承者必定是受过专门训练的职业歌手，他们必定掌握了某些行之有效的专业技巧来记忆和传承这些诗篇。20 世纪 30 年代，美国学者米尔曼·帕里（Milman Parry）曾对南斯拉夫乡村的口传史诗进行考察，并将考察结果应用于荷马史诗研究。他的学生阿尔伯特·罗尔德（Albert Lord）在 50 年代继续考察南斯拉夫乡村的口传诗歌，从而奠定了所谓的"帕里—罗尔德理论"（Parry-Lord Theory）。按此理论，荷马史诗与近代南斯拉夫的乡村口传史诗很类似，其语言单元不是单个的词，而是现成的合乎韵律的格式化套语。这些格式化套语是口传诗人们在漫长的诗歌传承过程中逐代创作和累积的，最后形成庞大的格式化套语的语库，可以方便快捷地取用，随时拼凑成符合韵律的诗句，非常适合口传诗人的即兴创作，也便于长期记忆。口传诗人是经过职业训练的歌手，他们从前辈诗人那里继承了很多神话传说的基本情节和主题，以及大量现成的格式化套语，并掌握了即兴创作和表演的技能，但不必把冗长的诗歌全部背诵下来。当他们在民间、宫廷和宗教庆典上弹起里拉琴为听众表演时，在把握故事基本脉络的同时，即兴创作故事的细节，熟练地取用语库中现成的格式化套语，根据需要灵活快捷地即兴组成诗句并吟唱出来，因而，每次表演都是一次即兴创作，也是一次创新，逐字逐

---

❶ [美] 依迪丝·汉密尔顿. 神话 [M]. 刘一南，译. 北京：华夏出版社，2010:21.

❷ 米尔曼·帕里在 1928 年至 1935 年（该年意外死亡）期间发表了一系列重要学术论文，被其子亚当·帕里（Adam Parry）收集整理成文集，见亚当·帕里主编的《荷马诗歌的形成：米尔曼·帕里文集》牛津 1971 年版。

句的准确记忆几乎是不可能的，所以，口传英雄史诗的内容很不稳定，每次表演都有所改动，但诗人往往并不觉得他在随意改动诗歌，而认为自己的每次表演都在忠实地复述旧内容。口传诗歌与书面文学的流传方式明显不同，前者是通过诗人歌手的表演来实现的，听众从诗人那里听到故事的内容，而不是去阅读诗人的书面作品，因而口传诗歌是活的流动的故事，是恒常变动的。变化是口传诗歌的特征，是难以避免的。这种变动源自记忆的不精确，表演时的即兴发挥，或诗人出于艺术审美需要所进行的修饰和调整，或是为迎合、取悦和吸引听众，因为听众的兴趣随社会环境和观念的变化而转移，歌手必须随之做出调整，加入听众理解、喜爱和感兴趣的情节，删去听众厌倦、听不懂和过时的情节以及生僻的套语。诗人通过表演与听众交流，彼此互动。听众不是被动地去听，而是通过积极反馈来影响诗人的创作。因而在某种意义上，听众也参与了口传诗歌的创作。这体现了口传诗歌的社会性，其内容随社会的演变而不断调整，"与变化的世间经验相呼应"，因而是与时俱进、不断更新的。

早期学者只强调史诗的古传性，"帕里—罗尔德理论"则强调史诗的口传性，同时也强调其古传性，因为格式化套语的语库不是短期内所能形成的，而是需要长期的创作和积累，因而史诗既是古传的，又是恒常变动的。然而，过分夸张口传的不稳定性，贬低了记忆的作用，也会导致谬误。古代的史诗毕竟不是无法驾驭的脱缰野马，而是听凭诗人随意改动，无任何稳定性可言。应该考虑很多制约诗歌随意变动的因素，特别是听众的监督作用，使诗人在每次表演时不能肆意改动故事的基本情节，否则难以被听众接受。因而笔者强调，在承认口传诗歌的流动易变特征的同时，也要强调故事基本情节的相对稳定性，这种相对稳定性确保了某些古代历史记忆能世代延续下来。

三、希腊英雄史诗的历史性

英雄史诗通常含有某些史实基础，尽管故事在总体上是虚构的，但却常常在某位真实历史人物或事件的基础上进行虚构。史诗中的"英雄时代"也可能有其真实的历史背景。今天，我们借助于对古文献的稽考，对古遗址的发掘，以及神话学的理论和方法，常常能够分辨出传说的虚构成分和历史内核；但在理性辨别能力较弱的古代，人们总是把英雄史诗和传说当作史实看待。正如鲍拉所言："英雄史诗通常被听众们看作史实的记载，在没有文字编年史的社会，被理所当然地当作历史，被认为是讲述往事的权威，甚至被用来化解人们因土地或世系而引发的争执。公元前 6 世纪和公元前 5

世纪的希腊人把荷马诗歌看作是对真实事件和人物的陈述，并援引为古昔历史的权威。" ❶

显然，史诗含有某些史实基础，并被古人当作信史来陈述和传承。然而，掌握了更多理论武器和研究手段的当代学者却对口传史诗传承历史记忆的能力和可靠性提出强烈质疑。笔者在这里援引当代古典学者伊安·墨里斯（Ian Morris）和奥利弗·狄金森（Oliver Dicknson）的论点来说明这种质疑。

伊安·墨里斯认为，口传英雄史诗的内容是恒常流动和极不稳定的。他重申阿尔伯特·罗尔德的观点，即口传诗人并不关注历史记忆的准确性，记忆远不如口传诗歌表演中的即兴发挥来得重要。对历史事实的大规模记忆只发生在有文字的社会，而口传社会并不具备准确记忆的技巧，也无此必要。他指出：口传社会"没有非常精确的文化需要。我们作为有文字社会成员所拥有的精确复制的观念在口传文化中并不存在"。❷ 口传诗歌版本众多，没有标准固定的"原版"，没有哪个版本更精确、更标准。口传诗歌的内容在每次表演时都不可避免地经历很大变化。"诗歌很难长时间静止不变。"荷马史诗亦复如是。墨里斯指出，早期学者认为口传英雄史诗将一个久已逝去的时代的生活方式用诗歌的语言凝固起来并完整地传承下去的观点是与现代人类学的观点相违背的。不断创新的口传诗歌不可能长期传承已经死亡的制度，口传诗歌只反映被听众理解的当前的文化价值观，"与当前再无关联的观念会迅速从口头传说中消失"。"对诗人和他的听众再无意义的过去的特征，也就是已消失的制度和行为环境，会从口传诗歌中消失掉。"❸

此外，伊安·墨里斯也指出，荷马为其听众讲述的故事发生在遥远的往昔，即已逝的"英雄时代"，与听众生活的时代不同，因而荷马这样的口传诗人会运用"拟古"（archaizing）技巧，有意制造一种"史诗距离"，使听众觉得"英雄时代"不同于自己生活的时代。他故意采用一些久已被淘汰的早期经验和实物来描述英雄世界，如野猪牙头盔、青铜武器和战车等，并把"英雄时代"描绘为文盲时代，故意不提文字的使用；其他的"拟古"内容则纯属虚构，如夸张的财富、巨兽、会说话的河水和马等。因而，荷马史诗中很多古奥成分可能是诗人故意"拟古"所致，并非远古真实记忆的延续。"没有现实意义的已消逝的社会制度没有任何意义。"❹ 它们必定要在诗歌传承中被逐渐淘汰掉。荷马的诗歌所反映的时代和社会就是诗人所生活的社会，即

❶ [法]K.K.卢斯文.神话[M].耿幼壮,译.太原:北岳文艺出版社,1989:167.

❷ [法]K.K.卢斯文.神话[M].耿幼壮,译.太原:北岳文艺出版社,1989:174.

❸ 伊安·墨里斯.荷马的使用和误用[J].古典古代,1986(5):91.

❹ 赵舒雯.史诗世界[M].济南:山东科学技术出版社,2017:61.

公元前 8 世纪中晚期的希腊社会。

奥利弗·狄金森也对荷马史诗能够保存青铜时代的历史记忆提出强烈质疑。他指出：从特洛伊城的陷落至荷马生活的时代，不断被即兴发挥成口传诗歌，历经 500 年的悠悠岁月，很难想象会把青铜时代的历史记忆传承下来。他援引摩西·芬利的话："当考察遥远的往昔时，人类的精神就对时间透视开了个奇怪的玩笑，几百年变成了几年，几千年变成了几十年。"❶ 人们对 500 年的"黑暗时代"知之甚少，于是倾向于把该时代当成"幕间休息"，似乎其间未发生任何变化。因而，荷马史诗中的古老成分，如果不可能是公元前 8 世纪的产物，就必定是 500 年前迈锡尼时代的特征，这显然是错误的。事实上，"黑暗时代存在非常有意义的发展"，是不能随便省略的。❷

两位学者都强调荷马史诗的口传性及其流动易变的特征，正是由于这种特征，史诗历经几个世纪的漫长发展后很难保存古昔青铜时代的历史文化信息；而且口传诗人不是历史学家，没有准确传承历史记忆的责任和必要。史诗中的古奥成分常常是诗人故意"拟古"造成的，旨在产生一种"史诗距离"，因而不必将这些貌似古老的描述看作迈锡尼时代历史记忆的遗存。

口传史诗恒常变动的特征固然不可否认，但墨里斯和狄金森等人显然夸大了这种流动易变的特征。口传诗歌的内容尽管不稳定，诗人会根据艺术体裁的审美需要和听众的情趣变化而不断修饰和改编其故事，但其基本情节仍具有相对稳定性。正如笔者在前文所阐述的：由于听众的监督，诗人每次表演时不能肆意改动基本的故事情节，否则难以被听众接受。这显然是对诗人随意创新的一个约束。在无文字的口传时代，诗人扮演着历史学家的角色，除了娱乐和教育的功能，传承古代的历史记忆也是他们的职能之一。虽然他们会出于各种功利性目的，如讨好其贵族赞助者，或受听众情趣变化的影响，或出于文学体裁和审美的考虑而有意改动故事内容，或因记忆不准确和细节的即兴发挥而无意或不可避免地改动诗歌内容，但他们不会轻易变更故事的基本情节和脉络，因为听众难以容忍熟悉的情节被任意篡改，而格式化套语也有助于把少量远古时代的文化信息保留下来。正如约翰·卢斯（U.V.Luce）所指出的：

伟大往昔的传说被保存在整个希腊世界的集体意识中，尤其保存在个体诗人的训练有素的记忆中。虽然看似荒谬，但事实却是，文盲的记忆力能够记住和回忆起令人惊异的功业。在没有书面记载的情况下，游吟诗人们履行着一种社会功能，即歌唱和传承全民族有价值的传说。他们的听众欢迎适当

❶ [法]K.K.卢斯文.神话[M].耿幼壮，译.太原：北岳文艺出版社，1989:90.

❷ 伊安·麦克奥斯兰，彼德·瓦尔科特.荷马[M].牛津 1998 年版:21.

的修饰但不会容忍任意的篡改。

另一位学者萨拉赫·墨里斯（Salah Morris）注意到，铁拉岛阿利罗提利遗址"西宅"的小型壁画可能讲述了一个完整的传说故事（可能有史实基础）。壁画展现了一支舰队出航、开会、战斗、伏击、自卫和登陆的场景，以及城郊和船难等主题，是图解式的故事（visual narrative），暗示迈锡尼时代早期可能已有叙事诗存在。再如迈锡尼竖井墓出土的"银雷顿"器皿上的攻打城池的浮雕，可能也是描绘叙事诗中的攻城场景。英雄故事可借口传诗人之口吟唱出来，也可借画家之笔绘于墙壁之上。❶故事画在墙壁上有助于记忆，使故事内容能在一定时期内保持稳定，正如加利福尼亚大学古典考古学教授安德森（U.K.Anderson）所表述的：

艺术家们和诗人们一样，不仅能对军事远征保持生动记忆，而且能对某位远征参与者保持鲜活的记忆。人们可以想象，让铁拉岛的孩子们看"西宅"壁画，告诉他们这是祖父的船，装饰着飞鸟，家族的船向来如此装饰；其他的船是属于某某船长的；戴着野猪牙头盔的武士们是我们的盟友，或我们的雇佣军，被某某国王统率；这些彩绘的城市代表某个海港城市，其统治者是一两代前的世界领袖中的一位。此外，文明的武士与其野蛮对手的战斗被画在美塞尼亚的派罗斯宫殿墙壁上，还有那条河，战斗就是在河滩上进行的。对大厅里的饮宴者来说，他们都是有具体名称的，而不是抽象的内容。

显然，这种绘画故事，当其保留在宫殿和豪宅的墙壁上时，"不仅提醒人们有谁参加了这个被纪念的事件，也作为一个约束，不让诗人们引入新的名字来取悦其新的赞助人——'不！那克索斯人没有参与这次伟大远征，画里没有那克索斯的船。'这幅画因而在一个时期内把口头传说的目录细节固定下来"。❷看来，古代口传诗人虽有很多创作自主权，但也受到约束；而约束者不仅是熟知故事情节的听众，墙壁上的绘画也有助于故事内容在一定时期内保持稳定。

按帕里和罗尔德的理论，口传诗人的创作就是即兴表演，可随意发挥，记忆并不起重要作用。这种看法显然有其弱点。罗萨林德·托马斯（Rosalind Thomas）就曾指出，这种在表演场合即兴发挥的创作方式未必适用于荷马的《伊利亚特》和《奥德赛》。他指出，荷马诗歌中的某些诗行，如阿喀琉斯的讲话等，措辞非常讲究，属于深思熟虑的创作，不像是表演时的即兴发挥。

---

❶ 萨拉赫·墨里斯. 双城记：铁拉岛的小型壁画和希腊诗歌的起源 [J]. 美国考古杂志，1989(93):535.

❷ [德] 汉斯·布鲁门伯格. 神话研究 下 [M]. 胡继华，译. 上海：上海人民出版社，2014:147.

诗人会在私下场合精心构思其作品，推敲其词汇，记住已构思成熟的精彩段落，并在表演时凭记忆吟唱出来。在继承前人遗产的基础上，荷马经过多年的潜心构思和积累，才最终奠定了大型史诗《伊利亚特》的最终版本。记忆所发挥的作用是不可低估的。精心构思不是书面文学的创作专利，也被口传诗人所采用。次要的人物和情节可在表演时即兴发挥，重大精彩的段落则要诉诸记忆。因而，无文字的诗歌创作事实上并非毫无稳定性可言。

古希腊的英雄史诗虽有其明显的口传和即兴表演特征，但诗歌的内容在长期流传中仍有可能保持其相对稳定性，记忆在口传诗歌的创作和流传过程中仍能发挥其重要作用，这就使古代的故事素材、主题和基本情节有可能在文盲时代借助史诗等口传文学形式部分地传承下来；某些上古时期的历史和文化信息也可能随之保存下来，尽管很可能被严重歪曲了。这就为我们探讨英雄传说的历史和文化基础提供了可能性。

四、关于英雄史诗与迈锡尼时代的探讨

（一）英雄史诗的产生年代

如果迈锡尼社会仍属传统的口传社会，那么，神话的口传文学载体是什么呢？在"黑暗时代"和古风时代前期，英雄神话的口传载体是史诗（叙事诗）。史诗属口头文学，在民间口头流传，其传承者是职业化的诗人歌手，20世纪30年代，美国学者米尔曼·帕里曾对南斯拉夫乡村口传史诗进行考察，并将考察结果推广到荷马史诗的研究，结论是：古希腊史诗的语言单元不是单个的词，而是合乎韵律的现成的格式化套语。这些现成的套语构成一个语库，供职业歌手们在表演吟唱时随机取用，即兴创作。这灵活快捷，又便于长期记忆。古希腊的英雄史诗主要以迈锡尼时代的历史事件——忒拜战争和特洛伊战争为素材形成所谓诗组（eycleepics）。

古风前期经荷马等大诗人的加工整理，英雄史诗趋于定型。此前曾经历了漫长的流传加工过程，年代颇久远，至少可以追溯到"黑暗时代"。是否能把史诗的源头追溯得更古远呢？这就引起了学术界的争议。米尔曼·帕里的研究表明：史诗的格式化套语相当古老，必定经历了漫长的积累过程。然而，帕里只关心史诗的形成方式，并不关心史诗起源的断代问题。在荷马史诗中，迈锡尼时代的历史语言、文化遗迹时有所见，如反映迈锡尼时代政治地理格局的"荷马船表"、埃阿斯使用的"大如城楼的盾牌"、野猪牙头盔、"涅斯托尔的金杯""饰银钉的宝剑"等，均得到考古的证实。因而，早在20世纪30年代初，尼尔森就曾独立地断言："史诗经历了相当长的发展时期，

可回溯到迈锡尼时代的早期，史诗中夹杂的迈锡尼成分已证明了这个事实。此后，他又借助帕里的最新研究成果，在其新著《荷马与迈锡尼》（1933）中进一步论证荷马语言的古老。史诗包含着迈锡尼时代真正的历史文化信息，可以说，将史诗的产生溯源于迈锡尼时代，其奠基者是马丁·尼尔森。

英国古典学者丹尼斯·帕格（Denys Page）支持这种看法，他认为荷马史诗经数百年流传，诗句中仍保存着迈锡尼早期（约公元前16世纪）的遗迹，唯一可能的解释是：史诗仍沿用着古老的格式化套语，"它证实了史诗的古远性，同时确保了来自遥远往昔的事实和幻想得以世代延存"。他举出的有趣例证是史诗《伊利亚特》中的希腊英雄埃阿斯使用的盾牌。史诗共有170处描述盾牌，涉及100多位有名有姓的阿卡亚武士，但没有一位使用埃阿斯那样的"大如城楼的""裹着七层生牛皮的"几乎遮住全身的大盾。而考古证实：只有迈锡尼时代早期（公元前16世纪）才流行使用这种大盾，特洛伊战争时期（公元前13世纪）早已不再流行。"这种记忆历经'黑暗时代'仍保留在我们的《伊利亚特》中，只能靠口头创作连续传诵的希腊史诗为媒介"，"希腊史诗因而在迈锡尼时代就已被创作着。"由于大盾牌只同埃阿斯一人的名字相关联，因而"传说不仅保留了迈锡尼式的盾牌，还记住了它的使用者，一对分不开的搭档"，帕格进而推断："如果埃阿斯和他的盾牌是分不开的，那么，埃阿斯这个人应在这种大盾流行时期就被诗歌吟颂，远在特洛伊战争之前；而特洛伊战争这块磁石将这位更古老的冒险英雄也吸收进来。"帕格进而证明：在"荷马船表"中埃阿斯是唯一没列出领地的诸侯，这并非偶然。帕格通过这个例子证明史诗的古老，史诗的格式化套语是远古历史文化信息的语言化石。尼尔森与帕格的观点在目前不乏支持者。威斯特（M.L.West）在其《希腊史诗的产生》一文中即指出："希腊的史诗传统至少回溯到迈锡尼时代晚期几乎是人人接受的观点，事实上，有理由认为，史诗早在（公元前）15世纪即已存在，而且在此之前，尚有一个古老的诗歌传统，在某种意义上是属于英雄性质的，可追溯于一个印欧根基。那么，在某种意义上，希腊史诗的兴起不得不追溯到不晚于两千纪中期。"

然而史诗的迈锡尼起源论并非"几乎是人人接受的观点"。著名学者杰弗里·柯克（Geoffrey S.Kirk）即主张史诗形成于"黑暗时代"。他认为史诗起源于迈锡尼时代的证据不足，荷马史诗中可确证的迈锡尼语言文化遗存十分有限，无法证明史诗直接传承于迈锡尼时代。他指出：如果荷马史诗形成于青铜时代，就不可能对当时的战争状态和宫廷生活有严重失实的描述。例如，荷马不懂战车的实战作用，只将之描述为将领们的代步乘具；对宫殿的国家经济管理职能也茫然不知。因而柯克认为：迈锡尼时代不大可能有史诗

流传，传世的可能性更是微乎其微。迈锡尼时代的英雄传奇故事，如忒拜、特洛伊战争的故事，可能以非诗歌的讲故事的方式（散文方式）通过青铜末纪劫后余生的迈锡尼遗民一代代延存下来。这种散文式的故事也能将某些古老的词汇套语地名等保留于记忆中，但难以持久，一般传承两三代就模糊变形了。因而，迈锡尼时代的英雄故事经两三代非诗歌的散文式流传，在"黑暗时代"之初只剩下故事的梗概框架，于是"黑暗时代"的口传诗人发明了便于记忆的六步韵史诗诗体，将那些濒于遗忘的传统情节抢救记录下来，进行艺术上的再创作，赋予大量想象创新的成分，融入了"黑暗时代"社会本身的内容，经过几百年的口头加工，最终发展成我们所知的荷马史诗模样。总而言之，荷马史诗是"黑暗时代"的产物，并非直接传承于迈锡尼时代。笔者认为：迈锡尼时代存在口传英雄叙事诗的可能性是有的。比较语言学力图证明：印欧语族有古老的诗歌传统，古印度吠陀史诗和希腊的荷马史诗均有"不可磨灭的荣耀""男人的荣耀""赐福祉者"等格式化套语，表明古印欧社会可能存在"英雄诗"和"颂神诗审"。如果比较语言学的结论可靠，那么，作为印欧人一支的迈锡尼希腊人，茫然不知诗为何物，总有些讲不通。格式化的口传叙事诗（史诗）是文盲社会传播神话的有效载体，迈锡尼社会已属文明时代，但尚未发现文字记录的诗歌存在，说明迈锡尼社会亦属口传社会，其口传诗歌尚未书面化，但并不等于没有诗歌。"青铜时代"无须把诗歌诉诸文字；山上的缪斯是足以捍卫事实和真理的，记忆则是诗人最大的天赋。考古证明：古爱琴世界有着悠久的诗歌音乐传统，基克拉迪文化的大理石竖琴手、长笛手；克里特石棺壁画上的七弦琴手、双管笛手；派罗斯宫殿中的"俄耳甫斯壁画"均能说明之。其中"俄耳甫斯壁画"的造型是：一位祭司装束的乐师坐在岩石上抚琴而歌，一只飞鸟似被动人的音乐所吸引，徘徊不去。此外，还有一些青铜象牙的乐器模型出土。音乐的存在表明诗歌的存在，后者吟唱时是需要音乐伴奏的。埃米莉·沃尔缪勒（Emily vermeule）称：迈锡尼社会的歌手们有业余、专业之分。派罗斯宫殿壁画上的歌手从打扮装束看是位职业歌手。他们服务于国王贵族和大众，在宫廷市场或节日祭典等场合表演；服务于社会生活的各个方面，如婚、丧、嫁、娶、祭礼丰收等；演唱的内容很广泛，可能包括颂神诗和英雄传说，后者最受宫廷和贵族的欣赏。权贵们对讲述其家族先祖功业、荣耀、谱系、蒙神恩眷顾的内容情有独钟。迈锡尼的宫廷贵族可能有自己的御用歌手，专门从事英雄故事的创作和表演。权贵们虽然尚武轻文，但对欣赏英雄史诗这种古朴的娱乐方式还是乐此不疲的。再加上迈锡尼社会大量现实的英雄素材需要表现，古老的英雄素材需要传承，一种便于记忆的格式化的叙事诗体，其存在

的可能性是很大的。迈锡尼时代的英雄史诗即使存在，传至"黑暗时代"时也早已面目全非了。口传的内容是恒常变化的，极不稳定的，每次表演都有所改动、创新。尽管史诗的格式化套语沿袭古远，但随着社会的变迁，旧的格式化套语不时兴了，自然也会被淘汰，因而，纯属迈锡尼时代的格式化套语必定所遗甚少；而且，更多的套语是一般性的，并不局限于某个特定时代；迈锡尼方言（阿卡亚—塞浦路斯方言）风格的史诗语言也逐渐转变成伊奥利亚或爱奥尼亚方言风格的史诗语言。传说的大量情节被删改，被淡忘；新的内容不断加入；原有的故事结构也不断被调整，被重新组合。于是，当我们看到荷马的史诗版本时，史诗内容已同迈锡尼时代英雄故事的原貌相去甚远了。迈锡尼社会留给我们的英雄故事只是一个框架，一个梗概，一个传统素材，更多的则是新增益的内容。诚如埃米莉·沃尔缪勒所言："荷马所重述的很多神话的本源是迈锡尼的，因为它们讲的是青铜时代的人民和城镇。然而，我们可以确信：这些神话的荷马版本并不是迈锡尼人所知的版本，因为神话每次讲述时都有所改动，而且不断地被改进，使之更'现代化'和更'富有意义'。"

英雄史诗是发源于迈锡尼时代还是发源于"黑暗时代"，学术界仍有争议。柯克的看法自有其道理，只要没有史诗存在于迈锡尼时代的直接证据，争论将持续下去。柯克本人也没有完全排除迈锡尼时代存在史诗的可能性，但他强调：即使迈锡尼时代有史诗，也没有以任何书面的或细节的形式大量保留到"黑暗时代"，荷马史诗是"黑暗时代"的发明，迈锡尼史诗与历史时期的荷马史诗不存在任何连续性。若真如此，讨论迈锡尼史诗的意义也就不大了。

（二）黑暗时代英雄神话和史诗的发展

为了说明迈锡尼时代到"黑暗时代"这个希腊社会历史转型时期神话和史诗发展的连续性，对"黑暗时代"的神话和史诗发展做简要分析如下：

"黑暗时代"（约公元前1100—前800年）是古希腊文化发展相对停滞的时期。迈锡尼文明的毁灭，多利亚人的入侵，使希腊社会陷入动荡不宁的状态，引发了一批批海外移民浪潮。伴随着移民潮迈锡尼时代的神话与英雄传奇也随之飘洋过海，在小亚细亚海岸的伊奥利亚和爱奥尼亚地区以及爱琴诸岛上扎下了根，经一些职业化歌手的世代加工传唱，以英雄史诗的面目流传于民间。英雄史诗主要以迈锡尼时代的忒拜战争和特洛伊战争为主线展开情节，吸收了民间流传的大量英雄传奇和神祇故事，终于荟萃成蔚为大观的史诗诗组，荷马的《伊利亚特》和《奥德赛》则是其中的杰作。据传这两部

史诗出自开俄斯岛盲诗人荷马之妙手，在公元前 8 世纪中晚期基本定型，其余史诗则是在公元前 7—前 6 世纪被口传诗人们加工整理成型，陆续形成文字。史诗是否起源于迈锡尼时代目前尚无定论，笔者倾向于肯定迈锡尼史诗的存在，但迈锡尼史诗和荷马史诗的联系只是神话主题和素材上的联系，而不是诗文上的联系；或者说，它们是同一主题和素材的不同版本。荷马史诗所保留的典型迈锡尼词汇毕竟十分有限，迈锡尼史诗能完整保留到"黑暗时代"的段落必定微乎其微，哪怕是极小的一部分。荷马史诗只是继承了迈锡尼史诗的主题和素材；在具体内容上，荷马史诗的创新成分远远超过了从迈锡尼史诗直接继承的成分，更多的内容是"黑暗时代"口传诗人们根据他们自己对青铜时代的理解想象而新增益的。"黑暗时代"的希腊人从青铜末纪的社会动荡中劫后余生，经历了奔波迁徙之苦，在举目无亲的异国他乡生存下来，生活艰难困苦。他们对生活感到绝望，对自己生存的时代兴趣索然，没有什么东西值得他们去记忆和歌颂，甚至到了古风时代，大诗人赫西俄德仍为自己不幸降生于黑铁时代而悲哀。然而尽管"黑暗时代"希腊人过着贫乏的物质文化生活，目不识丁，但精神世界并非一片空白。他们仍沉湎于对青铜时代先祖丰功伟绩的追忆和幻想中；怀念阿伽门农王统治下的国力强大、物质繁华的迈锡尼帝国。他们是厚古薄今的一代，以传诵先辈英雄的伟业为精神寄托。由于时过境迁，记忆朦胧，对迈锡尼时代的神秘感和崇敬感与日俱增，在"黑暗时代"希腊人的心目中，迈锡尼时代犹如一个神话时代，迈锡尼时代的贵族武士们则是"神一般的比较高贵公正的英雄种族"，是建立了不朽功业的一个种族；而"黑暗时代"希腊人自己则是被神遗弃的"黑铁种族"。于是，一个充满奇幻色彩的理想化、半历史半神话半现实的英雄世界在"黑暗时代"文盲诗人富有想象力的头脑中被创造出来。迈锡尼时代提供了英雄传奇的蓝本和素材，这些素材在"黑暗时代"被加工成神话。然而，尽管"黑暗时代"的希腊人鄙视他们生存的时代，但他们还是不自觉地以自己时代的社会现实和生活经验去构思青铜时代先辈的世界。在荷马史诗中，迈锡尼时代的那种圆顶墓不见了，精美的壁画消失了，却出现了青铜时代根本不存在的东西，如铁器、火葬等，迈锡尼英雄们则通通变成了文盲。"阿喀琉斯的盾牌"所体现的精湛的金属镶嵌工艺是迈锡尼时代早期的技术水平，而盾牌图案所描绘的却是"黑暗时代"的现实生活。"黑暗时代"的军事民主制被移植到远征特洛伊的阿卡亚人远征军中。英雄史诗是在小亚细亚沿岸的移民地区发展起来的。移民中有爱奥尼亚人、伊奥利亚人，他们从希腊本土带来了各自部落的英雄传奇和神祇故事，这些故事大都汇聚在特洛伊战争这一共同的神话主题下。荷马史诗的语言以爱奥尼亚方言为主，兼有少

量伊奥利亚和阿卡狄亚的方言成分，后两种方言在迈锡尼时代分别是希腊北部和南部的方言。一些学者推断：史诗在希腊本土先经历了一个伊奥利亚方言和阿卡狄亚方言的加工发展阶段，随着多利亚人的南侵，讲伊奥利亚和阿卡狄亚方言的人携带着他们的英雄史诗迁移到小亚细亚地区，与讲爱奥尼亚方言的人相比邻，爱奥尼亚的职业歌手们将伊奥利亚、阿卡狄亚方言的史诗继承下来，进一步充实发展，形成爱奥尼亚方言的史诗，后者至公元前8世纪臻于成熟。史诗中残存的伊奥利亚、阿卡狄亚方言成分以及伊奥利亚英雄在史诗中举足轻重的作用（如色萨利英雄阿喀琉斯），均支持这种假说。另有学者认为：爱奥尼亚方言与阿卡狄亚方言极接近，在迈锡尼时代，两者同属一种方言，在希腊南部的伯罗奔尼撒半岛流行，多利亚人侵入半岛后，部分迈锡尼土著留在阿卡狄亚山区，依旧讲自己的方言，被称作阿卡狄亚人；另一些人向外地移民，其中包括派罗斯亡国后逃难的王族成员。他们经雅典向小亚细亚的爱奥尼亚地区移民，是为爱奥尼亚人，他们的方言也逐渐偏离了阿卡狄亚方言。爱奥尼亚人的史诗是他们从家乡（伯罗奔尼撒半岛）带来的，而不是从伊奥利亚人那里移植来的。当然，爱奥尼亚人吸收了伊奥利亚史诗的某些词汇史人物和情节，伊奥利亚和爱奥尼亚两地的史诗并无继承关系，而是平行发展、交互影响的。荷马史诗是在吸收北部伊奥利亚史诗成分的基础上，在爱奥尼亚地区独立发展起来的。

悠悠300年的"黑暗时代"，一个无文字的文盲社会，一个传统的口传社会，却奠定了后世神话的基础。它上承迈锡尼青铜时代的原始神话素材，下启历史时期希腊神话的繁荣，史诗则充当了重要的神话口传载体。我们可以说，迈锡尼时代是英雄神话和史诗的摇篮，"黑暗时代"则是英雄神话和史诗的主要形成时期。"黑暗时代"的神话和史诗，其内容是不稳定的、恒常变动的，这是口传社会的特征。进入文明时代后，史诗神话的内容逐渐固定下来，陆续形成文字，转化为书面文学形式，这就是今天我们看到的希腊神话和荷马史诗。

第二节 "英雄时代"

一、"英雄时代"

古代的史诗诗人塑造了非凡的人群和非凡的时代，让他们的英雄在该时代的背景下展开活动，创造出后人不可企及的丰功伟绩。这个"非凡的时代"

就是所谓的"英雄时代"。古代诗人们相信远古时期的确曾有过这样的时代，并在诗歌中加以描述，如古希腊诗人赫西俄德在《田功农时》中将"英雄时代"置于青铜和黑铁两纪之间；生活于该时代的人群属于"更加高贵公正的类神的种族，被称作半神"。按照诗人的夸张说法，英雄种族大都死于残酷的忒拜战争和特洛伊战争，只有少数人被宙斯安置在大地边缘的福岛上。在古希腊传说中，"英雄时代"持续四五代人，随着赫拉克勒斯子孙的回归而终结。荷马和赫西俄德并未给出"英雄时代"的确切年代，而古希腊的历史学家则试图把"英雄时代"置于准确的年代框架中，因而利用希腊显贵家族的谱系来推算其绝对年代。推算结果是："英雄时代"介于公元前14世纪至前12世纪，大致与考古学上的迈锡尼时代晚期相吻合。然而，现代学术界对古希腊"英雄时代"所反映的历史时期存在意见分歧：有人主张是迈锡尼时代晚期，有人认为是"黑暗时代"，亦有人相信为古风初期，或主张三者兼而有之。其他古代民族也有歌颂英雄的史诗，因而也各有其传说的"英雄时代"，而且大都有其现实的历史基础。

法国的《罗兰之歌》以公元8世纪查理曼大帝与回教统治的西班牙的战争为"英雄时代"背景。亚美尼亚英雄史诗则以公元10世纪亚美尼亚基督徒与来自埃及和波斯的伊斯兰教徒的战争为背景。南斯拉夫和阿尔巴尼亚地区的史诗则以公元14—15世纪土耳其人入侵东南欧为背景，讲述基督徒与回教徒的战争故事。当然，并非每个地区和民族都有其真正的英雄史诗，因而也未必存在年代清晰的"英雄时代"。另外，英雄史诗的素材未必只限于上古传说。任何历史事件，甚至很晚近的事件，只要具有英雄主义的精神气概，都可以成为英雄史诗的素材。因而，很多民族的英雄史诗形成很晚，其"英雄时代"也就相对较晚。此外，虽然历史学家们总是力求给传说中的"英雄时代"、英雄人物和事件以准确的年代，但叙述英雄故事的诗人们并不关心年代的准确。他们对"英雄时代"常常语焉不详，只是将之置于朦胧的往昔而已。

史诗中描绘的"英雄时代"，即英雄人物在故事中展开活动的时代，往往是有历史基础的。一些古老民族的历史上的确曾经历过这种血雨腥风、可歌可泣的"英雄时代"，并留下深刻的文学记忆，借助英雄史诗而流传世间。然而，并非每个民族都有英雄史诗，因而也不是每个民族都有其"英雄时代"。对拥有英雄史诗的民族，因史诗形成时期各异，其历史上的"英雄时代"也不尽相同。本书所关注的和集中探讨的对象是古希腊的"英雄时代"及其现实的历史基础。

二、"英雄时代"与迈锡尼时代

迈锡尼时代（约公元前 1600—前 1100 年）是古希腊史前文化发展的一个十分重要而特殊的阶段，属于希腊本土青铜文化（希腊底文化）晚期，也是其鼎盛期，其文化持续发展达 500 年之久。迈锡尼时代已属文明时代，有自己的文字体系——线形文字 B，现已证明是希腊语，表明迈锡尼文明已属希腊文明的一部分，一个早期发展阶段。由于迈锡尼时代残存的线文 B 泥版文书绝无该时代政治历史方面的记述，因而，迈锡尼时代仍属考古上的史前时期。然而，考古展示的迈锡尼世界却是个物质文化高度发达的文明社会，有雄伟的城堡、豪华壮观的宫殿、圆顶墓、精美的壁画、陶器和金属工艺品，王室档案库泥版文书所揭示的希腊本土迈锡尼诸王国的行政和经济管理制度也是相当发达的。这一切表明，迈锡尼社会的文明程度已达到相当高的水平。

（一）造就英雄的时代

透过华美的物质表象，我们看到迈锡尼社会古朴豪放的另一面。考古实物、造型艺术壁画、印章、陶器图案等以及历史时期流传的英雄传说给我们勾勒出一个尚武的贵族武士社会："独眼巨人"建造的巍峨坚固的城堡、镶金镀银的青铜刀剑、与人同高的"8"字形盾牌和矩形盾以及野猪牙头盔、青铜甲胄、战车战马等，处处流露出贵族武士的好战气质。战争狩猎是造型艺术最热衷的表现题材：攻城、肉搏、围猎、人兽搏斗的场面屡见不鲜。给人的印象是：迈锡尼社会的上层是一群尚武少文的职业武士，他们是统治者，是战士，以攻城略地、追逐野兽为生活方式，以获取战利品和猎物为生活目的，以炫耀财富门第和勇武为荣。他们的文化素养旨趣不一定很高；侍奉他们的是一批有造诣的工匠画师、识文断字的书记、职业化的宫廷乐手、歌手、通晓仪式的祭司、先知等，他们才是迈锡尼文明的真正缔造者。

迈锡尼时代是个列国纷争的时代，希腊神话讲述的诸王国间的战争或许有某些真实的历史影子。"七雄攻忒拜"的故事反映了迈锡尼时代南北两大强国——迈锡尼和忒拜——争霸的史实。神话还讲述了派罗斯与伊利斯的战争、赫拉克勒斯对派罗斯和伊利斯的征讨、忒拜与俄耳科墨诺斯为争夺彼奥提亚霸权而进行的旷日持久的战争、克里特国王米诺斯对雅典和麦加拉的战争，等等。迈锡尼时代也是海外扩张的时代：阿耳戈英雄夺取金羊毛的历险可能暗示了伊奥尔库斯邦的美尼亚人对黑海的一次商业远征；柏勒洛丰的历险故事表明迈锡尼希腊人开始充当海外雇佣兵；赫拉克勒斯的海外冒险表

明迈锡尼王国的扩张足迹已延伸到色雷斯、小亚细亚、北非甚至地中海西部地区；特洛伊战争则是希腊人记忆中迈锡尼人最大的海外军事冒险。考古证实：迈锡尼人确属开放的海上民族，他们的商业和殖民活动遍及地中海东岸地区；西向的商业开发也有迹可寻。狩猎活动也是迈锡尼人热衷的生活方式：神话中伟大的英雄也是出色的猎手，如赫拉克勒斯、墨勒阿革洛斯等，甚至还出现了著名的女猎手阿塔兰塔。卡吕冬狩猎野猪的神话汇集了全希腊最伟大的英雄。劫夺偷盗畜群马匹是一种光荣的冒险：赫拉克勒斯劫走色雷斯王的宝马、巨人革律翁的牛群，被认为是建立了盖世的伟业；派罗斯王涅斯托尔少年时偷袭伊利斯，获牛50头，战马150匹，遂扬名世间；阿伽门农在奥里斯港口集军待发之际，仍忘不了围猎消遣，射杀了阿耳忒弥斯女神的赤牝鹿，结果触怒神明，惹出诸多事端，等等。神话大量充斥的狩猎内容同迈锡尼壁画、印章上所反映的丰富的猎兽场景十分吻合。

这样一个战争频仍、生活方式粗朴豪放、颇具冒险传奇色彩的社会环境，无疑是滋生繁衍英雄传奇故事的深厚土壤。迈锡尼时代是充满冒险和进取精神的时代，迈锡尼民族是尚武好战的民族，迈锡尼贵族是自命不凡，以神裔自居，以门第为荣，以战争狩猎为乐，渴望建功立业、扬名后世的人，有了这样的社会环境，这样的社会成员，这样非凡的生活经验，英雄传奇故事应运而生也就在情理之中了。

（二）迈锡尼时代的神话及其证据

迈锡尼时代是造就英雄的时代，有英雄故事滋生的土壤。"迈锡尼时期的主要功绩，在于英雄时代以及种种丰功伟绩的构想之形成。迈锡尼贵族们喜欢听歌颂其先王先祖业绩的传奇故事，也希望自己的业绩流传后世，因而迈锡尼时代的英雄冒险故事当为数不少，但未必像后世渲染的那样神乎其神，英雄故事多以当代的人物和事件为蓝本进行加工创造，因而尚与事实相去不远。比如忒拜战争和特洛伊战争，均发生于迈锡尼文明寂亡前一二百年间，尚不可能被加工得十分离奇，只有那些发轫于迈锡尼时代早期或传承更古远的英雄传奇，神幻色彩才更深厚些。迈锡尼时代的英雄故事必有其当代社会的现实基础，但流传到历史时期时已变成离奇荒诞的神话了，其虚构的成分远远超过了写实的成分。即使如此，我们仍能从历史时期的神话中一窥迈锡尼人热衷的英雄故事主题，如部落王朝之间的战争；列国间政治上的纵横捭阖，外交联姻结盟以及向敌国避难者提供政治庇护等。对海外的劫掠冒险、海盗式的商业远航、移民迁徙活动、建城故事、狩猎活动、王室内部的倾轧和诸王族的谱系等也是英雄神话热衷的主题。从线文B泥版看，迈

锡尼神祇的数量已颇可观，其中一半为后世神话所熟知，如宙斯、赫拉、波塞冬等。可以想象迈锡尼时代有关神祇的神话也颇可观，可能涉及男神女神的"圣婚"、神秘祭礼的阐释、诸神的谱系和创世神话等。迈锡尼时代是开放的时代，迈锡尼民族是开放的民族，印欧的、东方的、前希腊土著的种种神话成分都在这个时代熔炉中相聚合。迈锡尼时代的前两百年是所谓"米诺化"的时代，克里特的神祇祭礼和神话涌入本土；后三百年是史前希腊本土海外交往的极盛期，是东方神话流入本土的一个重要历史契机。有此社会条件和历史机遇，迈锡尼时代神话的繁荣是完全可能的。然而，如果我们试图寻找该时代直接的神话证据，必定大失所望，所获甚微，这是应做出解释的事实。迈锡尼时代直接神话证据的匮乏主要体现在以下两个方面：

第一，没有同时代的书面神话文献传世。迈锡尼时代虽有文字线文 B，但只用于宫廷账目登记，绝无政治、历史的记录，更无神话和任何形式的书面文学作品。与同代东方古国相比，迈锡尼社会的统治者们尚武而少文，可能根本就不知晓文字，缺乏东方君主的那种文学雅好，迈锡尼世界迄今未发现那种东方式的图书馆。迈锡尼时代的文学可能仅仅停留在口传阶段，神话是以口传方式在宫廷和民间流传的，不著文字。

第二，神话主题的艺术造型有如凤毛麟角，且难以辨别确认。克里特迈锡尼时代的艺术造型，如壁画、印章、雕刻、陶画等，有装饰风格的图案；有自然写实的图案；其中不乏祭礼、战争、狩猎的场景和神灵精怪的形象。一些后世神话熟悉的形象也时有所见，如人身狮首的斯芬克斯、鹰首狮身的格里芬等。然而，反映神话故事情节片段的图景却极鲜见，即使有也意义模糊，难以确认。现知所谓反映神话内容的造型如下：其一，某陶器图案。一男子手执天平状物立于驾御战车的武士前，被解释为荷马史诗《伊利亚特》中的一个场景：宙斯执天平决定特洛伊战争交战双方的命运。其二，登德拉蓝玻璃饰板图案。上刻一妇女骑在公牛背上，被推测是表现宙斯化作白牛诱劫腓尼基公主欧罗巴的场景。其三，登德拉另一饰板。其图案是：一位男子面对一头站立的狮子，狮背上似乎长出一颗人头，狮尾很长，马丁·尼尔森相信这是表现英雄柏勒洛丰与女妖喀麦拉搏斗的故事。其四，宝石雕刻图案：两个肯陶洛斯（神话中的马人）各手执一把匕首。其五，克里特印章图案：一男人立船上，似乎正同一跃出海面的海妖搏斗。此妖被当作史诗《奥德赛》中的海妖斯库拉，但神话中描述的斯库拉形象却是长着 6 个狗头的怪物。其六，克里特印章。上刻婴儿吮吸山羊奶的图案，似为婴孩宙斯在克里特狄克忒山喝羊奶长大的神话……马丁·尼尔森曾奠定希腊神话起源于迈锡尼时代的理论基础，但也承认迈锡尼时代神话艺术造型之匮乏。他指出："米

诺艺术所表现的内容是文化而非神话，迈锡尼艺术则完全照搬前者。"他进而指出："迈锡尼人有丰富的神话却未付诸形象，尽管他们的艺术水平很高。这似乎有些令人惊异，但这又并非是不可想象的事实。同样的情况亦见于几何陶艺术中，后者喜欢描述男人马匹和船，但并不表现神话场景，尽管晚期有一二例外，几何陶时期亦属荷马时代，神话本来是很丰富的。

迈锡尼神话证据的匮乏不能证明迈锡尼时代神话本身的匮乏，只能说明迈锡尼时代的神话是口传的，且不习惯于用艺术表现出来。

第三节　忒拜战争

一、忒拜战争的传说

在古希腊人的神话记忆中，特洛伊战争和忒拜战争是英雄时代两次规模最大的战争。前者是希腊人对海外发动的联合军事远征；后者则是希腊内部的战争，是南希腊阿哥利斯的王公对希腊中部的大邦忒拜先后发动的两次战争，尤以第一次的"七雄攻忒拜"战争最为惨烈。按诗人赫西俄德的夸张说法，特洛伊战争与忒拜战争曾使无数将士的英魂奔赴哈得斯冥府，导致了英雄种族的灭绝。忒拜战争的传说十分古远，曾被荷马史诗提及，公元前7世纪至公元前6世纪被编成史诗，形成所谓的"忒拜诗组"。忒拜诗组由三部相互关联的史诗构成：首部为《俄狄浦斯记》，据说是拉西第梦人辛尼冬（Cinaethom of Lacedaemon）的作品，讲述俄狄浦斯的传奇事迹；第二部为《忒拜记》，托名荷马，讲述"七雄"攻忒拜的故事；第三部为《后辈英雄》，亦托名荷马，讲述"七雄"后代为父辈复仇夷平忒拜的故事。遗憾的是，这些史诗均已失传，只遗残篇存世。我们现在了解的忒拜战争故事主要来自悲剧诗人、史家和神话编纂者的作品，其中最重要的资料源是埃斯库罗斯的《七雄攻忒拜》、索福克勒斯的《安提戈涅》、欧里庇得斯的《腓尼基妇女》以及阿波罗多洛斯、狄奥多罗斯（Diodorus）和波桑尼阿斯（Possanias）等古典作家的作品。

忒拜战争是俄狄浦斯的双生子因争夺忒拜王位所引发的。按波桑尼阿斯援引《俄狄浦斯记》可知：俄狄浦斯与其第二位妻子曾生育二子二女，他们分别是厄特奥克勒斯（Uttoklers）、波吕尼科斯（Polunichs）、安提戈涅（Antigone）和伊斯墨涅（Ismene）。但在后期悲剧中，这四个子女都成了俄狄浦斯与其母伊奥卡斯忒（Iokaster）的乱伦果实。忒拜战争的起因与俄狄浦

斯对其双生子的诅咒有直接关联。按《忒拜记》的残篇，俄狄浦斯曾因儿子们错将祭牲胯部的肉献给他吃而感到受辱，后又因波吕尼科斯在他面前摆放前王拉伊俄斯（Raios）的遗物，引起痛苦的回忆，遂诅咒二子将为争夺其遗产而相互杀死对方。该情节在后来的悲剧中发生变化。按欧里庇得斯的《腓尼基妇女》可知：俄狄浦斯因长期幽禁深宫而愤懑，诅咒二子必为争夺此宫殿而互相残杀。二子害怕诅咒成真，遂决定不同居于一座宫殿，而是轮流执政。哥哥厄特奥克勒斯先掌权柄，弟弟波吕尼科斯自愿流放，一年后双方轮换。但厄特奥克勒斯执政届满后不愿放权，而将弟弟流放。后者前往阿尔哥斯，被国王阿德拉斯图斯招为东床驸马，并召集阿尔哥斯军队助其夺回忒拜王权，遂有"七雄攻忒拜"之战。按索福克勒斯的悲剧《俄狄浦斯在科罗诺斯》的情节，在"七雄"攻打忒拜前夕，波吕尼科斯来到科罗诺斯向俄狄浦斯求助，结果遭到父亲的可怕诅咒。另据赫兰尼库斯的残篇，厄特奥克勒斯让波吕尼科斯选择，或统治忒拜，或携带一份财产离去。波吕尼科斯遂携带一份财产前往阿尔哥斯。但不知何故双方最后还是兵戎相见。波吕尼科斯在岳父的帮助下，召集了七位王公，率领阿尔哥斯大军杀奔忒拜城。将领的名单并不固定，但数目"七"是相对稳定的。根据波桑尼阿斯的说法，最初的将领人数可能更多，是埃斯库罗斯把数目降至七位的，旨在攻打忒拜的七座城门。这些将领们大都是统帅阿德拉斯图斯的亲属，其中较著名的人物是卡吕冬王子提丢斯（Titius），他是阿德拉斯图斯的一位女婿。另一位是伟大的先知安菲阿劳斯，他是阿德拉斯图斯的姐夫。安菲阿劳斯预感此次远征必败无疑，出征将领除阿德拉斯图斯外将无一人生还，于是躲藏起来。波吕尼科斯用祖传的项链贿赂其妻厄里费勒（Erifel），迫使安菲阿劳斯十分勉强地参加了远征。阿尔哥斯大军逼近忒拜城时，提丢斯曾受命入城与厄特奥克勒斯谈判。他和忒拜将领们比武并轻易战胜对手们，表现得异常神勇；回途中遇50人伏击，但被他尽皆杀死，只饶一人回城报信。此情节被《伊利亚特》数次提及。埃斯库罗斯的《七雄攻忒拜》则具体描绘了此次攻城恶战：大军兵临城下，忒拜严阵以待；统帅阿德拉斯图斯分派"七雄"各自攻打一座城门，厄特奥克勒斯也调兵遣将逐一防守。然而冤家路窄，波吕尼科斯所攻城门正是厄特奥克勒斯负责把守的城门。战斗结果是阿尔哥斯军队兵败如山倒，"七雄"尽殁于战场；卡帕纽斯自我吹嘘，遭宙斯雷击死于城墙上；提丢斯濒死之际竟吸吮敌人脑髓，被雅典娜女神厌恶，因而失去永生机会；安菲阿劳斯连人带车马被裂开的大地吞没；波吕尼科斯与厄特奥克勒斯互相刺死对方，应验其父之诅咒；唯有统帅阿德拉斯图斯借快马逃生。

十年后，"七雄"之子，即所谓的"后辈英雄"为父辈报仇，发动了第

二次忒拜战争。按荷马的说法，他们赢得了战争。希罗多德曾提到史诗《后辈英雄》，悲剧诗人们也都创作过同名悲剧，但均已散佚。我们了解的故事情节主要来自晚期作家的作品，如阿波罗多洛斯、狄奥多罗斯和波桑尼阿斯的著作等，以及古代的注释。大致情节是，"七雄"之子根据神谕，推选安菲阿劳斯之子阿尔克迈翁（Alkmaion）为统帅，挥师忒拜。厄特奥克勒斯之子拉俄达玛斯（Laodamas）出城迎战，结果战败，被阿尔克迈翁所杀，忒拜人遁入城中防守。根据狄奥多罗斯的说法，卡德美亚人采纳年迈的盲人先知提瑞西阿斯的建议，在夜幕掩护下弃城北遁。忒拜城则被阿尔哥斯人夷平。按波桑尼阿斯的说法，拉俄达玛斯并未罹难，而是率领逃逸的臣民北上伊利里亚开辟新家园。波吕尼科斯之子特桑德尔登上忒拜王位，并召回流散的部分卡德美亚人，忒拜自此势衰。按"荷马船表"，只有"下城忒拜"参加了20年后对特洛伊的远征。

二、"俄狄浦斯的羊群"

忒拜战争的直接起因，按照传说，是兄弟阋墙，争夺王位。然而，诗人赫西俄德的几行诗却把这个问题复杂化了。在谈到"英雄时代"人类灭绝的原因时，《田功农时》曾有如下陈述："严酷的战争和可怕的搏杀摧毁了他们当中的一部分人，一些人为俄狄浦斯的羊群而战死在卡德谟斯疆土上，另一些人为金发的海伦乘船来到特洛伊的宽阔海湾。"❶

按照赫西俄德的说法，导致"英雄时代"人类灭绝的原因是两次大的战争，一次是特洛伊战争，另一次是因"俄狄浦斯的羊群"而爆发的战争，鏖战地点是"有七座城门的忒拜"。这后一场战争，即"俄狄浦斯羊群之役"究竟指的是哪次战争呢？对比学者们出现了意见分歧。德国古典学者卡尔·罗伯特认为，这场战争并非人们所熟知的"七雄攻忒拜"战争，而是忒拜人与近邻俄尔科墨诺斯的美尼亚人进行的一次地方战争，起因是美尼亚人劫掠俄狄浦斯的羊群。罗伯特注意到，史话家佩里基德斯的残篇曾记载，俄狄浦斯的两个儿子死于同美尼亚人的战争，而荷马明确说明俄狄浦斯死在忒拜，且从所用的动词来看，他很可能是战死而非自然死亡。因而，罗伯特认为，俄狄浦斯也是在这场保卫畜群的战役中被美尼亚人所杀。在这场冲突中，俄狄浦斯是国王，是忒拜人的统帅，也是战死沙场的英雄，因而被同胞们隆重安葬，如《伊利亚特》中所描述的。他提醒说，忒拜人曾与近邻部族发生多次冲突，"俄狄浦斯羊群之役"只是其中之一。史诗《忒拜记》只是把史前忒

---

❶ 巫宝三主编. 古代希腊、罗马经济思想资料选辑 [M]. 厉以平，郭小凌，编译. 北京：商务印书馆，1990:137.

拜的历次战斗传说凝聚成一次伟大的战争故事而已。❶

罗伯特对"俄狄浦斯羊群之役"的历史复原得到很多学者的支持，迄今仍保持影响力。《彼奥提亚史》的作者罗伯特·巴克就主张，"俄狄浦斯羊群之役"和"七雄攻忒拜"本是两回事。他指出，忒拜与俄尔科墨诺斯之间的神话战争是得到考古支持的。公元前14世纪后期至公元前13世纪，彼奥提亚各城市纷纷修筑城防工事。此种做法好像不是为了防御外敌，而是出于相互间的敌意，说明彼奥提亚各城市已分裂成相互对峙的集团，忒拜和俄尔科墨诺斯是主要的竞争对手。他主张把"俄狄浦斯羊群之役"看作"俄尔科墨诺斯人与其忒拜近邻鏖战的例证"，❷并和忒拜与阿尔哥斯人的战争区分开来。他指出，劫掠羊群一般是"近邻间的游戏"，因为驱赶羊群很缓慢。巴克还指出，赫西俄德描述的"俄狄浦斯羊群之役"造成了极其惨重的伤亡，而荷马却说俄狄浦斯是暴死的。如果俄狄浦斯战死于"羊群之役"，而"七雄"首领阿德拉斯图斯的女儿阿尔吉亚前来出席俄狄浦斯的葬礼，说明"羊群之役"应"稍早于阿尔哥斯人发动的那场战争"❸。

马丁·尼尔森的看法与罗伯特相反，他认为赫西俄德提到的"羊群之役"只能是传说中轰轰烈烈的忒拜战争，否则就没有资格与伟大的特洛伊战争并列，作为"英雄时代"导致人类灭绝的两大战争之一。他认为史诗最初把忒拜战争的起因归于抢夺畜群，并把著名的传说人物俄狄浦斯吸收进来，让他成为战争统帅和殉国英雄。后来，这场战争的最初起因"抢夺牲畜"被"兄弟阋墙"主题所取代，俄狄浦斯遂退出这场战争。因而，赫西俄德所谓的"俄狄浦斯的羊群"只是忒拜战争的一个早期起因而已。

由于忒拜战争的史诗失传，学者们对赫西俄德的诗句产生误解，杜撰出一场子虚乌有的战争——"俄狄浦斯羊群之役"，并将之解释为历史上俄尔科墨诺斯与忒拜因抢夺畜群而引发的一次真实的冲突。赫西俄德所谓的"俄狄浦斯的羊群"的真正含义是"财产"或"王国"，争夺俄狄浦斯的遗产和王位继承权是史诗给出的忒拜战争的起因。所谓忒拜与近邻因"劫夺羊群"而引发的地方战争完全是望文生义的曲解，并不见于早期的史诗传说，在历史上也是子虚乌有的。然而，我们依然不能确知忒拜战争爆发的真正起因。"兄弟阋墙"争夺王国继承权的可能性是存在的，但考虑到该主题是民间故

❶ 出自卡尔·罗伯特的《俄狄浦斯》(第1卷)，柏林1915年版，第121页。本文转引自马丁·尼尔森和埃托尔·辛伽诺(Ettore Cingano)的相关论著。

❷ 埃托尔·辛伽诺. 史诗传说中的俄狄浦斯之死("The Death of Oedipus in the Epic Tradition")[J]. 芬尼克斯，1992(46):11.

❸ 罗伯特·巴克. 彼奥提亚史[M]. 加拿大：阿尔贝尔塔大学出版社，1979:62.

事的常见类型，因而对其历史现实性还应持慎重态度。即使王室内讧的传说确有其史实基础，我们也仍要从迈锡尼世界的政治军事大背景加以考虑，从南北两大列强争夺希腊宗主权的角度分析战争的真正起因。

武拜战争被古希腊人视为"英雄时代"两场规模最大、伤亡最惨重的战争之一。这场战争在古希腊人集体记忆中弥久难忘，因而在希腊古风时代前期被谱写成史诗诗组。很多古典学者相信这场战争在史前希腊真实地发生过，对其历史性的质疑远比对特洛伊战争的质疑要小。如果我们相信其史实基础，并将之置于希腊社会和历史的具体环境中加以考察，那么，这场战争最有可能发生于迈锡尼时代晚期，很可能反映了迈锡尼世界南北两列强争霸的史实。考古调查表明，迈锡尼时代晚期的武拜曾先后存在两个轴向和建筑风格不同的宫殿建筑，而且都被火焚毁过。新宫殿可能毁灭于公元前1250年稍前，但我们没有把握说，新宫殿被焚毁的年代早于特洛伊战争（特洛伊战争的历史性和年代尚未确定。如果确有其事，则可能发生在公元前1300年至公元前1250年之间）。武拜旧宫殿的毁灭时间约在公元前1350年至公元前1300年间，提前于假想的特洛伊战争年代，因而有可能毁于传说的武拜战争。

对于"俄狄浦斯羊群之役"与武拜战争的关系，我们认为前者不是一次独立的战争，而是望文生义创造出来的子虚乌有的战争。从赫西俄德的史诗文本所表达的意义看，武拜战争的起因与列强之间争夺畜群无关，而是武拜王室内部争夺先王遗产和王位所导致的；至于战争的实际起因，可能与希腊南北列强的霸权角逐和利益冲突有关，但这仅仅是一种猜测。战争的真相恐怕会永远迷失在历史的迷雾中。

第四节　特洛伊战争

一、特洛伊战争的传说

在今天土耳其境内西北查纳卡省境内坐落着一座古堡，相传为特洛伊所建，故得名特洛伊。三千多年前（公元前13世纪末），特洛伊爆发了一场神、人共同参与的战争——特洛伊战争。闻名于世的《荷马史诗》便取材于这场战争。

关于这场战争还有一段有趣的传说：相传在希腊的奥林匹斯山上有一个神的天国，住着掌管一切的天神宙斯和王后赫拉，他们有成群的儿女，如智慧女神雅典娜、太阳神阿波罗、海神波塞冬、战神阿瑞斯等，他们威力无

穷，拥有种种特权。一天，大地之神感到负担太重，请求宙斯减少压在他身上的人口，宙斯便制造了互相残杀的"特洛伊战争"。

不过，人们关于这场战争的经过，主要还是从《荷马史诗》中了解到的：一次，特洛伊王子帕里斯渡海到斯巴达（古希腊的一个城邦）做客，适逢斯巴达王墨涅拉俄斯外出奔丧。王后海伦接待了他，海伦美艳动人，深深吸引了帕里斯，帕里斯设法拐走了海伦。墨涅拉俄斯闻讯赶回，但已追赶不上。他向自己的哥哥迈锡尼王阿伽门农求援，阿伽门农号令希腊盟友，组成一支拥有1186只战舰和10万大军的联军，直奔特洛伊城下。阿伽门农手下拥有众多良将，如勇猛的阿喀琉斯、足智多谋的奥德修斯、善于辞令的涅斯托尔、大嗓门的狄俄墨得斯。特洛伊人在王子赫克托耳的率领下，联合附近部落，殊死抵抗。希腊联军连续九年攻不下特洛伊城。到第十年，联军将领间发生争吵，阿喀琉斯退出战斗，特洛伊人趁机反攻，希腊联军损失惨重。直到阿喀琉斯重返战斗杀死赫克托耳，阿卡亚人（即希腊人）方转败为胜。但特洛伊城堡依然岿然不动，难以攻克。

随后一个叫伊派俄斯的人，在女神雅典娜的授意下，献出一计：阿卡亚人烧毁了自己的营帐，佯称回国，在特洛伊城外留下一只大木马，里面躲藏了许多勇士，包括奥德修斯。特洛伊人信以为真，将木马当作战利品拖回城内。这时只有海神庙的祭司拉奥孔怀疑这匹木马，警告特洛伊人："你们怎能相信敌人留下的东西没有诡计呢？"雅典娜立刻派两条毒蛇把拉奥孔和他的两个儿子缠住，还咬死了他们，特洛伊人惊慌失色，以为拉奥孔冒犯了神灵，便不再怀疑木马有诈。

当晚，特洛伊人载歌载舞，大摆酒宴，欢庆胜利。深夜，人们尽兴而散，疲劳的特洛伊人进入梦乡，城市死一般的寂静。这时阿卡亚的勇士从木马里爬出，偷偷打开城门，等候在城外的联军蜂拥而入，围攻十年不下的特洛伊城就此陷落，特洛伊城被洗劫一空，青年男子被杀，妇女儿童沦为俘虏，昔日繁华的城堡顿时成为一片废墟。由此，西方人将"特洛伊木马"喻为用诡计欺骗别人，流传沿用至今。

一段时间里，人们对是否有特洛伊城和特洛伊战争众说纷纭，难辨真假。直到德国考古学家施里曼（1822—1890年）在小亚细亚西北角找到古代特洛伊城，人们才对《荷马史诗》里的这段故事深信不疑。

早在古风时代，有关特洛伊战争的故事就已形成系列史诗诗组。该诗组由八部史诗构成，荷马的《伊利亚特》和《奥德赛》只是其中最优秀的两部，余者尽皆散佚，但其内容梗概借助普罗克鲁斯（Proclus）的散文体《文

摘》幸存下来。❶雅典尼乌斯、波桑尼阿斯等古典作家也补充了已佚史诗的某些细节。特洛伊战争的故事在古希腊家喻户晓，也是古典作家钟爱的故事主题，被反复引用和再创作。抒情诗、悲剧、史书和散文故事集均涉及该方面内容。

有关特洛伊及其周边地理风物的起源存在很多解释性神话，如克里特王子斯卡曼德尔（Scamander）率领臣民向弗里吉亚殖民的故事。他们把定居地附近的山命名为伊达山，以纪念克里特伊达山的宙斯。斯卡曼德尔在与土著人的战斗中跳入河中，化为河神，此河遂得名斯卡曼德尔河。此故事解释了伊达山和斯卡曼德尔河的由来。斯卡曼德尔与自然神女伊达结婚，生子透克尔（Teucer），后者是早期特洛伊诸王的祖先。按维吉尔的说法，是透克尔率领克里特人移民到特洛伊平原的。然而，根据荷马在《伊利亚特》中的描述，特洛伊英雄埃涅阿斯曾向阿喀琉斯炫耀其家世，向前追溯了六代祖先，其始祖是宙斯之子达尔达诺斯（Dardanus）。他在伊达山的山坡建立了一个居民点，并以自己的名字命名。达尔达诺斯生子厄里克桑尼乌斯，厄里克桑尼乌斯生子特洛斯（Tros）。特洛斯有三子，分别是伊罗斯、阿萨拉科斯和伽尼墨德斯，第三子曾被神明劫往天界充当侍酒童。伊罗斯生拉俄墨冬。拉俄墨冬生五子，长子提透诺斯（Tithonus）被黎明女神厄俄斯劫走，与之结为夫妇，生子门农（Memnon）；幼子为普里阿姆，即特洛伊战争时期的老国王。阿萨拉科斯生卡皮斯，卡皮斯生安喀塞斯，而安喀塞斯与美神阿芙洛狄忒的浪漫情史载于《荷马的阿芙洛狄忒颂歌》。埃涅阿斯则为安喀塞斯与美神之子。

根据阿波罗多洛斯所著的《文库》，达尔达诺斯从萨摩色雷斯岛迁移至特洛伊平原，被国王透克尔招为驸马。他在伊达山山坡建达尔达尼亚城（Dardania），并在透克尔死后继承其王位。但另据维吉尔所说，达尔达诺斯的家乡在意大利，埃涅阿斯在特洛伊城沦陷后率族人至意大利，实为回归祖先发源地的寻根之旅。阿波罗多洛斯继续讲述特洛伊早期诸王的业绩：特洛斯以自己的名字命名其国，此为特洛伊和特洛伊地区之由来。遵照神谕，伊罗斯王子追踪一头母牛在其停歇处建起伊利昂城。雅典娜神像（Palladium）自天而降，特洛伊人遂为女神建庙，此神像成为伊利昂城幸运的保障。

特洛伊的起源和建城故事只不过是些解释性神话，没有什么历史价值，不足为信。在希腊人的记忆中，特洛伊战争不止一次。据说赫拉克勒斯曾发

---

❶ 普罗克鲁斯可能是公元 2 世纪的一位文法家，也可能是公元 5 世纪的一位新柏拉图主义哲学家，其《文摘》部分保存在公元 9 世纪的拜占庭学者弗提乌斯（Photius）的《文库》（SMWem) 中，部分保存在《伊利亚特》的古代注释中。

动"第一次特洛伊战争",而此事曾被荷马提及,赫西俄德和品达等诗人的残篇、《伊利亚特》的注释以及狄奥多罗斯的史著等也提及此战争之由来和结果。大致内容是:波塞冬与阿波罗曾帮助特洛伊国王拉俄墨冬修建城墙,但拉俄墨冬拒付酬金,波塞冬遂派海怪骚扰之。拉俄墨冬遵照神谕,被迫将女儿赫西俄涅绑缚于海岸悬崖上,准备献给海怪。幸亏赫拉克勒斯赶来相救,赫西俄涅才免于厄运。然而,吝啬的拉俄墨冬拒付良马酬劳英雄。赫氏怒归故土,率领六艘战舰重返并攻陷特洛伊,杀拉俄墨冬及其诸子,将公主赫西俄涅赠予战友忒拉蒙,仅宽恕拉俄墨冬之幼子普里阿姆,扶立他为特洛伊王。普里阿姆共有子嗣50人,其中19人为王后赫卡柏(Hecabe)所生。有关特洛伊战争肇事者帕里斯的早年传奇生涯,许金努斯曾有详述:帕里斯出生时,其母赫卡柏梦生火炬焚毁特洛伊城。预言家释之为不祥。婴孩遂被弃于伊达山中,被母熊哺育,后被牧人收养,成年后与父兄相认团圆。❶

以上为早期故事,因记载零散,故叙述不详。后期的战争故事,因古典文献有丰富记载,基本情节多为人熟知。

二、古希腊人看特洛伊战争

(一)特洛伊战争的史实性

古希腊人对特洛伊战争的历史真实性是深信不疑的。不仅老百姓如此,知识界亦如此。无论是"历史之父"希罗多德,还是以理性和客观性著称的历史学家修昔底德,都把特洛伊战争的传说当作史实看待。只有智者阿那克萨哥拉(Anaxagoras)表示怀疑,理由是没有证据。

希罗多德在其《历史》中分析了希腊与波斯战争的起源,声称特洛伊王子亚历山大(即帕里斯)劫持海伦是欧亚两洲的早期宿怨之一,而希腊人毁灭特洛伊是亚洲人"敌视希腊人的开端"。希罗多德在埃及旅行时曾向埃及祭司询问劫持海伦的故事,埃及祭司似乎对之并不陌生,还煞有介事地说:"帕里斯劫走墨涅拉俄斯的妻子海伦及其财宝后曾辗转在埃及停泊。"帕里斯叛逃的奴仆向埃及法老普罗透斯(Proteus)告发主人的不义之举,结果海伦连同帕里斯所劫财富均被法老扣留。希腊舰队开赴特洛伊,在海岸扎营,派使节与特洛伊人谈判,要求退回海伦和所劫财富,但特洛伊人声称海伦和财宝均在埃及,无法退还。希腊人认为特洛伊人撒谎,遂围攻城池,城陷后果然未发现海伦。墨涅拉俄斯于是访问埃及,受到法老热情款待,收回财宝,

---

❶ [德]汉斯·布鲁门伯格.神话研究(下)[M].胡继华,译.上海:上海人民出版社,2014:52.

与海伦夫妻团圆。祭司们向希罗多德介绍了墨涅拉俄斯在埃及的一些传闻，并且"言之确凿"。希罗多德认为荷马也了解这个故事，荷马史诗的字里行间已显露蛛丝马迹，如帕里斯在希腊劫持海伦后并未直接返回故乡，而是曾在途中劫掠过腓尼基的西顿；墨涅拉俄斯夫妇在战争结束后返乡期间也曾在埃及驻留，但荷马觉得这个埃及版本的海伦故事并不适合他的史诗情节，因而故意放弃。然而，希罗多德相信埃及祭司讲述的海伦故事更真实，理由是，如果海伦果真到了特洛伊，当希腊人围城时，特洛伊人肯定会交出海伦。他们不会如此不理智，不惜倾尽全国全城之力留住红颜佳丽。❶

海伦留在埃及的说法，如果真如希罗多德所说，是荷马知道但弃而不用的版本，那就说明该故事版本是非常古老的。希腊抒情诗人斯忒斯科曾发明"幻影说"，称被帕里斯劫往特洛伊的海伦只是神明制造的一个幻影，其真身留在了埃及。欧里庇得斯后来据此编成悲剧《海伦》。有趣的是，希罗多德的海伦故事是从埃及祭司那里获悉的。英国古典学者鲍拉分析，埃及祭司的主要信息很可能来自埃及的希腊旅行者。❷看来，希罗多德的海伦故事属于"出口转内销"。这个故事在希腊本来流传很久了，公元前 6 世纪的斯忒斯科就曾讲过类似的故事。希罗多德借埃及祭司之口讲出来，旨在说明海伦留住埃及的传闻确有其事。

希罗多德通常被看作是有闻必录的历史学家，他对所见所闻常常不加甄别。然而，对特洛伊战争的传说，希罗多德确实显示出他的批判精神。他采纳了特洛伊战争的埃及版本，并认为该版本比荷马的版本更合乎情理。作为历史学家，他显然是最早的荷马批评者。他虽然质疑荷马的权威说法，但却并不怀疑特洛伊战争的史实基础。他对特洛伊战争究竟抱怎样的信仰呢？学者奈维勒的归纳显得既生动又全面：

希罗多德自己的信仰似可表述如下：特洛伊曾是一座繁荣的城市，也是一个帝国，但如今已繁华不再。为解释此现象，各种传说纷纷出笼。荷马就给出一个传说版本，尽管他还知道另一版本，但我们必须记住他是诗人，不是历史学家，因而他不必关注历史的精确性。历史上可确知的事情是，特洛伊曾繁盛一时，但最后被"完全摧毁了"，该城市原先的人口四处流散，事情大约发生在我生活的时代之前 800 年。以上三项是希罗多德直接讲出的全部"事实"。

---

❶ 克西尔·鲍拉. 斯忒斯科的两篇《帕利诺德》（"The Two Palinodes of Stesichorus"）[J]. 古典评论, 1963(13):251.

❷ 詹姆斯·奈维勒. 希罗多德论特洛伊战争 [J]. 希腊与罗马, 1977(24):12.

看来，"历史之父"对古代传说的信仰可概括为：相信传说最基本的历史内核，但在细节上予以订正，选择更合情合理的故事版本。这种态度在古希腊史学界带有普遍性，以缜密客观著称的修昔底德亦如是。

修昔底德在其《伯罗奔尼撒战争史》一书中首先追溯了史前时期的希腊历史。他认为"没有理由怀疑特洛伊远征是往昔所曾发生的最大一次远征"，它是"全希腊共同行动"的最早记载。阿伽门农一定是当时最有权势的统治者，作为"诸多岛屿和全阿尔哥斯之王"，必定拥有强大的海军，因而有实力召集各路诸侯，组成联合舰队进攻特洛伊。诸侯们应召而来显然不是因为他们曾向斯巴达国王廷达瑞斯（Tindaris）发誓保护海伦和她选择的丈夫，而是因为阿伽门农实力强大。荷马讲的故事基本属实，但细节上却未必真实。因为荷马是位诗人，他塑造的诗歌人物可能是被夸大的。从历史进步论的观点出发，他认为史诗夸大了远征特洛伊的希腊舰队的规模。古人由于金钱、给养的缺乏，不可能组织大规模的军事远征。总的来看，修昔底德承认特洛伊战争的史实基础，对此他似乎别无选择，因为没有可靠的史料旁证，也没有现代考古的调查方法，他只能把古代传说当作史实接受下来。他所能做的就是对传说进行理性分析，在肯定其史实性的同时，尽力剔除诗人们的夸张成分，还历史以"本来面貌"。

既然两位伟大的历史学家都对传说的历史真实性持肯定态度，那么那些没有历史分析能力的普通希腊人就更不会怀疑了。古希腊人的历史观是幼稚的，他们把神话看作"古史"，并把神话的"古史"合理化、世俗化和历史化。普通的希腊人普遍相信神话是"古史"，陶醉于先辈的光荣中，知识界的精英们则满足于经过合理化改造的更合乎逻辑的"古史"。这种合理化的"古史"虽然剥去了神秘荒诞的神话外衣，却未必更接近历史的原貌。神话是希腊人珍爱的民族遗产，是希腊人的"根"。没有了"根"，希腊的一切就成了无本之木、无源之水。希腊人是不会毁掉自己的历史根基的。特洛伊战争的故事早已深入人心，融入全民族的意识深层，希腊人不会否定它，只想把它改造得更合理些。

（二）特洛伊战争定年

古希腊人很早就有年代意识。职业化的口传诗人们在讲述"英雄时代"的"古史"时，都试图将"古史"中的人物和事件放在一个年代体系中，尽管该体系只能给出相对的年代，即人物和事件的孰先孰后以及人物间的辈分关系等。在这种相对的编年体系中，特洛伊战争提供了一个参照。这样，故

事讲述者就能清晰地说出哪些人物是特洛伊战争前的老一代英雄，哪些人物是与特洛伊战争同时代的英雄，哪些人物是特洛伊战争以后的英雄。在《伊利亚特》中，派罗斯国王、老英雄涅斯托尔，就是特洛伊战争前的老一代英雄，也是希腊远征军中的一员，是年岁最大、资格最老的英雄。他因年老力衰，不能像青年人那样冲锋陷阵，于是经常怀旧，沉湎于往昔的光荣里，以得到心灵的慰藉。他经验丰富，很受晚辈的尊重，但他的意见却往往不被采纳。阿伽门农、墨涅拉俄斯、奥德修斯、阿喀琉斯等是与特洛伊战争同时代的英雄。他们的后代，如俄瑞斯忒斯、特勒马库斯、尼奥波特勒墨斯（Neopotlemos）等，则属于特洛伊战争以后的晚辈英雄。神话中的事件也有明确的时间先后之分。忒拜的卡德美亚城堡被认为在特洛伊战争前就被摧毁了，因而"荷马船表"（《伊利亚特》第二章）在介绍参加远征的彼奥提亚各路诸侯时，只列出"希波忒拜"，即忒拜下城；荷马还故意不谈赫拉克勒斯子孙回归和爱奥尼亚人殖民等事件，因为这些事件在传说故事中都发生在特洛伊战争之后很久。这表明史诗诗人们也有了朦胧的年代意识。

历史时期的希腊人当然不满足于给"英雄时代"的"古史"以相对年代，而力求给出准确的绝对年代。他们的手段就是追溯和计算谱系，特别是那些古老家族的谱系、斯巴达的王族谱系等。如前文所述，尽管谱系定年的准确性很不可靠，但却是希腊历史学家唯一能够运用的推算方法，这也反映了希腊史家们的历史年代意识的觉醒。

给传说事件以绝对年代，首先要为某个能作为参照标准的重大事件定年，这个重大事件当然就是特洛伊战争。古希腊史家们给出的特洛伊陷落年代各不相同：最早的年代为公元前1334年，是萨摩斯岛的杜里斯（Doulis of Samos）给出的，但很少有人接受；最晚的年代为公元前1049年。希罗多德给出的年代约在公元前1250年，与考古推测的年代相近。"帕罗斯岛大理石碑"（Parian Marble）提供的年代为公元前1209年。亚历山大里亚图书馆馆长厄拉托瑟尼所定年代最有影响力，为公元前1183年。公元前4世纪的雅典史家厄弗罗斯给出的年代较晚，为公元前1135年。

约翰·弗斯狄克（John Foster）指出，各位史家提出的特洛伊陷落年代大多是根据斯巴达王表推算出来的，因为他们都很关注赫拉克勒斯子孙回归的时间。斯巴达王族的谱系是希腊最稳定的谱系，尽管部分是虚构的。希罗多德的定年（公元前1250年）明显是按每代四十年推算的；厄弗罗斯则按每三代一百年推算。厄弗罗斯从斯巴达摄政王波桑尼阿斯去世的年代（公元前469年）向上推算十八代凡600年，推算出赫拉克勒斯子孙回归的时间为公元前1069年，而特洛伊陷落的年代要比"回归"早两代，因而再加上66年，遂为公元前 1135 年。至于被广泛接受的厄拉托瑟尼推出的公元前 1183 年，弗斯狄克认为是参考了克特西亚斯（Ctesias）的年代考订。克特西亚斯是小亚克尼多斯城邦的希腊人，生活在公元前 5 世纪末、前 4 世纪初，曾担任波斯国王阿塔薛西斯二世的宫廷医生，著《波斯史》凡 23 卷，多取材于民间浪漫故事或宫廷传闻，缺乏可靠的历史信息，因而在古代就有"谎言家"之称。他的著作已佚，但被狄奥多罗斯引用，其梗概尚知。希腊人通常认为居鲁士大帝推翻米底开创波斯帝国的年代为第五十五奥林匹亚年（公元前 560 年）。按亚述和米底的年表推算，特洛伊战争应在居鲁士登基前 623 年，即公元前 1183 年。克特西亚斯所陈述的东方历史事件、王表及其所依赖的证据，其不可靠性已被弗斯狄克做了充分论证，这里不再赘言。如果厄拉托瑟尼的确是依靠这种材料确定特洛伊陷落年代的，其可靠性也就可想而知了。

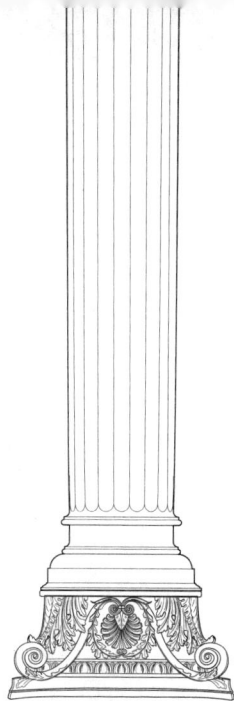

第六章 | 希腊奇迹与荷马的英雄观

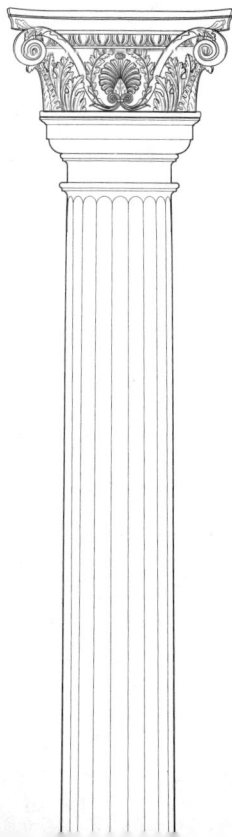

第一节 希腊奇迹的源起

一、欧洲文明的希腊源头

公元前 2000 年前后，一些说希腊语的部族进入巴尔干半岛南部地区，征服了当地的原住民并逐渐与之同化。大约在公元前 1800 年以后，书面希腊语开始缓慢形成，使用这一语言亦即线文 B 泥板所示文字的迈锡尼文明，发轫于公元前 1600 年左右，终止于公元前 1125 年前后。随着迈锡尼王朝的覆灭，希腊文明进入了一个长达 300 余年的黑暗时期（约公元前 1100—前 750 年）。一般认为，荷马生活在公元前 8 世纪，《伊利亚特》和《奥德赛》既是对传闻中发生在迈锡尼时代晚期的某些重大事件的依稀回顾，也是对希腊民族精神衰败之后的再一次凝聚。黑暗时期并非全然乏善可陈。《伊利亚特》形成于那个时期的终末阶段，几何形瓶画也出现在那个时期，此外还有铁器的使用，铁器的逐步普及不仅方便了人们的日常生活，而且有助于生产力的发展。希腊文明随后进入了古风时期（约公元前 750—前 480 年）。公元前 680 年后出现了一些具有标志性意义的人物，包括崇尚张扬个性的抒情诗人阿耳基洛科斯（Alkilocos）、神话知识丰富的苏罗斯哲人菲瑞居德斯（Ferry Gudes），以及曾为雅典人立法并有力推动了希腊城邦民主制形成的政治家梭伦（Solon）。古风时期见证了古老的诗歌与新兴的历史和哲学在知识系谱中的交织，预示了哲学在希腊文化中所占的比重还将在日后得到持续而稳步的提升，这一点既可从梭伦这位有创新意识的雅典政治家仍不得不用诗体写作政论文章中看出，亦可在菲瑞居德斯虽然率先用散文体写作，却依然围绕传统神话展开叙事的矛盾做法中窥见端倪。法国历史学家布罗尔（Broer）在评价 17 世纪荷兰在科学和艺术等诸多方面所取得的辉煌成就时指出：

一个国家的伟大程度是用它所产生的伟人进行衡量的，如果这话确实，那么使 17 世纪的荷兰显得光辉灿烂的，就不是政治事件，也不是经济活动，不管它们曾经激发起怎样的光荣，那些人才济济的学者和艺术家，他们的数

量和质量都是真正惊人的。❶

　　"人才济济的学者和艺术家"不会从天而降。从精神的层面上来说，杰出人才的产生既依赖于文化传统，也依赖于模塑、发展乃至反对传统文化的思想。希腊文明的强项在于文化以及支撑它的观念，而不在于经济的规模和财富。事实上，希腊向来被认为是"缺少资源"乃至"贫瘠"的。这是一个"被埃及和近东文明包围的小国"。希腊，一个如此富有观念的国家，其自然资源却非常贫乏。有鉴于此，我们只需改动几个词，譬如把"一个国家"改成"一种文明"，把"17世纪的荷兰"改作"古代希腊"等，便可将布罗尔的上述见解贴切移用于对古希腊文明的评价。

　　希腊文明的元气在黑暗时期的终末阶段开始逐渐恢复，其发展态势在古风时期的最后几十年里形成规模——倘若可以暂时不计战争和瘟疫的袭扰并仅就其学术能量的焕发而言——在古典时期结束以前达到兴盛的顶峰。如果以"世纪"作为标尺，我们要说从公元前7世纪末，抑或从公元前6世纪初年开始，经由人才辈出的公元前5世纪，希腊文明切实进入了一个全面发展的新时期。及至公元前4世纪末，希腊人在包括哲学、科学、历史、地理、政治、法律、文学、艺术和修辞在内的诸多学科领域内均取得了丰硕的成果，在人类文明发展史上画下了浓墨重彩的一笔。亚历山大的征战传播了希腊文化，至希腊化时期（公元前323—前30年）的晚期，经过地域化改造的希腊文明已经风靡地中海沿岸。然而，任何文明的发展都会经受波折。公元前4世纪晚期，希腊文明在其本土已面临内外交困的窘境，此后便踩着兴盛的余晖逐渐走向衰落。撇开公元前338年前后马其顿王国对希腊的"统一"不谈（一些希腊历史学家倾向于把这看作是一场内战），公元前146年无疑是希腊历史上一个具有标志性意义的年份。那一年，罗马军队重创了希腊联军，攻陷了经济和文化重镇科林斯，阿卡亚联盟解体。此后，希腊人无奈地"主随客便"，先后接受了罗马外省官员、斯拉夫豪门和威尼斯贵族的统治。公元1453年，奥斯曼土耳其人攻陷君士坦丁堡，不久后占领整个拜占庭帝国，对希腊进行了长达近400年的统治。希腊人的民族性随着文化生态的改变和族群融合程度的加大而发生变异，取得民族独立以前的他们，已经在一些方面明显不同于其古典时代的祖先。但是，问题的另一个方面是，与单纯

---

❶ 在《剑桥插图古希腊史》的"导言"里，英国希腊史家保罗·卡特里奇列了30位古希腊人的名字，并称假如让时光倒转至公元前3世纪，今天的游人便可能在雅典街头遇到"这些人中的任何一个"（卡特里奇2007：1)，"正是这些人铺设了政治、艺术、文化、教育、哲学和自然科学的基石，以至于随后的西方文明和文化在很大程度上建立在这一基础之上"。

的军事或经济大国不同，文化大国即使在失去自己的国家身份之后依然会发挥隐性作用，其巨大的思想和观念影响力不会随着国家的覆灭而消亡。罗马人多方面修习希腊文化，虽然严重模糊了原创与模仿之间的界限，却也使希腊真迹在退居其次乃至趋于销声匿迹中得到了实际上的传承。希腊哲学还深度渗透了公元 1 世纪后不断发展壮大的基督教的神学肌体，经由几代教父们的努力，与其形成了细密而复杂的综合。尽管必须接受《圣经》的监察，来自不同渠道因而经常显得不甚完备且有些走样的柏拉图和亚里士多德的学说，还是受到中世纪思想家们不同程度的重视，构成了他们中的许多人从学理上认知进而解释世界的理论基础。在拜占庭，希腊文明穿上了东正教的服饰，以某种似是而非的形式缓慢延续，并且在一些方面得到了发展。真正悲惨的事情发生在希腊本土。曾经光彩夺目的雅典，在历次战争中受到了程度不等的破坏，尤以公元 395 年西哥特人的大规模入侵为甚，除了卫城和帕提侬神庙外，所有的公共建筑均遭损毁，城市的繁华区域几乎被夷为平地。以雅典为代表的古希腊文明逐渐"消失"，在中世纪最初的几百年里，这座文化名城昔日的辉煌几乎已完全淡出了人们的记忆。19 世纪初期，当年轻气盛的拜伦来到希腊时，他发现绝大多数民众都以一个庞大多民族帝国内的东正教基督徒自居，"根本不认为自己是希腊人"。总地说来，他们对曾经创造过灿烂文明的祖先"丝毫不感兴趣"，对先人们所取得的伟大成就所知甚微。

文艺复兴为古希腊文明的再生提供了契机。16 世纪，更多的旅行家和游记作者开始了所谓的"东方之旅"，重点造访了君士坦丁堡和耶路撒冷等历史与宗教名城，个别人也附带游历了雅典和科林斯等希腊城镇。一些与古希腊文明相关的报道开始流传，雅典慢慢摆脱了中世纪时的默默无闻，开始进入学者和文人的视野。尽管如此，当时的许多人仍然对罗马抱有文化上的好感，依然把它当作欧洲古代文明唯一的摇篮。17 世纪下半叶，伴随着"欧洲意识"的提升，人们加大了对希腊的亲近感，逐步意识到用世俗的眼光看问题，古老希腊文明的沃土中埋藏着欧洲文化的根基。法国游记作家雅各布·斯蓬记叙了轮船上的游客们见到"希腊人口"时的激动心情，盛赞希腊人的祖先"为科学和艺术的开山鼻祖"。18 世纪的欧洲人崇尚理性（尽管他们同时也推波助澜了浪漫主义思潮的兴起），见证了这股"希腊热"的蔓延，切身感受到了它的持续升温。英国哲学家大卫·休谟（David Hume）称赞古希腊人"孕育出艺术和科学的繁荣"，他们的科学成就"至今仍为世人惊叹"，欧洲已经希腊化了，"已经在更大规模上演变为曾是袖珍典范的希腊的翻版了"。在整个 18 世纪和 19 世纪，希腊文明是欧洲作家和思想家们交口称颂乃至竞相赞褒的对象。希腊是欧洲的母亲，希腊精神就是欧洲精神，希

腊人为欧洲文明的发展树立了值得认真效仿的榜样。这种对希腊文明的仰慕之情，在 19 世纪德国学者的表述中达到了无以复加的顶峰。从温克尔曼到歌德，从洪堡到谢林和费希特，许多德国知识分子于不知不觉之中彻底接受了希腊的文化专制，无论就深度还是广度而言，都比他们的英国和法国同僚们更广泛，也更有效地开发了希腊文明的可赞颂潜质。与经济和制度殖民不同，思想和观念的殖民有时是不易被察觉的。

欧洲的一切都源于希腊，这一点逐渐成为受过古典教育的许多学界人士的共识。对希腊的赞慕逐渐演变为敬仰，并由敬仰演变为有时也许会附带一些盲目意味的崇拜。爱伦·坡（Allan Poe）叹称"光荣属于希腊"；雪莱亦以诗人的激情，自豪地宣称"我们都是希腊人"。希腊人白手起家，创造了一种崭新的生活方式，缔造了一种彪炳史册的文明。人们对希腊推崇备至，对希腊人赞誉有加：希腊人是"受宠的民族""诸神之子""最了不起的民族""具有超常创造力和竞争力的一群人"，他们为西方乃至人类文明"奠基"，创造了人类发展史上的"奇迹"，是真正意义上空前绝后的"天才"。

二、希腊奇迹

希腊文明是一个奇迹，而希腊人是一个具备罕见原创能力的民族。

"希腊奇迹"的具体所指有所不同，涵盖面亦有服从于著述者主观愿望的伸缩性，可大可小。有的学者会青睐荷马史诗，而如果让温克尔曼来选择，他也许会把目光首先投向造型艺术。伯奈特心目中的希腊奇迹指泰勒斯等伊奥尼亚自然研究者们所取得的哲学成就，耶格尔亦把哲学的产生看作是希腊心智最具奇迹效应的创造（the Greek mind's most miraculous creation），而法国当代哲学家菲利普·尼摩则把城邦的政制建设纳入了这一概念的指涉范围，指出只有在与古代神圣君主制国家相关的最后一个转变发生之后，"希腊奇迹"才最终完成一些学者重视知识的智性含量，倾向于在特殊天赋或心智能量与希腊奇迹之间画出等号，而并非所有的思考都能产生思想，思维的有效性决定它的质量。在莱昂·罗斑（Leon Roban）看来，讨论希腊人的功绩，思想是一个不能忽略的范畴："思想在希腊取得了这样新的性格——它变成了思辨的思想——这是'希腊的奇迹'的一个方面。"与上述侧重于单项的评价不同，许多学者倾向于采取合成的解析姿态，把"希腊奇迹"看作是对希腊文明的总体评价。"希腊奇迹"可以指"一时""一事"，但其精神魅力的极致释放却是"历时"的，需要把"整体"作为自己的评估对象。由荷马史诗，人们看到了一个奇迹般出现的、纯粹而富足的希腊文明。公元前8—前 4 世纪乃"希腊的伟大时代"（Great Age of Greece）。"希腊奇迹"是

对一种伟大文明现象的整体概括，它基于理性，也融入了情感，是最能体现几个世纪以来西方人对希腊文明不绝于耳的高度赞誉的概念总结。"一个只有几千名男子的族群（people of a few thousand men），原先居住在巴尔干半岛的南端，其土地面积仅为法国的十分之一"，后来却能"保持3至4个世纪的昌盛和荣耀"，如同世界文明发展史上其他少数例证那样，他们的文明"极大地影响了全人类的发展——这就是'希腊奇迹'（the Greek miracle）" **❶**。

既然是奇迹，就必然包含"神奇"、"突发"、"令人惊讶"乃至"无法解释"或"不可思议"的言外之意。韦尔南的以下评价既转述了伯奈特的立场，也在一定程度上间接表达了20世纪初年以来一些学者对问题的理解：

这次智识革命（intellectual revolution）来得如此突然和迅猛，以致被认为无法通过历史层面上的因果关系来解释——我们称之为希腊奇迹（the Greek miracle）。

希腊人所取得的伟大成就匪夷所思，仿佛乾坤重造，从天而降在全部历史中。罗素（Russell）评价道，"没有什么比希腊文明的突然兴起更令人惊讶，也更难于解释"。科学史家乔治·萨顿（George Sutton）赞同"希腊奇迹"的提法，在他看来，虽然公元8—11世纪的阿拉伯科学家们也绝非等闲之辈，但他们中没有一个人达到了希腊天才们的最高成就。不过，萨顿也坦言上述评价并不非常公平，因为曾几乎是突然地达到惊人顶点的希腊人为数也不多——这就是我们所谓的希腊人的奇迹。值得注意的是，除了强调突然，萨顿还于无意中指出了"希腊奇迹"外延中所包含的比较的维度。如果说萨顿相信希腊人比阿拉伯人对科学有更多的贡献，那另外一些学者则倾向于突出希腊学术的原创性。希腊哲学和科学的产生不仅突如其来，而且似乎无中生有，基本上没有师承。我们今天知道这样的观点极不稳妥，但对于生活在20世纪中叶以前的许多著述者来说，做出诸如此类的评估却是顺理成章的事情。

关于公元前6世纪自然哲学或理性科学在伊奥尼亚希腊拓殖区似乎是突然的出现以及它的令人惊奇的世俗性质，历史学家们已多有著述。事实上，由于认识到这一自然哲学的研究取向与埃及人和巴比伦人所从事的宇宙研究之间存在着割裂的鸿沟，历史学家们将这一现象称作"希腊奇迹"（the Greek miracle）。

个别学者不认为"突发"必然与"奇迹"挂钩，譬如安德瑞·伯纳德就将理性、科学的知识在伊奥尼亚的诞生描述为"突至""如同爆炸"，但同时又说，此事虽然"壮观"（spectacular），却"一点儿也不令人惊奇"，算不

❶ 白献竞，高晶. 地中海奇迹：正说古希腊罗马文明 [M]. 北京：海潮出版社，2006:71.

得"奇迹般的"（in no way astonishing or miraculous）。"希腊奇迹"也传递出凡人无须神助、凭借自己的才智和能力创建某种非凡业绩的弦外之音，我们平时所说的"人间奇迹"便包含这样的意思。M. 克拉吉特（M. Krajit）在我们刚才摘引的那段话中指出了伊奥尼亚科学内含"令人惊奇的世俗性质"，可谓很好地解释了"希腊奇迹"与世俗成就之间的内在关联。

三、希腊奇迹的成因

世界文明的曙光最早出现在东方。约在公元前 3500 年左右，两河流域的苏美尔地区首先进入文明社会。印度和中国也分别在公元前 2500 年和公元前 2100 年左右相继跨入文明社会。而希腊则于公元前 8 世纪才建立了城邦，开始进入文明社会。

希腊从东方接受了较高的生产技术——铁制生产工具的制造技术。公元前 1400 年左右，两河流域北部的米坦尼王国最早发明了炼铁技术，后经赫梯人传入两河流域和埃及。公元前 11 世纪，希腊人从东方学会炼铁后开始进入铁器时代。铁器在希腊的使用，加速了原始社会的崩溃和奴隶社会的产生，同时导致了希腊奴隶社会初期蓬勃的政治生活，还使希腊人能够有效地在地中海沿岸开拓殖民地，抵御北方原始游牧部落的侵扰，不致使文明的进程被落后的原始部落所中断。铁器的使用和较高的生产水平构成了希腊奴隶制度和希腊文化在早期迅速发展的物质基础。希腊文明之所以在奴隶社会早期兴起，归根结底在于这个先进的物质基础。古希腊人不仅在物质文化的继承上踏在东方"巨人"的肩膀之上，而且在精神文化上也继承和吸收了东方文明的历史遗产。希腊的字母文字是在腓尼基字母基础上加以改进而形成的，希腊的铸币是从小亚细亚半岛西部的吕底亚人那里传入的，希腊人还从埃及人那里学会了用石头制造神庙等建筑。

古代希腊人通过对外贸易，把西亚的青铜器、珠宝和象牙饰品等传入国内。两河流域的许多工匠也来到希腊，他们在希腊建起手工作坊，从事珠宝饰品加工，制作青铜器，这样的交往和联系对希腊文化同样也产生了不可估量的影响。现代美国科学史专家乔治·萨顿说："希腊科学的基础完全是东方的，不论希腊的天才多么深刻，没有这些基础，它并不一定能够创立任何可与其实际成就相比的东西。我们没有权利无视希腊天才的埃及父亲和美索不达米亚母亲。"

希腊人拜东方文明为师，但并不盲目照搬。当世界进入到公元前 1000 年时，古老的东方文明已经经历了 2000 年的沧桑而略显老态，一些后起的军事强国如亚述、新巴比伦和波斯帝国，虽以武力特强但亦不得长久，终于败下阵来。希腊在希波战争（公元前 492—前 449 年）中击败波斯帝国，取

得了历史性的胜利，由此奠定了古希腊文明的世界地位，世界文明的中心也就此由东方转到了希腊。

希腊人热爱自由，善于思考，是世界上不多见的智慧民族，这是希腊人创造高度文明的根本原因。雅典城邦是世界上第一个真正意义上的民主政体，到伯里克利统治时期，民主达到了鼎盛程度。正如伯里克利在一篇演说中所说的："我们的制度是别人的规范，它之所以被称为民主政治，是因为政体是在全体人民手中，而不是在少数人手中。解决私人争执的时候，每个人在法律上都是平等的。"当时，雅典的最高权利机关是公民大会，所有年满18岁的自由男性都是公民，也都是公民大会的成员，他们都有参加讨论发言和投票表决之权。任何公职人员都处于公民大会和五百人会议的督察和监视之下，公民享有古代世界上少有的言论自由。

希腊人热爱自由在很大程度上得益于希腊的地理环境。希腊多丘陵，土地贫瘠，陆地交通极为困难。但同时紧临爱琴海，海岸线曲折而漫长，岛屿众多。希腊人喜欢大海，同时，海上生活也锻炼了他们的冒险精神。他们通过经商、殖民，大开眼界，对自由的要求也更为强烈。同样，相互隔绝的平原也有利于独立城邦的形成。希腊的城邦大多享有直接通达大海的便利，这有利于吸收外来文化，同时也有利于维持并发展自己的经济。各城邦之间为了对外掠夺或为了免受外邦的侵略，必须保有一定数量的公民，给予他们相应的经济权利和政治地位。

地理环境对一种文明的生成与发展虽然不起决定作用，但还是有着重大影响的，尤其在古代生产力极度低下时期，其作用更为明显。它对文明历史的进程能够起到某种加速或延缓的作用。希腊的情况就属于前者。

希腊民族是世界上不多见的智慧民族，这是希腊文明达到当时世界文明顶峰的内在原因。

希腊人重视旅游，善于思索，好奇心强，喜欢探根究底，这种民族特性使希腊人不仅能吸收别人的长处，而且能在此基础上有新的发现和创造。

我国现代著名思想家顾准曾说，希腊思想是"有教养的贵族静观世界为之出神的体系"。泰勒斯终日仰天长思，得出"万物生于水，又复归于水"的结论；赫拉克利特又前进了一步，追溯世界万物的本源，他认为"过去、现在和将来都是按规律燃烧着按规律熄灭着的永恒的火"；德谟克利特更天才地提出"原子论"；苏格拉底作为一代哲学宗师，发出了"认识你自己"这一振聋发聩的命题。不仅先贤在思索，普通的希腊人也同样以极大的热情在思索。经常可以看到有人在烈日之下，在暴雨之中，在神庙、广场甚至街角冥思苦想。他们探究世界物质本原，也探究人生道德哲学。他们思想

自由，想象丰富，并有许多天才的发现和深邃的见解。希腊人的思索在历史上是有名的，这种思索产生了具有创造性的成果。这些成果主要表现在：

第一，希腊创造了世界上第一个公民能参与国事的民主政体，公民享有言论自由。希腊的思想摆脱了过去以神话解释说明未知事物的方法，力求用已知事物和逻辑推理解释未知事物，并成为后来西方实验科学的创始者。

第二，希腊人重视教育，创立了真正意义上的学校。这些学校首先意味着自由时间，其次是学业、学堂。希腊人创立了好几门科学：数学、自然科学、语法学、逻辑学、修辞学、社会科学，这些学科都是欧洲课程体系的开始。

第三，希腊人发明了戏剧，有喜剧和悲剧两种形式。在文学方面，他们更是佼佼者，《荷马史诗》两千多年来被认为是古代最伟大的史诗。

第四，希腊的建筑和剧院、神庙和体育场、雕塑和壁画已成为一种模式。这些直到现在仍被广泛引用。现代奥运会即源于古希腊。

当然，我们还必须看到，古代希腊的奴隶制制度为古希腊文化的发展提供了可能。雅典进入奴隶社会以后，奴隶制使农业与手工业、脑力劳动与体力劳动之间更大规模的分工成为可能。这些分工为生产力的提高和工商业的繁荣提供了条件，同时也促进了文化的繁荣。另外，统治阶级重视知识和人才，也大大促进了文化的蓬勃发展。

第二节　荷马史诗与希腊奇迹

荷马是一位史诗诗人（aoidos），也是一位古代的人文主义者。希腊特有的对人类生活的观念正是人文主义的骄傲……这在荷马那里已经部分地画出轮廓并有所预示，从公元前 6 世纪开始就全面呈现出来了。对于荷马，亲情的最佳表述超越敌我，是一种属于全人类的普遍情感。所以，即便在描写大规模阵战的《伊利亚特》里，我们也能读到经典的温情场面，感受到从英雄心灵深处流溢出来的对亲人和家庭的炽烈情感。赫克托耳不是一个只会冲冲杀杀的莽夫。他对幼小儿子的喜爱令人感动，整个场面闪烁着人性美的光辉，既逼真体现了生活的多姿多彩，又以某种间接的方式，恰如其分地宣示了诗的瑰美。父亲钟爱儿子，此乃人之常情。无论国别，也无论种族、地域、职业和贫富，普天下的父亲对待儿女都有为父之人的慈爱情感。所以，诗人在《伊利亚特》里展示的既是史诗英雄赫克托耳的舐犊之情，也是一位父亲对儿子基于血缘和本能的由衷喜爱。对普遍性或共性的重视，经常是产

生中允乃至公允意识的认知前提。

荷马史诗曾经一度是唯一的知识载体，所以荷马其实也站立在广义的西方学术的源头上。荷马开启了一种甚至比当今一些学者提倡的"大文学"包容面更为广阔的"文学"传统，他的史诗涵盖当时人们所知道的几乎所有知识类型，覆盖人文知识的方方面面。荷马史诗是西方文学、哲学和历史共享的观念史源头。如果说埃斯库罗斯是西方"悲剧之父"，泰勒斯是"哲学之父"，希罗多德是"历史之父"，那么荷马便是他们共同的祖先，是"父亲"的"父亲"。对荷马史诗的研究始于公元前6世纪下半叶至希腊化时期，"荷马史诗依旧生机盎然"，当时的文献学家们承前启后，终于成功促成了一种最初以研究史诗自身为目的的、我们今天称之为"语文科学"（the science of philology）的"崭新学科"的诞生。

从史诗到哲学当然不可能达成某种无障碍的顺接，我们会在相关的上下文里谈到这一点。但是，一种文明终归会有某些一以贯之的东西，它们会在主导该文明的精神底蕴里发挥潜移默化的关键作用，透过由脍炙人口的美妙故事构筑的表象，细心的读者会发现隐藏在史诗情节之中并决定希腊后世乃至西方文明走向的一些基本观念，领略到它所提倡的一种也许并不非常符合诗歌抒情意向的发展。谈论历史与文学和哲学的关系时，我们会涉及"希斯托利亚"，或者说"希腊历史主义"的问题，以期抛砖引玉，引起学界人士对"探究"的概念张力和学观底蕴作用的重视。荷马是诗人的典范，是他们的行业代表。在古希腊，只要听到"诗人"（the poet），人们就知道指的是他。

荷马史诗是希腊乃至西方文学的源头，《伊利亚特》在文学和思想方面统治了古代世界。荷马史诗的滋养覆盖了希腊文学的发展，全面主导了希腊人对诗歌乃至生活的态度。希腊的社会和文学无不以荷马的诗篇作为背景和基础。后世的诗人们会深化荷马的思想，当然也会改变他的某些做法，但是此类改良乃至批评却是在一种本质上仍然属于荷马式的意识形态内部进行的，他们的努力将在雅典剧作家那里达到顶峰。考虑到荷马史诗对后世希腊乃至西方文学的影响经常是相对直接和显而易见的，我们不打算就此进行过多的细述。荷马史诗以及曾经为之提供素材并最终被它所融合的史诗短歌的成篇，都很可能受到巴比伦史诗乃至埃及神话的影响，20世纪下半叶以来一些西方学者对此有颇多论述，可以参考。

《伊利亚特》和《奥德赛》是希腊人的精神财富与观念资本。希腊人无论迁徙到哪里，都会把荷马史诗以及由它所代表的传统文化带到哪里，荷马的影响力如同水银泻地，在遍布小亚细亚沿岸（有学者称之为"荷马海岸"）地区的希腊城邦里不留死角。荷马史诗的产生，或者说荷马史诗口诵版的基

本定型，不是在希腊本土，而是在基俄斯或斯慕耳纳。如果说基俄斯属广义上的伊奥尼亚，但也可称之为爱琴海中的一个小岛，那斯慕耳纳则地处典型意义上的伊奥尼亚。从该地南下不远，便是赫拉克利特的故乡厄菲索斯，再往南走，就到了泰勒斯的家乡米利都。很难相信家居基俄斯的"荷马的子弟们"不会乐于渡海前往这个繁华的文化和商业重镇，在那里一展自己的才华。小亚细亚的学子们会受荷马史诗初期的理性底蕴和重视探察等识事取向的影响，在继承的基础上逐渐形成"反叛"意识，转而从自然本身寻找万物生成与变化的原因。荷马的提炼意识以及对共性的青睐，连同他的创作理念，亦即上文所谈到的崇尚中允和无偏见的叙事风范，即便不是直截了当，也会潜移默化地影响包括泰勒斯在内的后世自然哲学家们的思考，荷马和后世自然哲学家们的审视对象虽有所不同，但却具备大致相同的整体感，采用了不无重要相似之处的方法，"一位其作品显然具有强烈哲学含义的成熟诗人，会影响更年轻的哲人"，关于这方面的"一个突出的例证"，便是"歌德强烈地影响了谢林、黑格尔和叔本华"。❶W.考夫曼（W. Kaufman）的此番评述内含某种有益的启示，或可从一个侧面帮助我们认可荷马史诗的观念影响力在自然哲学的草创时期所发挥的作用。

谈论希腊哲学的产生，不能不考虑城邦和政治的因素。在小亚细亚的希腊人居住区，自然哲学的产生几乎与人们对政治体制和城邦民主化建设的思考同时进行，民主和科学都是逻各斯精神的产物，因此同出一源，相伴而行，几乎同时到来。"这就是为什么泰勒斯和梭伦必须被联系起来，尽管一位是希腊科学的奠基人，而另一位则是政治理论家和改革者。"❷考虑到最早的希腊城邦形成于公元前8世纪，因此比较合乎情理的推断应该是，民主政治在某些区域的产生可能要略早于哲学，荷马史诗在希腊人的智识进步和政制建设过程中发挥了潜移默化的作用。荷马反对暴君政体，心仪于促成希腊诸多独立邦国尊重主导方权威的盟合，而非建立一个集所有政治、宗教、经济和军事能量于一身的大一统的希腊帝国。在他看来，王者的职责在于维护体现神意和属民基本权益的公正。作为统治者，他们是人中的豪杰，因此比平民百姓负有更大的社会责任，应该并且有必要在自己的施政行为中体现公正和协商的原则，更多地融入机制的制衡作用。

诚然，英雄时代的希腊王国与后世从希腊心智（the Greek mind）里发展出来的那种关于国家的观念（that conception of the State）相去甚远。但是，它的内部蕴含产生此类国家的种子。有关政治进步的允诺已经出现，与之同

❶ [美] 依迪丝·汉密尔顿. 神话 [M]. 刘一南，译. 北京：华夏出版社，2010:27.

❷ 叶秀山. 叶秀山全集 第9卷 [M]. 南京：江苏人民出版社，2019:20.

在的还有西方文明的精神（the spirit of Western civilization）。希腊文明中有一些一脉相承的东西，它们在荷马史诗里初见端倪，在后世的人文氛围里发扬光大，同时或相继在互为关联的智识领域里显示成效。罗宾·奥斯伯恩的研究表明，人文要素的积淀是一个缓慢和渐进的过程，希腊哲学的产生有赖于某种合宜的文化环境的营造。不是说荷马史诗使自然哲学和民主制度的产生如鱼得水，但观念的影响力是无孔不入的，不主张超限度扩大王权并为自愿服从保留了较多实施余地的《伊利亚特》和《奥德赛》，客观上很可能间接促进了希腊城邦的制度建设，为它的成功推进提供了有利于思想和观点交流的舆论氛围。

正是在这种文化环境里产生了西方哲学……随着这一环境在希腊城邦内部和外部政治因素的推动下产生的变易，智者运动和苏格拉底革命（the Socratic revolution）相继出现。❶

第三节　荷马的英雄观

一、荷马史诗中的"英雄"

荷马史诗的主角是英雄。从文化传承的角度来考察，英雄既是史诗里的行为主体，也是古代历史中带有虚构成分的身体力行者，他们的业绩通过诗人们的传唱，也经由民众的口耳相传而进入千家万户，成为全体希腊人耳熟能详的故事和世代相传的精神财富。通过战争，英雄们不仅为自己争得光荣，而且也在不知不觉之中为后人积累了弥足珍贵的观念资本。所以，英雄是构成古希腊文化底蕴的一个不可或缺的重要元素。谈论荷马史诗，通常离不开谈论英雄。古希腊人文特质的雏形展现，很大程度上取决于史诗英雄的性格、思想和行为特征的形成，我们之所以能够笼统地说荷马或荷马史诗塑造了希腊，就是基于对这一事实的认可。

荷马史诗颂扬英雄们的业绩（klea andrōn），因此也是英雄史诗，"kleos（κλέος）是荷马史诗里的一个重要词汇，意为'光荣'（glory）或'名声'（fame），有时亦指包含并确保获取这一名声的故事"。在《奥德赛里的歌手、英雄和神明》一书的第六章里，查尔斯·塞格尔先是将 klea andrōn 解作"英雄们的光荣业绩"（glorious deeds of heroes），稍后又做了进一步的合理引申，将其解作"过去行迹的现存名声"（the living fame of past exploits），巧妙结合了 kleos 在上述两个层面上的含义，可谓深得该短语的要旨。英雄史诗是

❶ [美] 依迪丝·汉密尔顿. 神话 [M]. 刘一南，译. 北京：华夏出版社，2010:98.

klea 或 klea andrōn 的载体，堪称英雄时代或前历史时期的"历史"（a kind of history）。希腊神话里有九位缪斯，其中负责掌管史诗的名叫卡莉娥珮，负责司掌历史的名叫克莉奥（Κλειώ），而 Κλειώ 派生自 κλεῖος。古希腊人知道的另一种说法是，"克莉奥是历史女神，同时又是史诗女神"。这一认知取向既表明了他们对史诗的"历史性"的认可，也反映了他们对史诗与历史，亦即"诗"与"史"的互通性的认识。

对于史诗尤其是《伊利亚特》里叱咤风云的英雄，战场是他们熟悉和向往的地方，通常也是他们生命的归宿。英雄通常高大魁梧，相貌英俊，武艺高强，战力超群。他们是神的后裔，出身豪门，因此大都志向高远，心胸豪壮，举足轻重，受荣誉感和责任心的驱使，好胜心极强。战场既是他们冲杀的去处，也是他们验证自身社会价值的最佳场所。相对于会场和赛场（尽管这二者也很重要），战场更能展示男子汉的血性和刚强，直接与英雄们的身份、地位和业绩相挂钩。英雄奔赴战场，为的是攻城拔寨，夺取胜利；就本意而言，没有哪一位英雄会愿意、更不会乐于为了失败而舍生忘死。战争夺杀失败者的生命，也彰显胜利者的豪强。能够经受血与火的洗礼，在战斗中击败对手并证明自己的强健，是一种莫大的光荣。史诗社会重视家族的荣誉，因此能够在战争中脱颖而出，这不仅是当事人的荣耀，而且也是养育他们的显赫家族的光荣。在史诗人物看来，历史在很大程度上是由战争的发起、进程和结局构成的，英雄的宏伟业绩将成为诗人们吟唱的故事，为子孙后代所铭记，阿喀琉斯在能够安全返家却没有光荣和不能归家却能获得光荣的权衡中选择了后者，决心为了赢得不朽的名声血战疆场，不惜为之献出宝贵的生命。阿喀琉斯知道，他将因此而成为"史诗传统里的一位核心人物"，他的英名"将永垂不朽"（will never die out）。

除了流芳千古，战争也与英雄的现实利益密切相关，英雄通常不会也不屑于经商，战争才是他们敛财的途径。仗打胜了，获胜方就像那"大胃囊的海豚"全盘通吃，财富自然会滚滚而来，英雄们对此心知肚明。不是说英雄没有廉耻感，但通过战争抢夺失败方的财富却不在此例。明火执仗的掠夺不是罪恶，相反，它是一种能让英雄们乐此不疲和引以为豪的"成就"。能够通过战争敛财，是一件名利双收、光宗耀祖的事情。打仗是英雄的职业，也是他们谋生的重要手段之一。以阿伽门农和阿喀琉斯为代表的阿卡亚将领都有丰厚的"战礼"收入，从物质的角度来衡量，他们都是战争的受益者。财富象征荣誉，彰显王者和英雄们的社会地位。在一个崇尚英雄的社会里，财富是衡量人的价值和评估他人人生成就的重要参照。史诗英雄不会羡慕穷人，在他们看来，乞丐和无产者有生存的权利，一般情况下也应该受到同

情，但他们品质低劣，不是人中的豪杰。所以，一位英雄理所当然地也应该是一个富人。奥德修斯知道，能够带着大量的财富返回故乡伊萨卡，对他来说有多么重要，有了经济实力，就能巩固既有的政治地位和社会影响力，受到民众的景仰。对于荷马史诗的作者，唯物主义不是唯一的思想源泉，却始终是他内涵丰富的认知观里的一项重要内容。

英雄社会认可并依赖于神的存在。在史诗里，王者、首领和英雄都是神的后裔，荷马用极富诗意但从神话社会学的角度来看又颇为贴切的程式化语言，称其为"宙斯哺育的"和"宙斯养育的"。特洛伊国王普里阿摩斯是"宙斯哺育的王者"（diotrepheos basilēos），他的儿子们也是"宙斯哺育的"（diotrepheessi），当然也可以说是"宙斯养育的"人中豪杰，尽管他们的生身父亲不是宙斯。在《伊利亚特》一书里，阿喀琉斯称帕特罗克洛斯为"宙斯养育的"（diogenes）；帕特罗克洛斯遇到欧埃蒙腿部受伤的儿子，称其为"宙斯哺育的英雄欧鲁普洛斯"。英雄是天生的，换言之，从出生的那一刻起，通神的家族背景和显赫的门第，已经决定了他们具备英雄的属性，长大成人后必将成为英雄。奥德修斯之子忒勒马科斯是一位涉世不深的青年，父亲还家之前他从未参加过战斗，但诗人却依然以"英雄"视之，除了门第和出身，英雄也是社会和战争造就的。没有战争和战场，英雄将失去用武之地；而没有经受过战火的洗礼，他们的英雄属性也就不可能得到切实和最充分的彰显。此外，失去来自于战争的所得，英雄们的进财渠道也会受到限制，而财富缩减的必然结果，将是生活质量的严重下降。

荷马对包括英雄在内的一些重要议题的"全面"认识，不一定总是很有道理的，但他不受唯物和唯心囿限的认知取向，体现了希腊思想崇尚自由和多样化的知识论品质，就开拓心智而言，其功效有可能胜过任何过分拘泥于某种单一化或单向度表述的思维模式。家族的神性起源决定了英雄必然与众不同，而现实生活和战争文化的实际需求，也会促使他们必须具备某些必要的秉性、素质和优长。

二、阿瑞特

阿瑞特指人和事物的属性、品质和功用，也指这种属性、品质和功用的具体实施，可作"精湛"、"卓越"和"优长"解。在一些特定的语境中，尤其是当我们把行动或属性展示的效果也考虑在内时，该词还可能带上某种道德色彩，其含义接近于"德"、"德性"乃至"美德"。"希腊语的'aretē'一词（后来被译成'德性'），在荷马史诗里，被用于表达任何一种卓越；一个快速跑步者展现了他双脚的'卓越'（aretē）。"男子和女子有各自的属

性和功用，不同职业的人们也都有显示各自功用和存在价值的"阿瑞特"。axetē 是一个典型的希腊概念，如果说"现代英语中没有一个与之完全对应的词汇"，无论是古汉语还是现代汉语中，也同样找不到一个词义上完全与之相匹配的词语。aretē 在希腊文化及其所依托的观念体系中占有极其重要的位置，按照德国古典学家维纳尔·耶格尔（Wiener Jager）的理解，该词体现了"全部希腊教育的核心理念"。解析英雄离不开对 aretē 词义的精当把握，透彻理解荷马的英雄世界，道理也一样。列奥·施特劳斯（Leo Strauss）把展示卓越看作是希腊人的特质，并以此将他们与希伯来人区别开来。

希腊人的特质在于：个人完全献身于为表现卓越、赢得荣誉、凌驾于旁人而竞争；希伯来人的特点则是无比孝敬父母（时至今日，犹太人在最重大的宗教节日中仍然会诵读律法书 [Torah] 中关于孝敬父母之先决条件的章节：绝对禁止子女与父母乱伦）。

史诗是强者的舞台，英雄通过武力和战绩争得光荣（kleos），显示自己的"阿瑞特"。没有力量就无所谓真正的英雄，强健乃英雄的第一卓越，是最重要的"阿瑞特"。力量和基于力量的勇敢是英雄的立身之本，也是他们克敌制胜的法宝。所以，在需要强调精练的语境中，我们甚至可以说，英雄的卓越就是他们以力量为依托的勇敢，是他们在战场和竞技场上的出色表现。荷马强调战力是评估人之价值的基础，通过对史诗里英雄行为的解读，我们不难认识到：力量在这样一种卓越概念中占有中心位置，或者，勇敢是主要德性之一，甚至可能是唯一主要的德性。力量和勇敢相辅相成，可以作为一个概念或一个概念的两个侧面来理解。我们在上文说过基于力量的勇敢是英雄的立身之本，其实这句话的前半部分也可以倒过来说，那就是"展示勇敢的力量是英雄的立身之本"。汉语中有"勇力"一词，或可把上述两个侧面统合起来。所以，"阿瑞特"指力量，也指基于力量的勇敢，即勇力。英雄的卓越是基于力量的功能释放；战斗中，勇敢杀敌是他们的本分，也是他们强悍战力符合自身属性的圆满体现。上述摘自麦金太尔著作的引文中出现了"卓越"一词，读来甚感贴切，但对"德性"一词则应保持警觉，以避免将英雄们的卓越道德化，人为冲淡常态语境中 aretē 一词原本具备的中性色彩。"阿瑞特"是英雄内在属性的体现，是他们自身能量（menos 或 agēnoriē）的豪迈释放，却不一定是他们的"德性"或"美德"。勇力是一种卓越，本身不必明确包含区分善恶的道德内涵，但它的实施却可能带来道德问题，需要人们进行仔细的分辨。荷马没有做出这样的区分，就笔者所涉的资料来看，近当代西方业内学者也没有明确做过类似的提示，我们会在讨论赫克托耳"保家卫国"时，继续就此议题展开深入的解析。

从词源上来看，aretē 与 aristos（最出色的、最杰出的）同宗，因此也与 aristeia（战场上的豪壮举动）同根，在描述英雄业绩的语境中，他与人的豪情和战力相关。然而，决定战争胜负的还有其他因素，在诸如"木马破城"这样的著名事件中，谋略和智慧发挥了关键的作用。所以，在史诗里，aretē 并非仅指力量或体力（biē），它还涵盖与作战相关的其他能力（如果需要的话，也可以分开来算），譬如身材（demas）、谋略（boulē）和智性（noos）等。对于"阿瑞特"，史诗人物有着贴近战场环境和实际生活的真切理解。作战经验丰富的伊多墨纽斯认为，伏击战最能反映勇士的 aretē，在这里，aretē 显然并不仅指体力，它的所指还涵盖勇气、忍耐力、精细的观察和准确的判断，aretē（复数 aretai）事关人的杰出与精湛，指英雄的各种 excellence（卓越）和 merit（优点）。勇力是荷马史诗尤其是《伊利亚特》里英雄豪杰的第一卓越，没有它便没有英雄们的业绩，也不可能有荷马史诗的成篇。一个只会造船的奥德修斯不可能成为"战场英雄"，因为他可能具备造船匠的"阿瑞特"，却不可能具备"战场英雄"的卓越。希腊文化始终对力或力量难以释怀。即使在倚重雄辩而非武力的民主政制中也有"力"的参与，dēmocratia（δημοκρατία，"民主"）由 dēmo-（民众）和 cratia（派生自 cratos，"力量"）二词组成，表明民主的社会和制度基础是来自人民的力量。公元前 4 世纪的雅典人推崇节制，但也没有忽略勇力。在柏拉图看来，美德是知识，也是获取美好事物的"力"或"能力"。知识和力量是界定"德"或"德性"（aretē）的两个关键成分，前者为解析它的要义提供必要的智能背景，后者则为它的功用（ergon）的实施提供"力"的保证。

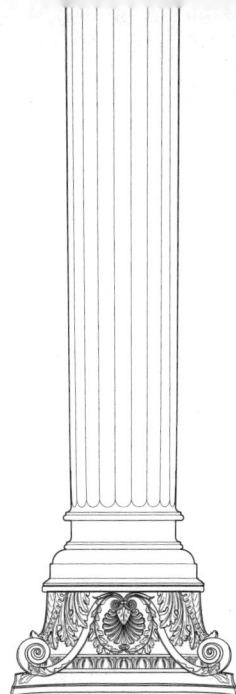

第七章 古希腊人的英雄观念与爱国主义

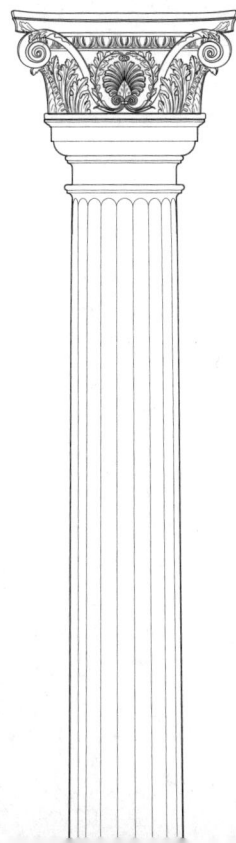

第一节　英雄观在爱国主题上的延伸

Patriotism（爱国主义）一词由 Patriot 引出，原意为某人的父亲，某人的祖国。其与本文相关的释意有：①同胞。②一个无私的或自我牺牲的尽力保卫他的国家的幸福的人；而支配他的激情的是他对祖国的热爱；一个坚持并保卫他的国家的自由或权力的人。❶

在这里，无论是"父亲"、"同胞"还是"祖国"，它所强调的都是一种与主人翁最亲密的关系，而这些至亲的概念后来便被祖国、传统和民族的尊严等更具丰富内涵的字眼所代替。对祖国无私的爱是它的前提，然后才可能有为了保卫祖国而与敌人血战到底的动力。一个勇敢的、在国家危亡的紧要关头能挺身而出的人，在他的身上爱国的赤诚与非凡的勇气将高度地结合，于是一个更高层次上的英雄便诞生了，这就是爱国主义英雄。

荷马笔下的赫克托耳就是这样的英雄。下面我们通过对他人生最后一幕的剖析，来寻找由荷马定位的古希腊爱国主义英雄的内涵。

荷马是在矛盾最尖锐的场合下向我们展示赫克托耳英雄品质的，他以其超乎平常人的勇气和实力而成为希腊联军的最大障碍，他也非常热爱自己的祖国——那个由他父亲执掌权柄的特洛伊国家。然而，严酷的现实却摆在他的面前，神告诉他，要避免与阿喀琉斯作战，因为这个人是他命中注定的克星。可是眼下带着为朋友复仇的的目的狂怒的阿喀琉斯已经逼近特洛伊城下。是躲避还是迎敌，赫克托耳和他的城邦一道面临着生死抉择。尽管高墙上传来母亲令人揪心扯肺的呼唤，但他仍然义无反顾地选择了面对死神。在探寻其动机时，有人将其归因于爱国热情。❷ 应该说这一分析是比较客观的，但对那个时代的爱国精神似不宜过分拔高，倘若这国家的主人不是他父亲，而自己仅仅是一介平民，他会有这么高的觉悟吗？在其选择死亡的动机里还应加入他对其妻和对自己尊严的维护，他曾明白地告诉其妻子："……所有这些苦难对我来说都不如当你被一些穿着青铜衣的阿卡亚人领走时的哭泣那样

---

❶　牛津英语词典（第 11 卷）[M]. 牛津：牛津大学出版社,1989:349.

❷　A·伯纳德.希腊文明·从伊利亚特到帕提侬 [M]. 伦敦 1957:54.

痛苦，他们将带走你自由的日子。"❶与其活着而眼睁睁地看着自己的爱妻遭受凌辱，倒不如孤注一掷。正是在上述这种特定的条件下，个人的尊严与家庭和国家的尊严高度地结合了，一种崭新的英雄含义也产生了。在这里，作为英雄的荣耀不再是杀人如麻或掠夺更多的战利品，"为国赴难"把赫克托耳推到了史诗中任何英雄首领都难以企及的地位。

如果荷马史诗里的爱国英雄主义还仅仅是雏形的话，那么在数百年后我们则找到了希腊人对这一观念的真正注解，这个注解镌刻在"悲剧之父"——爱斯奇里斯的墓碑上。爱斯奇里斯曾用他那一部部动人心魄的剧作在人们心中竖立起一座座不朽的丰碑，但在那块真正属于他自己的墓碑上却只让人留下了这么几行文字："这座石碑掩盖着雅典人爱斯奇里斯、欧福里翁之子，他消失在革拉的麦浪里。马拉松圣地可以述说他的英雄传闻，长头发的米底人，他们对此最为明白。"这是，对于给他带来莫大荣耀的剧作他只字未提，而是极力强调他的战斗经历，强调自己是一个爱国者、一个忠实于祖国的英雄。他真诚地希望自己的同胞能对客死异乡的他作这样的理解。而在实际生涯中，他的确不愧是一个勇敢的战士。

不难看出，这个时代的希腊人热爱生活，懂得生命的价值，但同时他们更看重这种生活与祖国的血肉联系。因此在他们的眼中，为国捐躯无疑是崇高的英雄行为。颇受斯巴达人爱戴的诗人提尔泰奥斯有这么一首脍炙人口的英雄颂诗：

优美的年轻人的身躯倒下了，/ 倒下的身躯最优美。/ 他死了，长眠中的他英俊、美丽，/ 一朵盛开的鲜花，青春的鲜花夭折了。/ 不，他比活着更神圣，更美丽，/ 他活在男人的叹息中，女人的眼泪里，/ 他身死沙场为国捐躯。❷

从这首诗里，我们看得出诗人对生命之花痛的惋惜，但这一切很快地便被对为国捐躯的赞颂所淹没，于是死变成永恒。在这里，"英雄"完完全全地从传说中的"半神"回到了人间，他既真实又自然。

---

❶ [美] 依迪丝·汉密尔顿. 神话 [M]. 刘一南，译. 北京：华夏出版社，2010:69.

❷ [美] 伊迪斯·汉密尔顿. 希腊方式——通向西方文明的源泉 [M]. 徐齐平，译. 杭州：浙江人民出版社，1988:165.

第二节　爱国英雄主义

一、魂系祖国的英雄主义

希腊人把为国捐躯当作无比崇高的英雄行为，这一点，我们已经看得十分清楚。然而，这个他们称之为国家的东西真的就那么地值得他们去爱、去献身吗？回答当然是肯定的。原因是，古希腊人在拟定人的最基本内涵时便自觉地将自身与城邦融为一体了。对此，亚里士多德曾有过精辟的论述："我们确认自然生成的城邦先于个人，就因为（个人只是城邦的组成部分）每一个隔离的人都不足以自给其生活，必须共同集合于城邦这个整体（才能大家满足其需要）。凡隔离而自外于城邦的人……他如果不是一只野兽，那就是一位神祇。" ❶ 在他看来，凡是正常的人都必须生活于城邦之中，因为人类是趋向城邦生活的动物（人在本性上，也是一个政治动物）。由上可见古希腊人对其城邦生活的看重。

国家在希腊人的心目中之所以有如此崇高的地位，首先在于它体现了希腊人的集体意志，并同时注重个人在该意志下的地位和作用。例如，"雅典人的国家概念，认为国家是每一个个人的联合，这些人可以自由地发展自己的能力，可以自由地按照自己的方式生活，只服从自己通过的法律，而且可以批评和随意修改法律"。❷ 其次，城邦这种在希腊最初仅是为着共同安全的地方性联合体，在后来已经发展成为一个人们在道德、心智、审美、社交等方面和实际生活的中心，并且"以在此之前和之后任何形式的社会所达不到的方式来发展和丰富这些生活"。❸ 如果说，在当时世界上别的政治社会之构成大抵遵循着一种较为保守或静态的模式的话，那么希腊城邦则已经成为使其公民有意识地去奋斗、去创造生活及借以实现其主观意志的手段。在这里，集体的生活与个人的生活两方面都因此得到不断的发展。

显然，古希腊人正是从这种城邦生活中找到了自认为最佳的生活方式，并且将该方式视作自己生命不可分割的一部分。特别是在将这种方式与东方的专制制度做了横向的比较后，他们更加深了这种认识。例如，在古希腊人

---

❶ 巫宝三.古代希腊、罗马经济思想资料选辑[M].厉以平，郭小凌，编译.北京：商务印书馆，1990:30.

❷ [美]伊迪斯·汉密尔顿.希腊方式——通向西方文明的源泉[M].徐齐平，编译.杭州：浙江人民出版社,1988:165.

❸ 曹兴.超越神话：古希腊人的哲学智慧[M].北京：民族出版社,2005:75.

眼中，东方的鞠躬风俗伤害了希腊人，像没有自由一样，在他的眼里这是对人的尊严的一种侮辱。索福克勒斯曾写下过"谁要是走进了君主的宫廷，谁就会成为奴隶，不管去时是多么自由"这样的诗句，为此，他曾断然拒绝西西里僭主的邀请。有着如此深切的体会与认识，希腊的公民们还能不为捍卫和发展自己的国家、自己由衷热爱的生活方式去奋斗、去献身吗？进而，替为国捐躯的英雄举行隆重的国葬，并给这些英雄及其亲人以崇高的荣誉便是理所当然的了。

至此，我们终于对古希腊英雄与国家的关系有了一个较为清晰的认识。祖国对他们来说就是其生命的一部分，他们为拥有这个祖国而自豪，同时他们也会因为想到失去这个祖国而不寒而栗，于是他们会义无反顾地为捍卫这个祖国去流血、去牺牲。当然，他们的名字也必定会留在其祖国的纪念碑上，对这种血肉的关系，在后面我们将请伯里克利以当事人的角度向我们做进一步的说明。

二、英雄主义的巅峰和低谷

古希腊英雄主义的巅峰是在希波战争时期，这场举世闻名的卫国战争把英雄主义的内涵展示得淋漓尽致。

在马拉松战场上，雅典将军米泰亚得向一万公民兵发表了慷慨激昂的演讲，他说雅典人是披上奴隶的枷锁，还是永远保存自由，关键就在他们自己，正是抱定了"不自由，毋宁死"的决心，这些雅典的英雄男儿硬是战胜了兵力数倍于自己的波斯侵略军。该战役最重要的意义就在于，雅典人用他们的爱国英雄主义行为打破了波斯人不可战胜的神话，并重新挽回了不少希腊城邦一度失去的自尊与自信。不久，一个强大有力的、有30余个城邦参加的反波斯同盟诞生了。它成了日后抵抗侵略者的坚强堡垒。

我们仍然看重发生在德摩比利的阻击战，尽管在这场战斗的策划上斯巴达当局犯了不可饶恕的轻敌错误，但以列奥尼达（Leonidas）为首的300个斯巴达将士却以其英勇赴义的壮举为他们的国家争得了荣誉。希罗多德在《历史》中对列奥尼达做了这样的描写：首先，当扼守关口的大多数盟军慑于敌人的气势汹汹而军心动摇时，身为统帅的他却力主坚守并同时遣人赴各邦求援。继而当惨烈的战斗开始后，他又身先士卒地投入了拼搏直至英勇阵亡。他以其言行赢得了战士们的崇敬，以至于为了争夺李奥尼达的尸体，在波斯人和拉西第梦人之间展开了一场激烈的战斗，最后希腊人英勇地把尸体夺了过去，并四次杀退了敌人。希罗多德还给我们介绍了一个名叫戴尼奇斯（Denikis）的斯巴达普通战士。当其盟友惊恐地告知，敌人的数量太多，其

射出的箭甚至可以遮蔽阳光时，他却轻松地答道："我们的特拉奇斯朋友，给我们带来了大好的消息，因为如果米底人遮蔽了太阳，那我们就可以在阴凉地而不用在阳光下作战了。"❶

斯巴达的勇士们就是这样用他们的忠诚，用他们的意志，用他们的长矛、短剑甚至拳头和牙齿筑起了一道不可逾越的关门，直至生命终结。这些英雄的遗骸被葬在阵亡之处，在这里的碑上留下了全希腊对他们永久的缅怀。

在萨拉米，希腊人再创以少胜多的奇迹，歼灭了几乎全部波斯舰队，扭转了整个战局。颂读爱斯奇里斯反映该战役的力作——《波斯人》，在事隔2000年的今天，我们同样能感受到这位爱国主义英雄的强烈心跳：

希腊的好男儿，前进，前进，/ 解救你们的祖国，

你们的妻孥，/ 解救你们祖先的神庙与坟茔，/ 起来，为解救这一切而斗争！

爱国英雄主义在希波战争中得到了最杰出的体现，而在战后的日子里，对该主题的歌颂则在雅典城邦登峰造极。从卫城的山门到帕提侬神庙精美的浮雕上，从荷矛而立的雅典娜巨像上，从热闹非凡的公民大会、圆形剧场和竞技场里，我们都能看到胜利者的自豪与骄傲。

下面，让我们来听听雅典将军伯里克利对英雄与爱国主义关系的阐释。其观点表述在写给伯罗奔尼撒战争中阵亡的雅典将士的悼词里，这篇悼词从理论上把希腊人对爱国主义英雄的认识推到了巅峰。伯里克利并不像前人那样仅仅着眼于对具体英雄行为的评价，而是将之首先提到爱国的高度。其思维逻辑大致如下：首先，他赞美创造了这些英雄的祖先，赞颂养育了这些英雄的国家的伟大。他说："我们的制度是别人的模范，我们每个人在法律上都是平等的；我们选用官员所考虑的不是某一个阶级的特殊成员，而是他们具有的真正才能；在这个国度里当我们工作完毕的时候，我们可以享受多种娱乐，以提高我们的精神。这个国家把世界上的一切好东西都带给了雅典人……"据此，他声称："如果把一切都联合起来考虑的话，我可以断言，我们的城市是希腊的学校；我可以断言，我们的每个公民，在许多生活方面，能够独立自主，并且在表现独立自主的时候，能够特别表现温文尔雅和多才多艺。"❷

---

❶ [古希腊] 希罗多德. 历史 [M]. 北京：商务印书馆，1985:226.

❷ [古希腊] 修昔底德. 伯罗奔尼撒战争史 [M]. 谢德风，译. 北京：商务印书馆，1978:133.

正是在赞美城邦的大前提下，伯里克利谈到了雅典人的勇敢。他说，在我们这里，每个人所关心的，不仅是他自己的事务，还有国家的事务；我们的教育使我们的勇敢从我们的生活方式中自然地产生。因此，与我们的英雄相比，"他人的勇敢，由于无知；当他们停下来思考的时候，他们就开始疑惧了。但是真正算得上勇敢的人是那个最了解人生的幸福和灾难，然后勇往直前，担当起将来会发生事故的人"。❶他认为阵亡将士就是这样的人，他们的勇敢正是出自其对祖国的热爱，出自城邦的教育。由于有了这种非凡的勇敢，他们才能够为国家慷慨而战、慷慨而死。

最后，伯里克利从另一个角度再次肯定了这些阵亡将士的伟大。他说："无疑地，他们中间有些人是有缺点的；但是我们所应当记着的，首先是他们抗击敌人、保卫祖国的英雄行为。"❷他们因此而放弃了人们所看重的财产继承、享乐的生活乃至生命，还能有比这更勇敢的吗？因此，伯里克利说道："他们生命的顶点，也是光荣的顶点。"

至此，伯里克利为我们勾画出了他心目中的英雄形象：他应是最热爱生活、最理解幸福含义的人，挚爱着培育了他而他又生活于其中，并将之视作生命的祖国。因此，他会为失去这个祖国、失去其优良的生活方式而深感不安，于是，他将会用生命去捍卫他的祖国。虽然英雄也是凡人，也会有种种缺点，但这远不足以抵消其为国捐躯的壮举。这些英雄"贡献了他们的生命给国家和我们全体；至于他们自己，则获得了永远长青的赞美，最光辉灿烂的坟墓——不止在他们所安葬的坟墓，而且在他们的光荣永远留在人心的地方……"❸由于伯里克利的悼词，希腊英雄的形象变得崇高、丰满而真实。

然而，随着伯罗奔尼撒战争的结束，古希腊人推崇的爱国英雄主义却走向了低谷。到公元前 4 世纪后期，当因为发展滞后而被过去希腊诸邦视为蛮族的马其顿人大举南下时，整个希腊竟然乱成一团，昔日那种团结拒敌的爱国热情和由之焕发出来的英雄主义气概似乎荡然无存。对此，雅典人德摩斯梯尼愤怒至极，他大声疾呼力图重振希腊人过去的雄风，他甚至指责自己的同胞在敌人面前的表现比野蛮人还差。他的苦心终于有了结果，"他煽起的爱国主义情绪，唤起了对过往的自由与伟大民主传统的热爱。利塞兹、阿克内尼亚、尤卑诸城、科林斯及其殖民地（还有许多别的城市），都响应德摩斯梯尼的号召。忒拜也加入了反马其顿同盟"。❹他本人亦因此而被视为古希

❶ [古希腊] 修昔底德. 伯罗奔尼撒战争史 [M]. 谢德风，译. 北京：商务印书馆，1978:136.

❷ [古希腊] 修昔底德. 伯罗奔尼撒战争史 [M]. 谢德风，译. 北京：商务印书馆，1978:137.

❸ [古希腊] 修昔底德. 伯罗奔尼撒战争史 [M]. 谢德风，译. 北京：商务印书馆，1978:138.

❹ [苏] 塞尔格叶夫. 古希腊史 [M]. 缪灵珠，译. 北京：高等教育出版社，1955:696.

腊最后一位伟大的英雄。普鲁塔克在他的传记中评价德摩斯梯尼："为自己选择的目的在国民中是高尚和正义的，保卫希腊反对腓力，他自己的举止如此地具有价值以至于他不久以后便出名了，并且无论何处都由于他雄辩和大胆的演讲而激奋。"

综上所述，古希腊的英雄主义起源于奴隶社会初期，但在神话和史诗中已尽显端倪。它最初主要是该时代人们最崇尚的勇气（丈夫气）之体现，并与人的尊严、人的政治地位相关。继而，它随城邦的发展、繁荣乃至毁灭而流行，而高涨，而低落。但使英雄变得真正伟大的更在于他的爱国主义内涵，这与城邦制度和历史机遇相关。尽管古希腊人仍然认为，为赢得个人的财富、权力和尊严而奋斗是英雄的行为，但为国捐躯的荣耀则因其目标的伟大而超越了这一切。正是这种爱国的内涵与传统的英雄主义相结合，才形成了古希腊的爱国英雄主义。

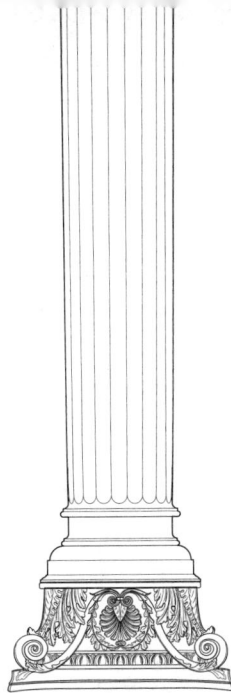

第八章 古希腊神话及史诗英雄人物形象纵观

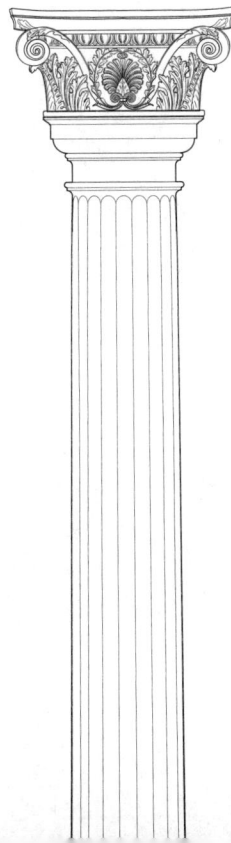

第一节 "半神英雄"赫拉克勒斯

赫拉克勒斯，是古希腊神话中最伟大的英雄，是神王宙斯与阿尔克墨涅之子，天生力大无穷。但由于其出身而被宙斯的妻子赫拉所憎恶，因此遭到赫拉的诅咒，导致其在疯狂中杀害了自己的孩子。为了赎罪，他完成了12项"不可能完成"的任务。途中还解救了被缚的普罗米修斯，隐藏身份参加了伊阿宋的英雄探险队，并协助伊阿宋取得了金羊毛。赫拉克勒斯英明一世，但却遭到妻子误会，被妻子在他衣服上涂了毒，难耐痛苦而自焚身亡。死后升入奥林匹斯山，成为大力神，参与了奥林匹斯诸神与提坦一族的战争。最终和赫拉冰释前嫌，并迎娶赫拉之女青春女神赫柏为妻。在今天的西方世界，赫拉克勒斯一词已经成为大力士和壮汉的同义词。

一、半人半神

赫拉克勒斯的形象具有与生俱来的双重身份——一半是神，一半是人，即继承自父亲的神的血统和遗传自母亲的人的根脉。因而，神性与人性、文明与野蛮、理智与疯狂这三组紧张对立的矛盾关系在他身上尤为深刻地体现出来，其身上所带有的矛盾特质或可称为"分裂的自然性"（divided nature）。具有神灵血统的英雄在希腊神话中并不少见，像珀尔修斯、阿喀琉斯、埃涅阿斯等等，父亲或母亲一方是神灵，另一方是凡人，他们身上也时常体现出人神共处的性格特点，但是赫拉克勒斯的神话年代颇为久远，并且融合了苏美尔、埃及、腓尼基、迈锡尼等古老文明的神话元素，在饱含张力的东西文化冲突中更加彰显出了悲剧色彩。可以说，研究赫拉克勒斯神话的东方原型与希腊变体，对于追溯希腊所接受的东方影响以及考察希腊文明的创造性方面，具有重要的意义。

细加分析，不难发现，赫拉克勒斯这个人物形象在希腊神话中的塑造和定型，展示出古希腊人思考世界的独特方式：一方面表现人与神之间联系紧密，传达希望返回第一时代即"黄金种族"时期的美好愿望；另一方面又刻意地拉开神灵与凡人之间的距离，在一种箭与弦似的对立统一关系中探索人与自然的奇妙关系，既发挥出"人是可以创造历史的"这一主观能动性，又

揭示了人依然处于神话信仰之中，脱离不了神话语境的时代局限性。可以说，在某一段较长的时期内，古希腊人沉迷于英雄崇拜的氛围之中。他们试图将英雄打造成与神明对抗的奇迹。比如，让赫拉克勒斯立下"十二件大功"，❶ 与天后赫拉的蓄意迫害形成激烈对抗等等；然而，古希腊人又为他们塑造的英雄在此"奇迹"中的最终毁灭所困扰。英雄精神虽能永存，但是肉体必然消亡，神人之间的终极对决依然难解难分，所以坠落人间的英雄最终的归宿也成为神话、史诗、悲剧等题材关注的内容。另外，从神话思维向哲学思维过渡的过程中，人们对英雄既崇拜又怀疑的错综复杂的情感催生了英雄悲剧的主题——例如欧里庇得斯笔下"疯狂的赫拉克勒斯"，突出了神话英雄的宿命和人性的弱点。综上所述，由于文化习俗的不同、时代背景的切换、思维方式的相异，使得赫拉克勒斯故事发生了一系列的变体。

人们崇拜神灵和崇拜英雄的情感是不同的，无形间拉开了与神灵的距离，突出他们作为神的一面；拉近了与英雄的距离，关心他们作为人的一面。

传说赫拉克勒斯开创了奥林匹克运动盛会，成为古希腊运动历史之鼻祖。较早提到赫拉克勒斯崇拜的是品达，他在《奥林匹克颂》中反复称赞赫拉克勒斯在奥林匹亚建立了圣所和为奥林匹克运动会制定了竞赛规则。在《奈弥亚颂》中称赫拉克勒斯为"英雄神"，在《伊斯弥亚颂》中赞颂运动健儿精神："通过男子汉气概的事迹，他们从家中出发，前往赫拉克勒波利斯。"这些健儿也被称作"赫拉克勒斯者"。❷ 学界也在长期讨论这位英雄身上的双重性。英雄的形象蒙上了双重色彩，他一半是神，一半是人，性格上是矛盾和纠结的，时而狂乱，时而冷静，时而有力，时而软弱。对于人类而言，大英雄具有两面性，既是救星亦是灾星，人们对孔武有力的他既崇拜又畏惧。

二、神王观念：神话与历史的融合

在赫拉克勒斯这一人物问题上，需要思考的是神话与历史的先后问题。换句话说，到底是一段真实历史被神话化，还是由于一则神话的存在从而引发了一段历史。希罗多德注意到了赫拉克勒斯的后人统治了吕底亚 22 代，共计 505 年，而赫拉克勒斯家族取得主权并能够长期稳固的原因正是由于赫拉克勒斯家族秉承了神意。这里所说的神意，也就是神的预言，通常由祭司传

❶ 赫拉克勒斯的"十二件大功"非常著名。"大功"原来指"为了奖赏而参加的运动竞技"。这是属于男性的运动竞技，为的是有机会展示他们的力量，也包括战争中的勇猛，而绝非强迫性的劳役。

❷ [古希腊] 荷马．荷马史诗：奥德赛 [M]. 王焕生，译．北京：人民文学出版社，1997:436.

达。关于三代人秉承神意的故事在阿波罗多洛斯《神话全书》中用传说的形式描述过，赫拉克勒斯的后人高举神谕的旗帜重归故里。

神话故事与历史记载如此相似，因为攻打古希腊的多利安人也是外来移民，为淡化其外来者身份，多利安人煞费苦心地编造了"赫拉克勒斯子孙回归"的神话，于公元前 12 世纪左右侵入希腊南部的伯罗奔尼撒半岛，占领阿哥利斯、拉哥尼亚和美塞尼亚地区。有学者认为，这是历史上一个具有典型的"特许证"特征的神话，即一个民族发起战争的伊始往往强调自我的正当性，作为赫拉克勒斯的子孙回归故里，纯粹是多利安人为向南入侵而找的借口，以证明他们占领伯罗奔尼撒半岛的合情、合理、合法性，证明斯巴达人统治拉哥尼亚的义不容辞。此时，赫拉克勒斯神话在历史的蓄意发生中被充分利用，入侵者旨在说明多利安人不是外来者，也未占领别人的领土，而是重返故土，夺回本属于他们的"固有王权"。"在古典时代雅典和斯巴达争夺整个希腊领导权的斗争中，赫拉克勒斯子孙回归的神话显然有其重要的政治宣传功能。在雅典人心目中，作为外来者的斯巴达人没有资格问鼎全希腊领袖地位。然而，多利安人的神话宣传取得了预期效果，回归故事被希腊人当作'古史'接受下来，纳入泛希腊神话体系中。"❶晚期希腊旅行家鲍桑尼亚斯（Bausanias）对之深信不疑，认为是"绝对正确的"，这表明"希腊人只能适应于把神话当作历史看待"。❷"假作真时真亦假"，在借用神话的过程中，连这些统治者本人也越发相信神话就是真实的历史。久而久之，在当时的古希腊、古罗马人的思想意识里，神话几乎就等同于他们的历史，而历史本身就是令人信服的神话。在文明早期，神话故事的文化功能，不在于文学和美学意义上的可供欣赏性和娱乐性，而在于为文化认同提供信仰的证明。身份认证、文化认同，正是各个国族的神话历史被开启的不二法门。

历史最初记述的目的是将在彼时彼地所听的、所看的、所想的过去发生的事情有选择地保留下来，解释原因、探寻真相、查找规律。这种目的正如西方历史的公认开创者希罗多德在《历史》开篇就坦承的那样："哈利卡尔那索斯（Ahuxapvnooeos）的希罗多德，在这里展示他的探索成果，之所以要这么做，是为了保存人类的功业，使之不致由于年深日久而被人们遗忘，为了使希腊人和异邦人的那些值得赞叹的丰功伟绩不致失去它们的光彩，特别是为了把他们发生纷争的原因给记载下来。"❸希罗多德自始至终都在探寻历

❶ [英]菲利普·马蒂塞克.希腊罗马神话[M].崔梓健，译.北京:民主与建设出版社，2018:140.

❷ [苏联]M.H.鲍特文尼克.神话辞典[M].黄鸿森，温乃铮，译.北京:商务印书馆,1985:144.

❸ [古希腊]希罗多德.历史(上册)[M].王以铸译.北京:商务印书馆,1985:1.

史发生的因果关系，挑起争端的究竟是腓尼基人，还是波斯人？是吕底亚人，还是雅典人？原因何在？在希罗多德缓缓道来的历史事件背后，总有神话的影子和神话故事的因果叙述。神话故事里的情节成为历史上重大战争发生的导火索，不过谁又能质疑神话故事所描绘的不是一段真实的历史呢？众所周知的一个原则就是，历史总是"要把过去的时间整顿成为有先后次序的因果关系"。❶ 作为西方第一位历史学家，希罗多德习惯用现象去解释现象，用神话思维去解释神话，从而凝结成为希罗多德式历史。这是他的后继者修昔底德试图批判并极力避免的，然而，声称自己的史书更为真实、可信的修昔底德仍然徘徊在神话与历史之间，没能完全跳出神话思维对个人无形的渗透和长年累月的影响。无论如何，"从理念上讲，人们研究每一种神话之变体，不仅要研究它与其他变体的关系，而且要注意使之得以产生、得以接受的那个社会历史状况，以便能够知道，在整个社会范围内，叙述者与听众之间是如何发生作用而产生故事上的损益、分类上的变更以及权利上的分配的。换言之，在我们考察了文本、文本上下、文本之间、前文本、亚文本及其相互之间的前因后果关系以前，我们的任务不算完成"。❷ 在希罗多德描述历史的年代，人的行为往往掺杂着神话预言的成分，受到神话力量的左右。

如果一个历史事件真实地发生了，对比于古老的神话，人们会说神的预言灵验了；而有心的王者，比如斯巴达国王和佩西斯特拉图斯（Peisistratus）等，他们的称王和复位的历史事件，都借助和有效利用了神话故事。前者假托英雄赫拉克勒斯的后代，为自己的王权建立找到依靠；后者让一名妇女假扮雅典娜乘坐战车，然后四处宣告自己的复位是由于女神的引领，从而受到城邦人民的膜拜。赫拉克勒斯在希腊群英当中是独一无二的。因为他拥有泛希腊主义的重要地位如此之早，以至于追踪他的起源几乎无迹可寻，但是破解英雄神话的密码极有可能隐藏在阿耳戈里斯这个词之中，他与阿尔哥斯、赫拉之间存在千丝万缕的关系。不光在希腊本土，这位英雄在许多非希腊人居住之地也享有盛名，从吕底亚到腓尼基再到埃特鲁里亚，广受人们的尊崇，由此可见他受欢迎的程度。后人对赫拉克勒斯故事的熟悉，很大程度上归功于荷马，一些学者据此认为他是迈锡尼的英雄。无论如何，赫拉克勒斯的"起源"问题可能是争论的焦点，因为赫拉克勒斯神话的主体，以及赫拉克勒斯本人的性格，都是长时期合成的结果，其中包含了来自希腊世界的几

---

❶ [英] 爱德华·霍列特·卡尔:历史是什么? [M].吴柱存,译.北京:商务印书馆, 1981:94.

❷ [美] 布鲁斯·林肯.死亡、战争与献祭 [M].晏可佳,译.上海:上海人民出版社, 2002:6.

乎所有部分的贡献。研究神话的变体，与社会历史状况息息相关。

由此不难看出，英雄崇拜的基础就在于大众对自然界的恐惧和敬畏心理。很多来自大自然的灾难无法解释，所以人们渴望借助于英雄的超凡脱俗的威力，帮助大家从灾异恐怖中解脱出来。在古希腊时代，虽是神的后裔但仍具有人性弱点的英雄形象更具亲和力，是排解现世苦难的希望。伊利亚德（Iliad）认为，神灵、英雄以及传说中的祖先，他们的"超越"世界对于现代人来说容易理解，因为古代人无法接受时间的不可逆转。"正如我们反复所见的，意识废除了亵渎，废止了按年月次序排列的时间，它恢复了神话中的神圣时间。一个人成为与诸神所完成的业绩同时代的人。一方面，对抗不可逆转的时间可以帮助人类去'建构真实（construct reality）'；另一方面，它将人们从死亡的时间和重量中重新解放了出来，使人相信自己能够删除过去，重新开始崭新的生活，再创一个新世界。"❶ 这一见解对于洞悉神话历史发生的主体机制大有裨益。它还能够提示今人，只将神话视为文学作品，将会损失多么重要的先民智慧。

荷马、赫西俄德、阿波罗多洛斯、埃斯库罗斯、索福克勒斯以及欧里庇得斯、品达、希罗多德等都曾将这位英雄的事迹写进自己的作品中。雅典人于公元前490年战胜了波斯的入侵者，更加助长了赫拉克勒斯的人气，因为这位英雄最为古老的阿提卡圣殿就位于战争的重要地点之一——马拉松。许多记述都将英雄的援助与战争胜利联系起来。神话英雄顺应战争形势，成为时代英雄。当时，雅典人在赫拉克勒斯的避难所建立了他们的军事营地，除了军事用途，这一处地点还配有不少运动的装备，并极有可能曾经按照当地的标准主办过运动会。战役结束后，人们相信这位英雄神援助了雅典人，于是运动竞技获得快速发展，并且在阿提卡境外拥有了一批追随者。这一情况我们可以从品达的诗中获取相关信息，如《奥林匹克颂》《皮托竞技胜利者颂》等。希罗多德在《历史》第6卷第116章介绍了马拉松战役的场景：

波斯人绕过了索尼昂（Zoivnov），雅典人听闻便迅速赶回来保卫自己的城市，并且抢在那些野蛮人即波斯军队到来之前。这些雅典人是从马拉松的一座赫拉克勒斯圣殿那里来的，当时还有另外一座赫拉克勒斯神殿，位于库诺萨尔盖斯，希腊人就驻扎在那里。

在马拉松战役里，赫拉克勒斯神殿起了很关键的作用，因而雅典人将功劳记在赫拉克勒斯作为神灵对他们的庇护上也就不足为奇了。另外，赫拉克

❶ [美] 依迪丝·汉密尔顿. 神话 [M]. 刘一南，译. 北京：华夏出版社，2010:119.

勒斯还有一个名号——阿莱克西卡考斯，意思是对抗邪恶的斗士（averter of evil），雅典人指望着他抵抗外侮并防御瘟疫。不论雅典神话对于赫拉克勒斯的叙述是多么的不足，关于这位英雄的崇拜却深深地在阿提卡这片土地上扎了根，拥有无数崇拜者。此外，这种宗教崇拜之所以能够盛行，无疑受益于僭主佩西斯特拉图斯的庇护。

赫拉克勒斯系宙斯和阿尔克墨涅所生之子，一个"'半神'的人类英雄"。不过，死的英雄与不死的神灵之间永远横亘着一条无法跨越的鸿沟，不论英雄具有怎样高贵的品质和不朽的功业，他始终都是凡人。正如《奥德赛》中盲人歌手德摩道科斯的吟唱"凡人的荣耀"那般，肉体凡胎容易毁灭，丰功伟绩可以永存。有一种献祭，大致从表面上看，更接近"奥林匹克"类型，这种献祭关注分享的餐食和肉类消费，它是赫拉克勒斯宗教崇拜的标志。这种信仰与死亡、英雄、神灵的献祭相关，而放弃这些祭品的方法则相对来说十分罕见。❶

也就是说，在宗教仪式上赫拉克勒斯具有双重形象——英雄和神。本节之所以使用较多篇幅分析赫拉克勒斯的形象、起源、事迹及其身上的双重特点，是因为他是介于神灵与凡人之间的英雄，是"超人"和"半神"，在人之上，在神之下，这样的形象希腊人是热衷的；因为这种"中间性"，这种无法明确的类型令他们着迷，使人们拥有更多想象的空间来描述人类既强大又弱小的矛盾性。

虽然赫拉克勒斯的父母是梯林斯人，但是普遍认为他本人出生于忒拜。其实在希腊化时期，理性开始抬头，荷马史诗中英雄凭借蛮力、英勇及神灵的意愿而实现目标的故事已不再为人们所信服，神也不像荷马时代那样受到人们的敬畏与尊敬，栩栩如生的神话似乎也成为过去式。人们持有更多的怀疑，他们不再相信英雄的命运仅仅受到神的支配，也不再愿意相信众神与万事万物之间有着相互影响。埃及神灵成为降落凡间的落魄英雄，英雄的受难更令他们感觉真实和亲切。

---

❶ [美] 罗伯特·柯布里克. 希腊人：爱琴海岸的奇葩 [M]. 李继荣，译. 北京：世界图书出版公司，2013:13.

第二节　"悲剧英雄"俄狄浦斯

一、俄狄浦斯的传说

俄狄浦斯杀父娶母的传说是古典时代希腊诗人从事悲剧创作的理想素材。经过他们的文学加工和再创作，古老的传说被赋予新的思想和情节，获得新的表现形式，已明显不同于早期史诗中的故事形式。我们今天熟知的俄狄浦斯故事来自雅典悲剧诗人索福克勒斯的悲剧《俄狄浦斯王》《俄狄浦斯在克洛诺斯》和《安提戈涅》。其他悲剧诗人的作品，如埃斯库罗斯的悲剧三部曲《拉伊俄斯》《俄狄浦斯》和《七雄攻忒拜》也涉及卡德摩斯后裔的悲剧故事，但只有最后一部完整保存下来。欧里庇得斯也写过悲剧《俄狄浦斯》，但未能传世；他的另一部悲剧《腓尼基妇女》也提供了故事的重要细节。晚期的神话编纂家们，如阿波罗多洛斯、波桑尼阿斯和许金努斯等也曾述及该故事，但基本遵循悲剧诗人们的故事架构。本节叙述的故事梗概主要出自古典悲剧诗人、晚期神话编纂家和注释家们提供的诸版本。

俄狄浦斯悲剧故事的起因，按通常的说法，是由于冷酷命运的安排；但欧里庇得斯的悲剧《腓尼基妇女》却把俄狄浦斯的厄运与其父拉伊俄斯被诅咒联系起来，俄狄浦斯好像是在清偿其父的少年孽债。拉伊俄斯被诅咒的故事最早出自欧里庇得斯的已佚悲剧《克里西普斯》，悲剧注释家和神话编纂者们则交代了故事的原委：拉伊俄斯（Raios）是卡德摩斯的曾孙，幼年时因安菲翁（Anfion）夺取忒拜统治权而避难于伊利斯，在珀罗普斯（Pelops）的宫廷长大。少年拉伊俄斯行为失检，爱恋珀罗普斯之子克里西普斯（Crisips），因而被古希腊人视为同性恋之始作俑者。安菲翁家族遭遇厄运后，拉伊俄斯回国继承王位。他随车劫走克里西普斯，致使后者羞愤自尽。珀罗普斯痛失爱子，遂诅咒拉伊俄斯无嗣，若有子嗣则必被其子所杀。赫拉女神亦派遣狮身人面女妖斯芬克斯前往忒拜作祟，以报复拉伊俄斯的不义。

按埃斯库罗斯已佚悲剧的残篇所透露的情节，德尔斐神谕曾警告拉伊俄斯，若有子嗣，必致国祚危殆，但拉伊俄斯无法克制情欲，终使俄狄浦斯降生人世。按索福克勒斯和注释家的描述，拉伊俄斯因无嗣而求神谕，神谕却警告他将死于亲子之手。拉伊俄斯遂不再与王后伊奥卡斯忒同寝。后因酒醉失控，致使王后怀孕生子。以后的情节发展是拉伊俄斯以铁钉刺穿婴儿脚踝，令人弃之于基泰戎山。科林斯的牧人收养弃婴，起名为俄狄浦斯，即"肿脚者"，并将其献给科林斯国王波利布斯（Polybus）。国王夫妇非常疼爱

俄狄浦斯，视如己出。俄狄浦斯成年后，听别人议论自己并非国王亲子，就去询问养父母，未得明复，遂前往德尔斐求问神谕。神谕告知他注定要杀父娶母，犯下人伦大罪。俄狄浦斯仍相信自己是科林斯国王夫妇之子，为避免祸及双亲，遂奔走他乡。在前往忒拜途中，俄狄浦斯与驱车前往德尔斐的生父拉伊俄斯相遇于三岔路口。双方因争路发生口角，最后动起武来。俄狄浦斯在不知情的情况下杀死生父及其仆从，仅一人逃脱。拉伊俄斯死后，国舅克里昂（Creon）成为忒拜国摄政王。适时女妖斯芬克斯正为祸忒拜，伏于附近山隘之悬崖上，强迫过路人猜其谜语，未猜中者均被其吞食。克里昂晓谕世人，凡能除掉女妖者，即可获得忒拜王位，并迎娶前王遗孀。俄狄浦斯凭其智慧猜破"斯芬克斯之谜"，致使其羞愤跳崖而死。俄狄浦斯遂被忒拜人拥戴为王，并按古俗娶先王遗孀，即自己的母亲伊奥卡斯忒为妻，至此神谕全部应验。俄狄浦斯婚后生育二子二女，国家太平无事。数年后忒拜出现灾荒，索福克勒斯的《俄狄浦斯王》剧情即始于此。为拯救城邦，俄狄浦斯求取德尔斐神谕。神谕令他驱逐杀死先王的凶手，灾荒才能停止。俄狄浦斯展开调查，并强迫先知特雷西亚斯讲出真相。案情最终大白：原来弑父凶手和乱伦者就是国王俄狄浦斯本人。获此骇人真相，王后伊奥卡斯忒（Iokaster）羞愤自缢；俄狄浦斯则刺瞎双眼，自我流放。索福克勒斯的另一悲剧《俄狄浦斯在克洛诺斯》描绘了主人公的最后结局：俄狄浦斯流浪多年后，在女儿安提戈涅的引领下来到阿提卡的克洛诺斯，被忒修斯安置于复仇女神的圣林里。他拒绝了忒拜统治者克里昂和儿子波吕尼克斯要他回国的请求，并诅咒两个儿子。最后，俄狄浦斯在复仇女神的圣林中平静地死去。按另一种说法，俄狄浦斯最后被安葬于彼奥提亚的厄特奥诺斯的得墨忒耳女神庙的圣域内，此庙也因而被称作"俄狄浦斯庙"。❶

二、俄狄浦斯传说的早期形式及其演变

在早期史诗中，杀父娶母的情节仍是俄狄浦斯故事的主题，但俄狄浦斯的后半生和结局却迥异于古典悲剧的情节。据荷马史诗《奥德赛》所述，奥德修斯下地府时曾遇见俄狄浦斯之母伊奥卡斯忒。按荷马的说法，伊奥卡斯忒上吊自杀是因诸神将其乱伦事"迅速公之于世"，因而未及生育子女；俄

❶ 有关拉伊俄斯和俄狄浦斯传说的主要内容出自文中所列雅典三大悲剧诗人的相关剧作或已佚作品的残篇，其他内容参见荷马：《伊利亚特》23.6T7-680；《奥德赛》11.271-278; 品达：《奥林匹克颂歌》第二首；阿波罗多洛斯：《文库》3.5.7-9; 狄奥多罗斯：《历史文库》4.64-65.1; 许金努斯：《传说集》66 和 67；波桑尼阿斯：《希腊纪行》1.28.7，Ⅰ.30.4, 9.2.4, 9.5.10-11, 10.5.3-4。古典注释家对荷马和悲剧诗人作品的注释也保留很多不同版本的俄狄浦斯故事线索，此不赘列。

狄浦斯在真相大白后忍受着复仇女诸神施加的种种折磨，继续执掌忒拜王权。《伊利亚特》提到忒拜曾为俄狄浦斯举办隆重的葬礼竞技会，表明他死于忒拜，死后备极哀荣。这种竞技会是史诗英雄们获得的殊荣，说明俄狄浦斯仍是一位地位尊崇的人。由于荷马描述其死亡的动词被认为有"轰然倒地"之意，人们推测俄狄浦斯并非自然死亡，而是暴死，很可能是死于战场。赫西俄德的《名媛录》残篇也提到葬礼的空前盛况：忒拜全城的妇女们都来出席他的葬礼，争相瞻仰这位饱受磨难的君主遗容，并发出惊叹声。出席葬礼的还有很多外宾，包括阿尔哥斯国王阿德拉斯图斯的女儿阿尔吉亚（尚不知此时是否已成为俄狄浦斯的儿媳）。早期史诗还有忒拜三部曲，分别是《俄狄浦斯记》《忒拜记》和《后辈英雄》，但均已失传，仅存残篇。从后人引用的残篇获知，《俄狄浦斯记》曾叙述主人公杀死斯芬克斯，以及与第二位妻子生育四个子女的情节。《忒拜记》中的俄狄浦斯可能已是盲人，但曾两次诅咒其子。一次是儿子们将祭牲胯部而非肩部的肉献给他吃，使他觉得受到轻视，因而动怒；另一次是儿子波吕尼科斯在他面前摆上先王卡德摩斯用过的银桌，用金杯盛葡萄酒献给他。但当俄狄浦斯发现这些器物均为其父拉伊俄斯之珍藏时，勃然大怒，认为此举是故意折磨他的精神，于是诅咒儿子们将为遗产而兵戎相见，彼此死在对方之手。根据公元前5世纪前期的雅典史话家佩里基德斯的残篇，俄狄浦斯曾三次结婚：首次是与其母伊奥卡斯忒的婚姻，生二子普拉斯托尔（Phrastor）和列奥尼托斯（Leonytus）；俄狄浦斯的再婚妻子是欧律伽尼亚（Euryganeia），生育二子二女；后又娶第三位妻子阿斯提墨杜萨（Astymedousa），但未生育。

显然，关于俄狄浦斯的结局，早期史诗和晚期资料的描述迥然不同，清晰地显示出该传说随时代发展而演变的轨迹。史诗反映了传说的早期形式。彼时的道德观念薄弱，果报意识不强，犯有人伦大罪的俄狄浦斯在其母自尽后依然留在忒拜王位上，甚至娶妻生子，最后死在自己的国土上，并获得隆重葬礼。然而，到了公元前5世纪，社会道德意识显著加强，犯此大罪者被认为是灾祸之星、污染之源，必须惩罚，尽管俄狄浦斯本人也是命运的受害者，对自己的所作所为全不知情。当然，为增加悲剧效果，把俄狄浦斯的晚年塑造得悲惨凄凉也是意料之中的事。于是，在索福克勒斯的《俄狄浦斯王》中，当俄狄浦斯发现母亲自尽时，他痛苦不堪，遂用胸针刺瞎自己的双目。《俄狄浦斯在克洛诺斯》则描绘了这位失明老者的最后结局：被儿子们逐出国门，在忠实的女儿安提戈涅的陪伴下四处流浪，最后客死异乡。所幸忒修斯的帮助给了老人最后的安慰，复仇女神也平息了愤怒，使他能平静地死在雅典国土上，其坟墓成为雅典的保护者。这里，诗人利用古传故事为雅典进

行政治宣传的意图是十分明显的。欧里庇得斯的《俄狄浦斯》则把俄狄浦斯致盲归于拉伊俄斯的仆人所刺，可能是奉克里昂之命；但在《腓尼基妇女》中，俄狄浦斯却是自刺双目，但未被流放，而是被幽禁在宫殿深处。看来，根据剧情的需要，诗人对古代传说的处理有其自主性和随意性。

三、俄狄浦斯其人

神话中的俄狄浦斯是忒拜国王，有离奇和悲惨的人生经历。关于这位传奇人物的起源，学者们有着不同看法。德国古典学家卡尔·罗伯特认为，俄狄浦斯最初是位植物神，后被贬抑为英雄。他的关键证据是厄特奥诺斯的得墨忒耳女神庙中有俄狄浦斯的坟墓。❶英国古典学者罗斯则把俄狄浦斯看作真实的历史人物。瑞典学者马丁·尼尔森则把俄狄浦斯看作"简单的民间故事英雄，一位民间故事人物，靠消灭斯芬克斯赢得王后和王国"。❷他的起源"不是在历史中，而是在民间故事中"。❸这种民间故事人物当然不会有自己的坟墓，他在历史时期的四处埋葬地及其崇拜都是晚期附会的产物，包括厄特奥诺斯的崇拜。俄狄浦斯未必是迈锡尼时代的真实历史人物，但他的传说，按尼尔森的一贯解释，却是源自迈锡尼时代的。换言之，俄狄浦斯是迈锡尼时代的传说人物，其故事核心就是战胜妖魔赢得王国和王后，这是民间故事最典型的套路。后来，他的故事被不断丰富，又加入反映亲族冲突和伦理的故事情节，即杀父和乱伦的主题，使其成为"希腊神话中最有戏剧性的一个"。这位典型的民间故事人物后来被吸收到忒拜史诗中，故事的地点被定位于忒拜，于是俄狄浦斯成了忒拜的君主，卡德摩斯王族的一员，并和忒拜战争的史诗传说联系在一起，而后者很可能是以忒拜与阿尔哥斯在史前时期的一场真实战争为蓝本的。巴克也持类似看法，即俄狄浦斯是位"闯入者"，是"最终被吸收进史诗的民间故事人物"，而反映王族倾轧和战争破坏的史诗正是"插入这个人物的好地方"。巴克也强调俄狄浦斯与忒拜当地的悠久联系。他与阿提卡的关联只是源于当地人"想占有伟大却不幸的英雄遗骨的很自然的渴望"。如早期史诗所描述的，他一直留在忒拜。"他弄瞎自己并在贫困中流放的主题是后加的。"❹

鲁伊佩里兹分析了俄狄浦斯故事被吸收到忒拜传说体系中的原因："民间故事到处都讲其事件被置于遥远的往昔，按通例是没有明确地点的。在希

---

❶ [德] 卡尔·罗伯特. 俄狄浦斯 (第 1 卷)[M]. 柏林，1915:44.

❷ 北京大学哲学系. 古希腊罗马哲学 [M]. 北京：商务印书馆，1961:24.

❸ 北京大学哲学系. 古希腊罗马哲学 [M]. 北京：商务印书馆，1961:33.

❹ 罗伯特·巴克. 彼奥提亚史 [M]. 加拿大：阿尔贝塔大学出版社，1979:61.

腊，这种往昔指的是英雄时代，即迈锡尼时代，而且也被置于精确的地点。这是源于一种趋势，即希腊英雄神话把英雄们置于传说中的迈锡尼世界的繁荣中心，以便民间故事更容易保存下来。"但他承认，很难解释故事被定位在忒拜而非其他中心的原因，也无法肯定是否真有一位名叫俄狄浦斯的忒拜国王，但故事的"角色们无须是历史的，属于历史的是各种事件赖以发生的背景"。❶

四、俄狄浦斯传说中的民间故事母题

俄狄浦斯的传说，尤其是传说的前半部分，显示出民间故事的典型模式，即描述英雄的非凡出生、成长和冒险，最后赢得锦标的故事。马丁·尼尔森因而把俄狄浦斯看作"一位民间故事人物"。首先，婴孩时期俄狄浦斯被抛弃和收养的情节属于一个世界性的民间故事母题，即所谓"弃子"母题。很多传说人物，包括历史人物，都被套上该母题，如希腊的传说人物珀尔修斯、帕里斯、安菲翁和仄托斯（Zetos）、珀利阿斯（Pelias）和涅琉斯（Neleus）等，罗马城的创建者罗慕路斯（Romulus）和雷穆斯（Rhemus）、教皇格里高利一世、西亚阿卡德国王萨尔贡一世、波斯的居鲁士大帝、中国上古周部族传说的始祖后稷（即"弃"）等，都有类似的传奇经历。这说明历史人物在民间口头流传过程中很容易按民间故事的母题被加工成传奇式人物。"弃子"母题是世界民间文学惯用的叙事技巧和约定俗成的模式，与真实的历史无关，旨在显示英雄人物非同凡俗，自出生之日就饱受磨难，却能得到贵人和动物的救助，大难不死，以成就日后的非凡功业。在汤普森的《民间文学母题索引》中，一般性的"弃子"母题为S301，而抛弃婴孩以阻止预言实现的母题为M371。❷

俄狄浦斯杀死女妖斯芬克斯，赢得王后和忒拜王位，是最常见的民间故事模式，即"考验"的母题，被汤普森归入其《民间文学母题索引》的门类中，即英雄人物面对凶恶对手和看似难以完成的任务，经受各种严峻考验，最终克服困难，战胜妖魔、怪兽或强人，达成愿望，赢得锦标（公主或王国等）。最适合俄狄浦斯传说的母题是H310，即求婚者的考验。在俄狄浦斯的故事里，主人公的对手是女妖斯芬克斯（母题B51），但他不是凭膂力取胜，

❶ 马丁·鲁伊佩里兹. 迈锡尼人俄狄浦斯（"Mycenaean Oedipus"）[J]. 第二届国际迈锡尼学大会论文和会议记录汇编, 1996(1):129.

❷ 参见斯提斯·汤普森：《民间文学母题索引》6卷本，赫尔辛基1932年版. 有关俄狄浦斯传说涉及的"弃子"母题，见玛丽·格兰特编译：《许金努斯神话》，劳伦斯1960年版，第79页注，第145页注和第66页。

而是靠智慧解开"隐喻性的谜语"（H720），即所谓的"斯芬克斯之谜"（母题 H761），这对女妖是致命的（母题 C822，猜破谜语的致命性）。

如果俄狄浦斯猜中"斯芬克斯之谜"，赢得与王后的婚姻和王位后，故事就此终止，那么，俄狄浦斯的全部传奇不过是人们所熟知的"非常简单的民间故事"。然而，故事情节还在发展，最终导致杀父娶母的惨剧。这个"取材于古老民族家族冲突和伦理生活"的新主题，用尼尔森的话说就是"创造了真正的俄狄浦斯神话及其最本质的伟大之处"。杀父娶母是个沉重和严肃的主题，涉及弑亲和乱伦的重大问题，已超越一般娱乐性的民间故事所关心的家常伦理范畴，实属神话涉足的领域，也是最具独创性的故事主题。然而，民间故事的比较研究显示，杀父娶母也是一个国际性的故事类型，被世界各地的民间故事所吸收。罗威尔·埃德蒙德（Rowell Edmond）在其《俄狄浦斯：古代传说及其晚期类似故事》中总共收集了 76 个俄狄浦斯型故事，其中包括中世纪欧洲和近东的 7 个故事，近代欧洲的 45 个故事，斯拉夫人的 11 个故事，近东、亚洲、非洲和美洲的 13 个故事，其中最著名的是教皇格里高利、卖主者犹大、圣徒安德鲁的故事。埃德蒙德"在原则上同意"这些分布世界各地的故事可能是传播的结果，但具体传播途径却无从得知。著名的俄国民间故事学者弗拉基米尔·佩洛普曾指出，希腊版本的俄狄浦斯故事并非最古老的版本，南非祖鲁人的俄狄浦斯型故事要比希腊版本更古老，因为祖鲁人的社会尚处于无国家的原始状态。俄狄浦斯杀父本是出于无意，但仍被看作罪犯；而在祖鲁人的版本中，试图谋杀儿子的父亲是罪犯，而故意杀父的儿子却是受欢迎的英雄，这表明父权制的权威在祖鲁社会尚未得到完全确立。俄狄浦斯的传说在总体上能否被看作民间故事，学界至今尚存争议，但该传说包含着众多国际性的民间故事母题则是显而易见的事实。

五、"肿脚者"

俄狄浦斯的词源意义为"肿脚者"。传说俄狄浦斯被其父刺穿脚腕弃于基泰戎山中，此为其跛足之由来。罗伯特认为，刺穿俄狄浦斯的双脚是为将来辨认其身份做的铺垫；佩洛普认为是"入会仪式"上施加给婴孩的"死亡标记"，象征其死后的新生；维里科夫斯基视之为埃及法老埃赫那吞的体形缺陷；布里摩尔则归之为希腊人的"文字游戏"。克劳德·列维—施特劳斯的结构研究似乎更有新意，其结果也更有启发意义。他注意到一个有趣现象，即忒拜王族祖孙三代都是跛足的：俄狄浦斯的祖父拉巴达库斯（Labdacus），其名意为"跛脚"；俄狄浦斯的父亲拉伊俄斯，其名意为"左腿有疾"；俄狄浦斯本人的名字意为"肿脚者"。祖孙三人都有相似的身体缺

陷，即身体两侧不对称，不能笔直地行走和站立。

在神话中，从大地中诞生的人具有一个普遍特征：当他们从大地深处浮现出来时，或者不能行走，或者步履蹒跚。普埃布罗人（Pueblo）神话中的下界生物（the chthonian beings）就是这样，首先冒出地面的马萨乌乌（Masauwu）以及下界的舒麦科里（Shumaikoli）都是瘸子（"流血的脚"和"痛楚的脚"）。克瓦基乌特人（Kwakiutl）神话中的科斯基摩人，当他们被下界怪兽吞噬后也发生了同样的事情。当返回地面时，"他们步履蹒跚，跌跌撞撞，踉跄而行"。❶

他还将"卡德摩斯杀龙"和"俄狄浦斯杀斯芬克斯"归入同类神话主题中，其特征是杀死怪物。龙是下界神灵，只有杀死龙，人类才能从大地中诞生；斯芬克斯则是不许人类生存的怪物。这类怪物主题的共同特征是"否定人类从大地中诞生"。他还将"卡德摩斯寻妹"、"俄狄浦斯娶母"和"安提戈涅葬兄"归入同类主题，其共同特征是"对血缘关系的重视"；"龙牙武士相残"、"俄狄浦斯弑父"和"俄狄浦斯双子相残"的主题均表达了"对血缘关系的轻视"。这些相互矛盾的观念共存于忒拜神话中，从而揭示出神话的文化意义：

回到俄狄浦斯的神话，我们就可以看出其意义了。对相信人类系大地所生的文化而言，在此种说法和人类实为男女交配而生的认识之间寻找令人满意的折中答案是不可能的，而神话就是要解决该难题。尽管该问题是明显得不到解决的，但俄狄浦斯神话还是提供了一种逻辑手段。说得粗浅些，就是把原初问题，即人究竟是生于一还是生于二的问题，转换成人究竟是同源还是异源问题。凭此关联，企图逃避土生人理论和不可能逃避土生人理论的问题就等同于重视血缘与轻视血缘的问题。尽管经验和理论相悖，但社会生活和宇宙论在结构上的类似证实了宇宙论的真实性。

人类起源问题是古人解释宇宙形成的重要组成部分，人类究竟是大地所生还是两性交配所生，始终困扰着古人的思想，并矛盾地反映在神话中。从古人的宇宙形成观念看，人类是大地母亲的后代；但从社会生活的经验看，每个人都是男女两性交配的产物。在理论和经验方面，古人面临着两难选择。这个问题也可转化为人类是同源还是异源的问题，即人类有着共同的大地母亲还是各有其父母的问题。如果人类同为大地子女，彼此雷同的血缘也就不再重要了；如果每人各有自己的父母，血缘各异，血缘关系对个人而言

---

❶ 罗伯特·西格尔主编：《神话理论》六卷本系列丛书的第六卷《神话中的结构主义》纽约和伦敦 1967 年版，第 118—134 页，引文见第 124 页，克劳德·列维－施特劳斯的论文《神话的结构研究》，原载《美国民间故事期刊》第 68 期 (1955)，第 428 页。

就是重要的。因而，人类起源的一元或二元论就转化为社会层面上轻视血缘还是重视血缘的问题。社会生活中有此矛盾的共存，在宇宙论和人类起源问题上亦复如是，神话由此解释了在人类起源问题上的矛盾认识的合理性。

列维—施特劳斯似乎把我们引入了古人的精神世界深层，他们矛盾的困惑可能连自己也未清醒地意识到，但依靠神话的结构分析却被朦胧地展现出来。我们似乎更接近了古人精神世界的本质。然而，列维—施特劳斯的推理分析方法很难让古典学者们接受，他对神话主题的归纳和解释常常是非常武断和任意的，难以让人信服。此外，他的强项是美洲印第安人神话而非古典神话，两地的社会环境、发展水平和神话都差异很大。将美洲神话的经验生搬硬套地应用于希腊神话的分析，难免产生荒谬的结论。

然而，列维-施特劳斯对忒拜王族三代"跛足"现象的关注引发了让—皮埃尔·费尔南德（Jean Pierre Fernand）对"跛足"文化和政治含义的新思考。"跛足"不仅代表生理上的缺陷，也代表着某种非同一般的禀赋和命运，他指出：

> 腿瘸的人意味着某种残缺……这种对正常的偏离也赋予跛足者超常地位的特权，或某种特殊禀赋，不是缺陷，而是独特命运的迹象和预示。由此角度看，两腿的不对称获得了一种相当不一般的正面而非负面的特征。可以说，它赋予普通的行走方式以新因素，将正常需求下直线运动的行走者解放出来……这是一种超自然的自身打转的运动方式，画出了一个完整的圆圈，希腊人相信这是个别类生物的专有运动方式。

让—皮埃尔·费尔南德进而指出：对古希腊人来说，跛足不只是脚的问题，也象征精神残疾。柏拉图把追求哲学真理的高贵灵魂和那些"畸形跛足的灵魂"区别开来。私生子也被比作跛足者，血统不纯的不合法继承人一旦登基为王，那将是"有残疾的王权"。

弄清"跛足"的象征意义后，费尔南德分析了忒拜三代跛足君主离奇和反常的命运：瘸子拉巴达库斯早逝，其子拉伊俄斯尚在襁褓中，王位遂被他人僭取。拉伊俄斯幼年被迫流亡国外，寄人篱下，切断了正常的父子关系和王统。"左撇子"拉伊俄斯身体失衡，其性关系及其与恩主的关系亦显偏颇。他以强暴手段迫使克里西普斯王子与之发生同性关系并导致后者自杀；他破坏互惠原则而恩将仇报，被其保护者珀罗普斯诅咒；复辟后不顾神谕警告而生子；其子虽是合法出生，却注定要杀父娶母。拉伊俄斯的婚姻也不正常，夫妻被禁止生子，关系有如同性恋。至于"肿脚的"俄狄浦斯，虽有合法的王位继承资格，却刚刚出世就被逐出国门。他继承王位的方式也不正常，是靠杀父淫母完成的。费尔南德还指出，"斯芬克斯之谜"给出人区别于动物

的特殊意义：所有动物终生只有一种行姿，唯有人可以改变行姿。婴孩时四足爬行，成年后双腿行走，老者拄杖而行。这表示人生不同阶段各有其秩序，应按部就班，不能随意打乱。然而，俄狄浦斯却完全打破了这种秩序。他虽为两腿行走的年轻人，却取代父位并以母为妻；他又和四足爬行的儿子们同辈，为其兄长，说明他"不尊重社会和宇宙的辈分秩序，而是朦胧和混淆之"。费尔南德的分析告诉我们："在神话观念中，跛足者不同于健全者，他们的行为和命运总是扭曲和反常的，不同于常人。"❶

让—皮埃尔·费尔南德将拉巴达库斯家族的悲剧性英雄故事与历史时期一个真实的僭主家族的"历史传闻"加以比较，发现两者之间存在有趣的联系。希罗多德曾讲述了科林斯城邦的库普赛洛斯家族（Cypselidae）的兴衰"历史"。这段历史传闻把"老妇人的故事、奇迹故事和悲剧的各种成分结合在一起"。科林斯早期曾是贵族寡头统治的城邦，政治权力被巴基斯家族垄断，其成员内部通婚，集体行使王权。该氏族有跛女名叫拉布达，族内无人愿意娶她，她只好嫁给外族人埃厄提翁。拉布达因腿瘸而被摒弃于王族之外，被剥夺了生养合法王位继承人的权利，好像其子女也必定是跛足的。而且，此跛女似乎只配嫁给阴阳人的后裔。和拉伊俄斯类似，埃厄提翁似有性方面的缺陷（性的跛脚），与拉布达和其他女人均未生子。他因而问卜于德尔斐。阿波罗给拉伊俄斯和埃厄提翁的答复有所不同：警告拉伊俄斯生子，将招致杀父娶母的大祸；给埃厄提翁的答复则是正面的："拉布达不久将怀孕，给你生下一块滚动的石头，注定要降落在王子们的身上，为科林斯执行正义。"❷但不管怎样，这个必将降生的婴孩注定要成为乱世英雄。

俄狄浦斯刚刚降生即遭父亲遗弃，遗弃是为了除掉他，但执行的猎人不忍心，将俄狄浦斯转交其他猎人照管，使俄狄浦斯侥幸存活。在拉布达的故事中，巴基斯王族成员们扮演着"集体父亲"的角色。他们从神谕中获知婴孩将带来的危险，必欲除之，并派遣 10 人去捕杀婴孩。这些执行者寻获婴孩后却不忍下手，反而将婴孩归还给母亲拉布达。不久他们又反悔，但婴孩却被母亲藏于充当蜂房用的大陶缸里，因而躲过搜捕。这些人回去交令，谎称已完成任务，处死了婴孩。这些细节描述与俄狄浦斯的遗弃故事有很多相似之处。由于婴孩在空蜂房中逃过此劫，遂被取名为库普赛洛斯（Cypselus）。这里虽然没有遗弃的情节，但这位天降大任的婴孩却经历了死亡的威胁，最终化险为夷。与俄狄浦斯不同的是，库普赛洛斯是在本国长大的。俄狄浦斯

---

❶ [英] 罗伯特·A. 西格尔. 心理学与神话 [M]. 陈金星，主译. 西安：陕西师范大学出版总社，2019:41.

❷ [英] 弗雷泽. 金枝 [M]. 李兰兰，译. 北京：煤炭工业出版社，2016:74.

成年后去德尔斐咨询身世，随后返回忒拜杀父娶母；成年后的库普赛洛斯也到德尔斐咨询命运，得到的答复是，他将成为科林斯国王。库普赛洛斯于是攻占科林斯当了僭主，开始大肆杀戮他的"集体父亲"，其统治达 30 年之久。他的儿子佩里安德尔（Periander）的残暴更是有过之而无不及。

科林斯僭主家族的"历史传闻"与传说的俄狄浦斯家族的命运，无论在故事结构或细节还是在观念上都有诸多相似之处。无论是俄狄浦斯家族的离奇故事还是库普赛洛斯父子骇人听闻的历史传闻，都是以古希腊人根深蒂固的观念为基础的，尤其受到古典时期希腊人对僭主的不良看法。他们把无法无天的独裁者与生理和精神上的残疾相比照，使跛足成为有缺陷的王权的象征，正如让—皮埃尔·费尔南德所指出的：

僭主排斥所有希腊人认为构成社会生活基础的准则，而将本人置于社会准则之外。僭主走的是一条任性和孤独的道路，而不走人们常走的路和驿道，这就使他远离人的城市……使他陷入孤独的境界，就像不同凡俗而高高在上的神，又如兽欲驱使下不受羁绊的野兽。僭主藐视规则，藐视那些使社会架构井然有序的规则，那些通过有序编织的网使人人各安其位的规则，换言之——用柏拉图的话说得更直露些——他已完全做好杀父淫母，吞食亲子之肉的准备。他既像神又像野兽，兼有双重人格，恰如神话中的跛足者，集截然相反的特质于一身。他的行进步态胜过常人，旋转得灵活便捷，包括了所有方向，克服了直线行走的局限，但他的步法也缺乏正常的运动形态，因其残缺、不平衡和摇摆，他不过是以自己的特殊方式踉跄前行而已，而且更确定无疑的是，他终将倒下。

第三节　"民族英雄"忒修斯

在古典时代的雅典，忒修斯是备受敬仰的民族英雄，被推崇为雅典国家的缔造者和民主制度的奠基人。他的美德和政绩是政治家效仿的楷模，也是戏剧诗人钟爱的主题；他的丰功伟绩深入人心，妇孺皆知；他不仅出现在公共建筑的造型艺术上，而且被绘制于家用陶瓶上，成为民众日常生活的有机组成部分。人民向他的庙宇献祭，在节日上纪念他；歌颂他的史诗在民间流传。然而，如果追溯他的崇拜史，我们就会惊奇地发现，他的地位跃升主要是在公元前 6 世纪末和公元前 5 世纪前期实现的。此前，他只是阿提卡地区

的马拉松和阿菲德纳崇拜的地方英雄❶，其原型是个无法无天的强盗、"杀妖怪者"和"劫持妇女者"，既无值得彪炳的政绩，也缺乏道德感召力。阿提卡地区没有他的坟墓和祠堂，也无重要的祭礼；荷马史诗也很少提及他。少数描绘他的诗句也常被怀疑是后期雅典人篡改增添的。然而，这位声名并不显赫的地方草莽英雄却在百余年间演变成政绩卓著、英武开明的理想君主和民主政治的奠基人，其中原因自然引发古典学界的兴趣，遂成近30年学术研究的热点。

忒修斯神话中最古老的部分是他在克里特的冒险，其核心是进入迷宫杀死牛怪并劫走公主阿里阿德涅。该传说是最早见诸于希腊造型艺术的。人身牛首的牛怪造型早在公元前8世纪就已出现，可能比荷马史诗还早。与牛怪搏斗的主题最早出现于公元前650年左右，后反复出现在公元前6世纪的阿提卡瓶画上。最早涉及克里特冒险主题的文学作品是女诗人萨福的诗。

忒修斯在克里特的冒险故事可能残留着某些对克里特史前青铜文明的朦胧记忆。杰弗里·柯克就曾指出，"忒修斯在克里特的冒险故事，其古老性似乎是不可否认的"❷，可能反映或证实了"某些记忆模糊的历史事件"，并提供了"政治加工的摹本"。尤其是迷宫和米诺牛的故事，很可能保留了对克诺索斯史前宫殿和惊心动魄的斗牛杂技的歪曲印象。马丁·尼尔森推断说，斗牛曾是米诺人最痴迷的公共娱乐活动，有如罗马人迷狂于竞技场的角斗那样。他们可能训练年轻战俘充当斗牛士，有如罗马人强迫战俘参加角斗士训练那样。由于斗牛杂技非常危险，很多年轻的俘虏，包括雅典的战俘，都丧生于公牛的锐角下。克诺索斯史前宫殿的斗牛场成了"牛仔们"有去无归的葬身之所。这种恐怖的记忆深深印刻在雅典人的记忆中，经过许多代的流传，最终演变成"米诺牛"的神话。于是，恐怖的公牛演变成残忍可怖的吃人牛妖；克诺索斯的"迷宫"则成为牛妖居住的魔窟。还有一种推测，即忒修斯在克里特的冒险可能反映了希腊本土的迈锡尼武士们对克诺索斯的一次海盗式袭击。总之，忒修斯、迷宫与牛怪的故事可能残留着某些对克里特青铜时代的历史和文化风俗的模糊记忆。

从民间故事的角度看，忒修斯与阿里阿德涅的传说可归入"女孩帮助者"

---

❶ 关于忒修斯的起源地有诸多争论，笔者赞同尼尔森的观点，即忒修斯是阿提卡的地方英雄，见马丁·尼尔森：《希腊神话的迈锡尼起源》，伯克利、洛杉矶和伦敦1932年版，第166—167页。有关该问题的详细讨论，参见亨利·沃克尔：《忒修斯和雅典》，牛津1705年版，第9—15页。

❷ 巫宝三编.古代希腊、罗马经济思想资料选辑[M].厉以平，郭小凌，译.北京：商务印书馆，1990:63.

类型的故事，全称是"英雄逃逸中的女孩帮助者"。大致情节是：一位年轻人来到吃人魔王的国度，被分派诸多看似不可能完成的任务。魔王的女儿爱上这位青年，协助他完成任务，然后双双逃逸，并成功摆脱魔王的追踪。后因违反禁忌，中了魔法的年轻人失去了对新娘的记忆，但女孩让他恢复如初。希腊神话中最典型的这类故事是"伊阿宋和美狄亚的故事"。忒修斯与阿里阿德涅的故事亦可归入此类型，因为该故事包括了 6 个主要情节要素：一位年轻人来到有敌意的国王的国度；国王想除掉他；国王的女儿爱上了年轻人；公主协助他完成超自然的任务；公主与他双双逃走；年轻人突然抛弃了公主。

早期的忒修斯是位粗野的强盗，曾莫名其妙地劫持过多位妇女。遭劫者有阿里阿德涅、少女时代的海伦和冥后珀耳塞福涅（未遂）。这些情节都曾被荷马顺便提及，表明此类传说之年代古远。现代学者们相信，这些被劫持者并非普通妇女，而是植物女神。这类神话反映的是植物岁岁荣枯的自然现象。尼尔森相信这类劫持主题属于前希腊的神话，其原型是男神劫走植物女神，类似冥王哈得斯劫走珀耳塞福涅的神话，但其神圣意义后来被淡忘，被世俗化和被历史化了。

劫持植物女神的男神最终被世俗化，成为劫持凡间妇女的强盗英雄。有趣的是，这位强盗却被逐渐道德化了。雅典人为他劫持妇女寻找各种开脱的理由，或刻意淡化之；而他在关键时刻英雄救美的作用却被突出：他自愿充当人牲献给牛怪，最后杀死牛怪，解救同行的伙伴；他还挺身而出保护雅典少女免遭暴君米诺斯的侮辱。❶这样，一位劫持妇女的强盗转变成富有自我牺牲和英雄主义精神的正直青年，成为妇女和一切受强权压迫的弱者的保护人，从而成为符合雅典民主精神和道德理想的榜样。

---

❶ 按巴基里德斯《颂歌》第十七首：雅典人牲乘船驶向克里特途中，米诺斯国王垂涎雅典少女厄里比亚之姿色。忒修斯挺身相护，并以波塞冬之子自居。米诺斯请求其父宙斯发出雷电来证明自己的高贵，并投金戒于海中，责令忒修斯寻回，以证明其言之不虚。忒修斯潜入大海，旋被海豚带至海王宫殿，获海女王所赐紫袍和玫瑰冠，并携金戒凯旋，米诺斯深感惊愕。此情节亦为古希腊造型艺术之钟爱主题。至此，仍有某些迹象显示，忒修斯神话在公元前 6 世纪是稳步发展的，并和该时期的历史进程相呼应。

第四节 "宿命英雄"阿喀琉斯

一、阿喀琉斯的神话故事

阿喀琉斯是特洛伊战争中希腊联军中最强大的英雄，是第二代英雄中的佼佼者，为阿耳戈英雄珀琉斯和海洋女神忒提斯之子。阿喀琉斯的母亲是不朽的神，所以她也希望自己的孩子不朽。阿喀琉斯出生后，忒提斯捏着他的脚踝将他浸泡在冥河斯提克斯河（一说天火）中，使他全身刀枪不入，唯有脚踝被忒提斯手握着，没有浸到冥河水，留下了隐患。

后来阿喀琉斯被珀琉斯托付给贤者喀戎（Chiron）抚养，在佩里昂山学习英雄的技艺。幼年成长的场所除了佩里昂山还有故乡佛堤亚，在那里他和帕特洛克罗斯作为发小一同成长。

特洛伊战争爆发之前，忒提斯听过一个关于阿喀琉斯的预言：他将名垂青史，但注定活不到老，年纪轻轻就会死在战场上。也正是因为这个预言，忒提斯才想把阿喀琉斯变成不死之身，但命运女神的安排似乎是连神也不可违抗的。为了不让儿子有机会参战，忒提斯将他秘密托付给斯库罗斯岛的国王吕科墨得斯，希望他能将阿喀琉斯藏在宫中并以女孩的身份养大成人。其间，阿喀琉斯与得伊达弥亚公主秘密结婚，得伊达弥亚公主还为他生下了一个儿子，取名涅俄普托勒摩斯（Neoptolemos）。后来由于神谕，希腊军没有阿喀琉斯参战将无法攻破特洛伊，联军统帅阿伽门农便派人前往斯库罗斯岛寻找阿喀琉斯。因为阿喀琉斯长得十分俊美，混在女孩之中都无法辨别，于是奥德修斯利用计策设法认出了阿喀琉斯，随后阿喀琉斯加入了希腊联军。

阿喀琉斯在战斗中杀敌无数，数次使希腊军反败为胜，后来因与阿波罗交恶被阿波罗用神箭射中脚踵而死。（另外的一种说法是，箭是由帕里斯射出的，再由阿波罗引导射向阿喀琉斯的脚踵。）

阿喀琉斯死后，他的盔甲成为希腊英雄埃阿斯和奥德修斯争夺的焦点，奥德修斯最终凭演说击败勇士埃阿斯，继承了这套由工匠之神赫菲斯托斯打造的神器。埃阿斯则被雅典娜施法发狂，并悲愤自杀。

在阿喀琉斯死后，他的儿子涅俄普托勒摩斯被奥德修斯和狄俄墨得斯找到，加入了特洛伊战争，继承了父亲的衣钵，成为希腊军队中的"新阿喀琉斯"。最后在木马屠城时杀死了特洛伊国王普里阿摩斯以及赫克托耳与安德洛玛刻的小儿子。

木马屠城之后，阿喀琉斯托梦给儿子涅俄普托勒摩斯，告诉他自己已经成为神祇。

二、阿喀琉斯的英雄"形象"

从阿喀琉斯的出身来看，在史诗中，阿喀琉斯是一位大英雄，和其他的古希腊英雄一样，他具有半人半神的特点。由于当时的社会科技和文化还不是很发达，所以人们对一些当时无法解释的自然现象都掺杂进神祇的因素。在普通人当中若有人表现出很多方面有过人之处，当时的人们一般认为他是神祇的后代，即英雄。所以，首先在鉴赏荷马史诗的人物方面，我们就不能将里面的人物同当今我们所看到的文学作品里的人物，甚至文艺复兴时期的理想化的巨人相提并论，而应该更侧重于当时的文化来分析当时的人物。

阿喀琉斯是《伊利亚特》的中心人物之一，希腊联军中最强大的英雄。他是一个英勇善战、重视友情的人。首先，他在战场上百战百胜，从未输过，杀死过无数的特洛伊英雄，成为特洛伊的"噩梦"。从特洛伊人在没有他参战的希腊联军和有他参战的希腊联军时的不同反应，就可以看出他的强大战力。其次，阿喀琉斯忠于自己的朋友，当帕特洛克罗斯被赫克托耳杀死时，他真心实意地痛惜帕特洛克罗斯的牺牲，决心为他复仇。于是他满怀怒火地重新武装上战场，杀死了赫克托耳，并将他的尸体捆绑在战车上驱车游行。他的朋友安提罗科斯被阿伽门农杀死后，阿喀琉斯立刻冲向阿伽门农为他报仇，并将对手杀掉。虽然这是阿喀琉斯凶残的体现，但这也是他忠于朋友的体现。因此，阿喀琉斯是一个英勇善战、忠于朋友的人。

阿喀琉斯也有他的弱点。比如当大统帅阿伽门农侵犯了阿喀琉斯的战利品时，阿喀琉斯公开斥责他的损人利己，并拒绝战斗。他斥责阿伽门农的私心是正确的，但是消极应战却给希腊军队带来了巨大损失，希腊人失去了他们最强大的英雄；他杀死赫克托耳后将他的双脚钉在战车上驱车游行，体现出他对杀死自己挚友的仇人之愤恨，手段是何其的残酷，这正符合当时正在向奴隶社会过渡的原始社会的部落首领的特点；后来安提罗科斯被杀死后，他按捺不住心中的憎恨，再次进攻特洛伊城，不顾太阳神阿波罗的劝阻，带着满腔怒火攻进特洛伊城，最终被阿波罗与帕里斯射杀。由以上三例可以看出，阿喀琉斯也是一个残酷、霸道和固执的人。

同时，从一些细节也不难发现，阿喀琉斯还是一个具有同情心，且热爱生活的人。比如当普里阿摩斯向阿喀琉斯赎回儿子赫克托耳的尸体时，他答应了对方的请求并停战 11 天；再比如当阿伽门农夸口自己的箭术得罪了狩猎女神阿耳忒弥斯，致使阿耳忒弥斯逼迫阿伽门农将自己的女儿伊菲革涅亚献

祭给她，否则就不让希腊的舰队前进时，阿喀琉斯也冒着众将的斥责，前来搭救伊菲革涅亚；特洛伊战争结束以后，在大海上漂流多年的伊大卡国王奥德修斯来到阴间寻找底比斯城的预言家提瑞西阿斯的灵魂询问他自己将来的命运时，巧遇阿喀琉斯的灵魂，他告诉阿喀琉斯的灵魂生前我们阿卡亚人敬你如神明，死后你又威武地统治着众亡灵，何其幸运，阿喀琉斯却对奥德修斯说"我宁愿在人间当奴隶，也不愿意在阴间当君王"，表明了自己热爱人间的生活态度。

　　总之，阿喀琉斯是荷马史诗当中塑造得十分成功的人物形象，他的性格是鲜明多面的，他的形象体现了古希腊氏族社会英雄人物的特征。

三、"阿喀琉斯之踵"故事的形成

　　"阿喀琉斯之踵"的故事在今天流传甚广，许多人误以为阿喀琉斯除脚踵外刀枪不入。实际上，该故事并非荷马史诗原创，其形成时间超过千年，且应为"阿喀琉斯之踝"。

　　"阿喀琉斯之踵"故事最明显的矛盾在于：若阿喀琉斯除脚踵外刀枪不入，则保护脚踵足矣，要盔甲何用？但史诗交代其盔甲均是神明的杰作。此外，阿芙洛狄忒、赫拉、阿瑞斯和哈得斯等都曾被凡人所伤，这使阿喀琉斯的"刀枪不入"更显不可思议。若冥河水真有此神效，众神为何不去泡浸？即便众天神未曾涉足冥府，但哈得斯可是冥府之主。事实上，该故事是后世希腊人和罗马人对史诗相关记载不断增补和改编的结果，形成时间跨度很长。大体而言，该故事的形成可以分成4个阶段。

　　第一阶段是荷马史诗，其奠定了该故事的核心，即"忒提斯不想阿喀琉斯死"和"阿喀琉斯被射杀"。一方面，史诗把忒提斯塑造为一个对儿子爱护备至、忧其生死的母亲，奠定了"忒提斯不想阿喀琉斯死"的基调；另一方面，史诗只交代了阿喀琉斯的死亡和葬礼而未指明死因，"但提到4种可能性，即阿喀琉斯会被"一个神和一个人""阿波罗的箭矢"或"帕里斯和阿波罗"杀死以及阿喀琉斯说自己也许会被某人的投枪或者箭矢所杀。可见，史诗为后人的增补改编提供了相当大的想象空间。

　　第二阶段是古风时期，指出阿喀琉斯死于脚踝中箭。据《埃塞俄比亚人》（Aethiopis）指出阿喀琉斯被帕里斯和阿波罗所杀，未知射中何处，但可能是脚踝。古典时期的作品亦似乎未强调中箭处，只是凶手有区别。如认为阿波罗是凶手的有索福克勒斯和柏拉图，而欧里庇得斯则认为是帕里斯。此外，阿喀琉斯死于脚踝中箭的美术作品最晚出现在公元前6世纪。

　　第三阶段是古典晚期和希腊化时期，该时期出现了"忒提斯希望用神

浆使阿喀琉斯永生"的故事：忒提斯想通过白天涂神浆、晚上用火烧的方式来去掉阿喀琉斯的凡性，但被不明真相的珀琉斯察觉并阻止（伪阿波罗多鲁斯采用此说）。然而，这个故事明显改编自前公元6世纪上半叶的《荷马颂歌·致得墨忒耳》：得墨忒耳试图通过白天涂神浆、晚上用火烧的方法令得摩丰实现不老和永生，后被墨塔涅拉发现而失败。这个"火烧"的版本是解释阿喀琉斯刀枪不入的流行说法之一。

第四阶段是罗马统治时期，在"阿喀琉斯死于脚踝中箭"的基础上出现了"泡浸冥河水"和"刀枪不入"的说法。一方面，在希腊语文献中"脚踝中箭"得到保留但没有增补，如伪阿波罗多鲁斯认为帕里斯和阿波罗联手射中阿喀琉斯的脚踝；4世纪的《特洛伊的陷落》指出阿喀琉斯被阿波罗射中脚踝而死。另一方面，罗马作家基于"脚踝中箭"进行改编，提出阿喀琉斯"刀枪不入"的说法。首先，许金努斯（约公元前64—前17年）在《寓言》第107节指出阿喀琉斯被化为帕里斯的阿波罗射中致命的脚踝而死，"而斯塔提乌斯（约45—96年）首次谈到阿喀琉斯浸泡冥河水而四肢刀枪不入"；● 其次，塞尔维乌斯（公元4世纪晚期至5世纪早期）为《埃涅阿斯纪》卷六第57行所做评注指出阿喀琉斯除"（泡浸冥河水时）被抓着的地方"外刀枪不入，且死于"唯一会受伤害的地方"。拉克坦提乌斯·普拉西杜斯（Laquetius Placidos）（公元5世纪或6世纪）为《阿喀琉斯纪》卷一第134行做评注时也使用类似说法。阿喀琉斯"泡浸冥河水而刀枪不入"的说法至此形成。

值得注意的是，古典作家笔下的阿喀琉斯中箭处均为"脚踝"（ankle，σφυϱόν，talus）而非"脚踵"（heel，πτέϱνη，calx），两者绝非一个部位，但现代学者似乎对此并不重视，可见"阿喀琉斯之踵"故事影响之广泛。若在古典作家笔下都是"脚踝"之说，那今天何以成为广为流传的"阿喀琉斯之踵"？

其转变过程可能是发生在19世纪，亦即欧洲作家们对古典神话进行编写和艺术加工的时期，其中古斯塔夫·施瓦布（Gustav Schwab）的版本至今流行。在他的《古典神话故事集》中，指出阿喀琉斯被射中"脚踵"（Ferse）。"阿喀琉斯之踵"的出现，也许源自该书。由此可见，荷马史诗中的阿喀琉斯并非刀枪不入，但史诗相关记载的细节缺失给后人留下了想象空间。阿喀琉斯的"被射杀"源自史诗，"被射中脚踝"至晚源自古风时代。至罗马统治时期，"脚踝"说法得到保留和发展，"在拉丁语文献中出现阿喀琉斯泡浸冥河水而刀枪不入的情节"。但这严格来说已不属希腊神话（退一步说，也是

● ［德］汉斯·布鲁门伯格. 神话研究（下）[M]. 胡继，译. 华上海：上海人民出版社，2014:27.

"阿喀琉斯之踝"一说更准）。最终，相关故事在今天成为了流传甚广但跟史诗差别甚大的"阿喀琉斯之踵"的故事，导致人们对阿喀琉斯的形象产生普遍的误解。

第五节　"凡人英雄"赫克托耳

一、赫克托耳的"生"与"死"

荷马的《伊利亚特》结束于赫克托耳的葬礼。赫克托耳的死亡令特洛伊失去支撑，也让荷马的歌咏徐徐收场。不仅如此，在《伊利亚特》中，赫克托耳的葬礼还是神明对人类事务的最后一次干预。荷马对史诗的如此编织，是否有着特别的隐喻或寓托？依循《伊利亚特》的情节，赫克托耳的死亡源于命运中的两次重大"突转"——帕里斯携海伦来到特洛伊以及赫克托耳杀死帕特洛克罗斯，但从根本上讲，赫克托耳的死亡是宙斯实现计划宇宙葆有秩序的必然。因此，在某种意义上，赫克托耳的死亡不仅体现了荷马对赫克托耳与英雄、神明、秩序之隐晦关系的独特理解，更向泛希腊的听众暗示了人在城邦生活及宇宙秩序中的恰当位置。

（一）赫克托耳的"出场"

从《伊利亚特》中英雄人物的出场顺序看，荷马第一次述及赫克托耳的场合颇为玄妙。他出现在阿喀琉斯怒斥阿伽门农的誓言中：

> 总有一天阿卡亚儿子们会怀念阿喀琉斯，/那时候许多人死亡，被杀人的赫克托耳杀死，/你会悲伤无力救他们；悔不该不尊重/阿井亚人中最英勇的人，你会在恼怒中/咬伤自己胸中一颗忧郁的心灵。

"被杀人的赫克托耳杀死"，表明赫克托耳最初的形象是"嗜血"。赫克托耳在阿喀琉斯的怒斥中"出场"，又最终丧命于阿喀琉斯的愤怒，这一奇特的"复返"只是叙述的巧合还是诗人的独具匠心？难道赫克托耳的英雄品性、业绩甚至死亡，是为了衬托女神忒提斯与凡人珀琉斯之子阿喀琉斯？

从史诗的文脉看，阿喀琉斯这一庄重的誓言，不仅将赫克托耳与自己的命运紧密相系，也基本奠定了全诗24卷的基本结构和情节。阿喀琉斯因被剥夺荣誉愤而罢战，赫克托耳率军出城迎击希腊军，阿伽门农向阿喀琉斯求和遭拒，赫克托耳最终击溃希腊军，阿喀琉斯击杀赫克托耳，告慰帕特洛克罗

斯的英灵，普里阿摩斯赎取赫克托耳遗体。依据史诗的这一情节线索，正是阿喀琉斯的愤怒罢战，宙斯才让赫克托耳在战场获胜，以便衬托阿喀琉斯的更大荣誉，"宙斯有心让特洛伊人和赫克托耳获胜，以增强捷足的阿喀琉斯的光荣声誉"。❶

赫克托耳杀死代阿喀琉斯出战的帕特洛克罗斯，自身的荣誉达到顶峰，但后半部分阿喀琉斯重新出场、担当史诗主角后，宙斯的天秤便偏向阿喀琉斯，之前被宙斯一直宠爱的赫克托耳不得不吞噬命运的苦果。

赫克托耳在阿喀琉斯"悲愤于荣誉受到剥夺"的怒誓中"出场"，在击溃、嗜杀希腊将士的战场上获得至高荣誉，又在生命陨落、遗体受辱中映衬和张大阿喀琉斯更大的荣誉。从赫克托耳的"出场"到最终的"落幕"，无不与英雄生命的荣誉与毁灭息息相关。从这个层面看，荷马的《伊利亚特》歌咏了一个由"荣誉和毁灭（死亡）"所铸成的英雄故事。

（二）"英雄"赫克托耳

我羞于见／特洛伊人和那些穿拖地长袍的妇女，／要是我像个胆怯的人逃避战争。／我的心也不容我逃避，我一向习惯于／勇敢杀敌，同特洛伊人并肩打头阵，／为父亲和我自己赢得莫大的荣誉。

赫克托耳临别妻子安德洛玛克（Andromak）的一席话，展现了荷马社会的英雄伦理观：奋勇当先、屠杀敌人是英雄的荣誉，胆怯与卸责则是羞耻，杀敌屠城越多，荣誉就越高。在崇尚武力、颂扬战争伦理的荷马世界中，《伊利亚特》铺陈的暴力、杀戮、血腥，可谓英勇卓然、出类拔萃的英雄之举。就荷马笔下的英雄看，帕特洛克罗斯最仁慈、最好心肠，但在战场上同样残暴和嗜血。

如此，荷马的英雄世界似乎只是一个充斥暴力和屠杀的世界，英雄的行为似乎只是沉入暴力旋涡的本能反应。然而，"荷马社会的英雄们，并没有暴力之罪这样的'基督教意义'上的'罪'念，荷马社会不是一个'罪恶感文化'（guilt culture）的社会，制约英雄行为与行事的是羞耻感，可以说，荷马社会是一个'羞耻感文化'（shame culture）的社会，荣誉与羞耻决定个体生命的向度与归属。荣誉与羞耻，让勇猛、英武、善战的英雄们不停地追求卓越和出类拔萃，要永远成为世上最勇敢最杰出的人，不可辱没祖先的种族"，❷这是荷马或荷马社会对英雄品性的理解、对德性（卓越）的理解、对人生的价值与意义的理解。因此，从英雄伦理的层面看，赫克托耳"不明

❶ 赵舒雯.史诗世界 [M].济南：山东科学技术出版社,2017:137.

❷ 罗伯特·A.西格尔.神话理论 [M].刘象愚,译.北京：外语教学与研究出版社,2008:95.

智"的系列行动就可以理解了，比如，他对城邦的坚守知其不可为而为之，"我一向习惯于勇敢杀敌，同特洛伊人并肩打头阵，为父亲和我自己赢得莫大的荣誉。可是我的心和灵魂也清清楚楚地知道，有朝一日，这神圣的特洛伊和普里阿摩斯，还有普里阿摩斯的挥舞长矛的人民将要灭亡"；❶他过于自信和鼓舞士气的演讲，表达出他要杀死最好的希腊人以赢得最大荣誉的愿望，"明天清晨我们个个全副武装，发动猛攻一起冲向敌人的空心船。若神样的阿喀琉斯胆敢出现在船前，到时候就让他好好如愿以偿地吃吃苦。我不会害怕临阵退缩，决心和他比个高低，看是他战胜我还是我战胜他。战神对谁都一样，他也是杀人的人"；❷他特意留在特洛伊城门外，只身等候阿喀琉斯，"（赫克托耳的父母）苦苦哀求，但没能打动赫克托耳的心灵，他仍站在原地，等待强大的阿喀琉斯。有如一条长蛇在洞穴等待路人，那蛇吞吃了毒草，心中郁积疯狂，蜷曲着盘踞洞口，眼睛射出凶光；赫克托耳也这样心情激越不愿退缩"❸。

英雄的赫克托耳对荣誉的不懈追求，导致了他的死亡，但其英名却为后世所歌咏。由此，在《伊利亚特》中，赫克托耳上述的不明智甚至鲁莽，实际是荷马式英雄单纯而热烈的心灵的直接写照，荷马歌咏这样的英雄品性或许表达了对这一古老英雄精神的缅怀和颂扬。

赫克托耳是最好的特洛伊人，是特洛伊城邦的守护者，然而，荷马在歌咏赫克托耳勇武、光辉、善战的同时，亦不乏对其脆弱、惊恐、挣扎的勾勒，事实上，阿喀琉斯、阿伽门农、埃阿斯、狄俄墨得斯、奥德修斯、埃涅阿斯等，但凡《伊利亚特》的英雄人物，无不有脆弱惊恐、受苦挣扎之时，或许，这是荷马对人性、对英雄品性的完整性理解。对诗人荷马而言，凡人的伟大卓越与脆弱有限是不可分的，这两者的混合形成了英雄的天性。赫克托耳在面对阿喀琉斯的复杂思虑与仓皇出逃时，让我们看到荷马式的英雄有作为凡人的脆弱。不过，赫克托耳随后的镇定、无视命定死亡的勇武，以及甚至最后一刻还对不朽名誉的追求，又让我们看到英雄对"凡人性"的超越和接近神明的可能："命运已经降临。我不能坐以待毙，暗无光彩地死去，我还要大杀一场，给后代留下英名。"

由此，赫克托耳式的英雄所展现的脆弱人性，与其说是荷马式英雄之非完美性的体现，不如说，与脆弱相融合的英雄品性，让我们清楚地看到在崇

❶ [古希腊] 荷马.伊利亚特[M].王焕生,译.西安:西安交通大学出版社,2015:107.

❷ [古希腊] 荷马.伊利亚特[M].王焕生,译.西安:西安交通大学出版社,2015:108.

❸ [德] 汉斯·布鲁门伯格.神话研究（上）[M].胡继华,译.上海:上海人民出版社,2012:154.

尚英雄伦理的荷马世界中人类灵魂不断通过挑战与受苦而获得提升。人类灵魂的这一提升，在《伊利亚特》中，因为有神明对人类之祈求和祷告的倾听，以及神明对人类生活直接的影响和干预，从而变得更为直观、可行和意蕴深远。

（三）赫克托耳的死亡与秩序

荷马的《伊利亚特》结束于赫克托耳的葬礼。葬礼是一种文明或秩序的标志。如此，是否可以说，赫克托耳的死亡与秩序有关，进言之，赫克托耳的死亡换来一种秩序的可能？

从《伊利亚特》的情节看，特洛伊之战源于赫克托耳的胞弟帕里斯把墨涅拉奥斯的妻子海伦"偷回"伊利昂。帕里斯与海伦的爱欲破坏了城邦间的秩序，从而引来以阿伽门农为首的希腊远征军的征伐。不过，如果普里阿摩斯国王遵从长老们的意愿，"尽管她如此美丽，还是让她坐船离开，不要成为我们和后代的祸害"，或者在帕里斯和墨涅拉奥斯的决斗誓约："谁赢谁得海伦及其财产"——被雅典娜所挑动的潘达罗斯破坏后，仍然能听取安特诺尔的倡议——"让我们把阿尔哥斯的海伦和她的财产／交给阿特柔斯的儿子们，由他们带走；／我们是违反可依赖的誓言，进行战斗；／不那样做，就无望为我们获得利益"，●那么，双方也许真能缔结和约，英雄赫克托耳也不必死亡，巍峨的伊利昂亦不会毁灭。然而，子嗣众多的普里阿摩斯对子女的过于"溺爱、宽容"以及有些"骄肆"的父亲身份，最终给他自己、他的大家庭、他的城邦带来毁灭。因此说，赫克托耳的悲剧性命运似乎有些无辜。

然而，从古希腊人独特的"报应"伦理观来看，赫克托耳与伊利昂的命运似乎又不可避免。古希腊人的"报应"伦理观，有严格的近乎"几何学式"的对称与平衡，即杀人的人被杀，欠债必得偿还。墨涅拉奥斯跟帕里斯决斗前对宙斯的祷告，充分展现了这一古希腊的伦理精神："宙斯王，请让我报复首先害我的神样的阿勒珊德罗斯，使他死在我的手下，叫后生的人不敢向对他表示友谊的东道主人做出任何的罪恶行为。"❷客人对主人东道主情谊的破坏，是对基本人伦秩序的破坏，这样的"债"在荷马社会中必须"偿还"。实际上，普里阿摩斯家族中，不仅帕里斯欠债墨涅拉奥斯，普里阿摩斯的父亲拉俄默冬更是欠债神明。

无论是墨涅拉奥斯对帕里斯和特洛伊的积怨，还是神明们对赫克托耳祖辈毫无信义的愤怒，甚至帕里斯把纷争女神在忒提斯与珀琉斯婚礼上给他的

❶ [古希腊] 荷马.伊利亚特 [M].王焕生，译.西安：西安交通大学出版社，2015:119.

❷ [古希腊] 荷马.伊利亚特 [M].王焕生，译.西安：西安交通大学出版社，2015:204.

金苹果送予他认为最美的阿芙洛狄忒而惹来赫拉和雅典娜对他的愤恨，在最后都统统化为必须摧毁整个伊利昂的意志，而英雄赫克托耳是伊利昂城的守护神，是特洛伊一方的支撑，由此，赫克托耳最终的悲剧命运势必难免。

　　不仅如此，从奥林匹斯的诸神那里可知，赫克托耳的死亡、伊利昂的毁灭，早已为神明们所注定。肯定地讲，在《伊利亚特》中，神明们的"协定"维系着宇宙间的一种特定平衡和秩序，宙斯自己也身处这一平衡和秩序之中。虽然宙斯曾"宠爱"过赫克托耳，尤其怜悯于赫克托耳在普里阿摩斯的都城外被阿喀琉斯狠狠追赶之遭际，但聪明的宙斯不可能违背神明们昔日的协定。

　　倘若宙斯免去赫克托耳注定的死亡从而破坏神明们昔日的协定，那么，很可能会引发城邦神之间的大混战。当掌管天宇的宙斯、掌管大海的波塞冬等神明相互大战时，在冥府掌管亡灵的哈得斯会不会加入战局？再做进一步设想，荷马在《伊利亚特》虽没有提及宇宙神，但在《奥德赛》的开场白中就已提到作为宇宙神的太阳神赫利奥斯，是以，当天宇、大海、冥界各神明大战之际，如果宇宙诸神乘机而入，这样，整个宇宙不就处于混战无序的状况了吗？从这个角度看，赫克托耳的死亡的"伟大"蕴意可见一斑，他的地位和重要性绝非《伊利亚特》中其他英雄可以比拟的。

　　至此，在《伊利亚特》中，城邦守护神赫克托耳的死亡最终源于维系一种城邦秩序、神界秩序和宇宙秩序的必然。在颂扬英雄伦理的荷马世界中，赫克托耳的死亡既展现了英雄作为凡人的种种限度，又隐喻了英雄在城邦、神明、秩序中的微妙处境与位置。当荷马的泛希腊听众把注意力从对英雄荣誉的颂歌——不断追求生命的卓越和出类拔萃，导向更隐晦的秩序问题时，每个人内心最终所触及的是与自身密切相关的"人与城邦""人与神明""人与宇宙"的问题。从这个意义上讲，荷马的《伊利亚特》的流布实则为"让人性升向卓越"的一种伟大诗教。

二、阿喀琉斯与赫克托耳

　　荷马史诗中英雄人物的性格既具有氏族英雄的共性，又具有不同的个性特征。在《伊利亚特》中，阿喀琉斯和赫克托耳分别是交战双方的主将，但却代表着两种不同类型的古代英雄。前者感情冲动、心胸狭窄，后者富于理性、襟怀大度；前者以个人利益为中心，率直任性，后者以群体利益为重，具有高度的责任感；前者使我们体味到战争的残酷和昂扬无羁的独立精神，后者让我们感到人性的温情和命运的无奈。英雄主义是这两个人物共同的特征。就个人魅力而言，赫克托耳或许由于性格太完美，形象过于理想化，反

而不及缺点纷呈的阿喀琉斯具有感染力。但从某种意义上说，赫克托耳悲壮赴死，要比阿喀琉斯的取胜更为英勇感人。荷马史诗主要通过这两个不同类型的史诗英雄形象，讴歌了古代氏族领袖异彩纷呈的英雄本质。从两个人物的性格特征我们可以看到阿喀琉斯身上反映的西方人的行为方式和特点，而赫克托耳则表现了东方人的特性。他们作为典型的西方式和东方式的个人英雄，是东西方民族文化的缩影。

阿喀琉斯与赫克托耳两个人的不同个性特点与深刻孕育他们的民族性格密切联系在一起。希腊是西方古代文明的滥觞之地，这里海陆交错，海域占了大半，自然环境为古希腊人提供了极便利的海上交通，当时人们谋求生计主要是靠海上贸易。正是这种自然环境及商业性特点培育了西方人特殊的民族性格和价值观念。特洛亚地处西亚，是东方文明的发源地之一。与西方相比，古代东方文明的发祥地均系大陆内部。这种以土地和气候为生存基础、以灌溉和种植为生产方式的农业经济形态决定了东方人与自然环境相互依赖、和谐、合一的自然观，无形中也就促成了东方人统一、求同、依赖的性格特征。很明显在对人生的价值观上西方人和东方人有着很大的区别。西方人侧重于张扬人性中个性和情欲的层面；而东方人的侧重点则在于强化人性中群体性和理性的层面。在阿喀琉斯和赫克托耳身上分别反映了西方人和东方人的这种性格差异。

首先，荷马史诗通过对阿喀琉斯和赫克托耳两个人物的塑造，展示了东西方文化精神的整体风范，即它的冒险、拼搏与勇敢精神。勇敢无畏不仅是古代战争中人们赖以取胜的必备因素，更是英雄们的最高美德。阿喀琉斯、赫克托耳都靠勇敢去战斗，去获得自己的荣誉。在非战斗的生活环境里，勇敢能使一个男人受到他人的爱戴，成为女人选择理想爱人的重要条件。所以，无论是敌是友，只要具有勇敢精神，就可受到尊敬。阿喀琉斯为赢得这样的尊敬而选择了拼杀战场的命运；赫克托耳为此也义无反顾、视死如归。古希腊人生存方式的方方面面无不与崇武尚勇的社会风尚相系共生。

其次，通过阿喀琉斯和赫克托耳的言与行，表现了理性之外人与命运的不懈抗争。史诗大量的描写都集中在表现人的苦难与人生困扰的悲剧意识上。例如描写人的生命"就像树叶一样"，青葱的时日是不会长存的；战场上无休止的拼杀，让死亡时时悬在每个人的头上。人们难以超脱人生"苦海"的种种磨难，阿喀琉斯和赫克托耳也都是如此。从这两个英雄人物必死的归宿和历经的磨难，我们看到了史诗对人生命价值的肯定和赞颂。这其中涌动的是磅礴的英雄主义的情感，虽带悲怆，却没有一丝一毫的悲观，有的只是催人奋斗不息的悲壮。他们的人格魅力就在于以享乐和挑战的人生姿态，面

对现实人生的种种艰辛与磨难。他们那种乐观、积极向上的精神，与命运抗争的精神，悲壮的情怀以及由此积淀而升华成的悲剧精神，将古希腊文化精神中浓厚的悲剧意识极度地张扬，表现了长久的价值和魅力。

再次，阿喀琉斯和赫克托耳英雄人物形象的塑造，充分表达了在古希腊文化中始贯终一的人本主义思想。荷马史诗从价值层面体现了文学是作为人的精神本体存在，作为人的价值观念的艺术结晶。在史诗里，英雄们的自由意志得到了充分的肯定，完满地体现了以人为本的理念。他们依据自身的力量去与神主宰的一切、与命运安排的一切拼搏。阿喀琉斯靠的是自己的勇敢，赫克托耳靠的是自己的信念。甚至明知胜负的命运被宙斯把握着，英雄们也要一刀一枪凭借自己的力量拼争到底，哪怕被"神谕"告示自己将死，也决不后退。他们对现实人生的强烈兴趣的流露，其思想与情感完全超越了所谓来世的观念。

最后，史诗对阿喀琉斯盾牌的描绘，洋溢着对人间美好生活向往的激情，表现了对人自身的智慧与劳动的崇敬；甚至一个极平常的洗衣劳动的场面，在史诗里也被描绘得充满生活的诗情画意。史诗中描述的这两个英雄人物生成于古希腊文化的沃土里，其根须深深地被种植在民族文化的价值层面里，与人本主义达到了水乳交融的地步。我们从他们身上看到了一种人类的美德，一种永恒的价值，一种古希腊文化精神中最具影响力的人本思想。

总之，这两个鲜活的"英雄"形象的人格魅力是在张扬古希腊文化精神的特性中获得的。人类文明的进步与发展作为一种人本主义的精神象征，既是永存的，又会随社会的变迁和时代的变革而不断升华，释放出更强烈的精神吸引力和审美效应。

参考文献

[1] 马克思．马克思资本主义生产以前各形态 [M]．日知，译．北京：人民出版社，1956．

[2] [德] 尼采．悲剧的诞生 [M]．熊希伟，译．北京：华龄出版社，1996．

[3] [法] 鲁妥努．男女关系的进化 [M]．卫惠林，译．上海：上海文化出版社，1989．

[4] [古罗马] 维特鲁威．建筑十书 [M]．高履泰，译．北京：中国建筑工业出版社，1986．

[5] [古希腊] 埃斯库罗斯．奥瑞斯提亚三部曲 (附普罗米修斯被囚)[M]．灵珠，译．上海：上海译文出版社，1983．

[6] [古希腊] 荷马．古希腊抒情诗选 [M]．水建馥，译．北京：商务印书馆，2013．

[7] [古希腊] 荷马．荷马史诗 [M]．罗念生，译．北京：人民文学出版社，2002．

[8] [古希腊] 赫西俄德．工作与时日·神谱 [M]．张竹明，蒋平，译．北京：商务印书馆，1991．

[9] [古希腊] 欧里庇得斯．欧里庇得斯悲剧二种 [M]．罗念生，译．北京：人民文学出版社，1959．

[10] [古希腊] 色诺芬．经济论·雅典的收入 [M]．张伯健，陆大年，译．北京：商务印书馆，1981．

[11] [古希腊] 索福克勒斯．悲剧两种：安提戈涅 [M]．罗念生，译．北京：人民文学出版社，1978．

[12] [古希腊] 索福克勒斯．俄狄浦斯王 [M]．罗念生，译．北京：人民文学出版社，2002．

[13] [古希腊] 索福克勒斯．索福克勒斯悲剧二种 [M]．罗念生，译．北京：人民文学出版社，1979．

[14] [古希腊] 希罗多德．希罗多德历史 上 [M]．王以铸，译．北京：商务印书馆，1985．

[15] [古希腊] 修昔底德．伯罗奔尼撒战争史 [M]．谢德风，译．北京：商务印书馆，1978．

[16] [古希腊] 亚里士多德．诗学 [M]．罗念生，译．北京：人民文学出版社，2002．

[17] [古希腊] 亚里士多德 . 雅典政制 [M]. 日知，力野，译 . 北京：商务印书馆，1959.

[18] [古希腊] 亚里士多德 . 政治学 [M]. 吴寿彭，译 . 北京：商务印书馆，1983.

[19] [美] 爱德华·麦克诺尔·伯恩斯，菲利普·李·拉尔夫 . 世界文明史（一）[M]. 罗经国等，译 . 北京：商务印书馆，1990.

[20] [美] 房龙 . 人类的艺术 [M]. 衣成信，译 . 北京：中国文联出版公司，1989.

[21] [美] 斯塔夫里阿诺斯 . 全球通史 [M]. 吴象婴，梁赤民，译 . 上海：上海社会科学院出版社，1988.

[22] [美] 伊迪丝·汉密尔顿 . 希腊方式——通向西方文明的源流 [M]. 徐齐平，译 . 杭州：浙江人民出版社，1988.

[23] [苏] 约·阿·克雷维列夫 . 宗教史 [M]. 王先睿等，译 . 北京：中国社会科学出版社，1987.

[24] [英] 海伦·加德纳 . 宗教与文学 [M]. 沈弘，江先春，译 . 成都：四川人民出版社，1989.

[25] [英] 赫·乔·韦尔斯 . 世界史纲 [M]. 吴文藻，译 . 北京：人民出版社，1982.

[26] [英] 基托 . 希腊人 [M]. 徐卫翔，黄韬，译 . 上海：上海人民出版社，1998.

[27] [英] 吉尔伯特·默雷 . 古希腊文学史 [M]. 孙席珍等，译 . 上海：上海译文出版社，1988.

[28] [英] 列昂纳德·柯特勒尔 . 爱琴文明探源 [M]. 卢剑波，译 . 成都：四川人民出版社，1985.

[29] [英] 罗素 . 西方哲学史 [M]. 马元德，译 . 北京：商务印书馆，1990.

[30] [英] 马林诺夫斯基 . 巫术科学宗教与神话 [M]. 李安宅，译 . 上海：上海文艺出版社，1987.

[31] [英] 威廉·格兰 . 世界史编年手册：古代和中世纪部分 [M]. 刘绪贻，译 . 北京：生活·读书·新知三联书店，1981.

[32] [德] E·策勒尔 . 古希腊哲学史纲 [M]. 翁绍军，译 . 济南：山东人民出版社，1992.

[33] [德] 黑格尔 . 哲学史演讲录（第二卷）[M]. 贺麟，王太庆，译 . 北京：生活·读书·新知三联书店，1957.

[34] [英] 狄金森 . 希腊的生活观 [M]. 彭基相，译 . 北京：商务印书馆，1931.

[35] 北京大学哲学系外国哲学史教研室 . 西方哲学原著选读（上）[M]. 北京：商务印书馆，1981.

[36] 陈洪文，水建馥 . 古希腊三大悲剧家研究 [M]. 北京：中国社会科学出版社，1986.

[37] 顾准.希腊城邦制度 [M].北京:中国社会科学出版社,1982.

[38] 李诚元.古今奥运会拾零 [M].贵阳:贵州人民出版社,1987.

[39] 林志纯.世界上古史纲 (上)[M].天津:天津教育出版社, 2007.

[40] 罗念生.论古希腊戏剧 [M].北京:中国戏剧出版社,1985.

[41] 罗念生. 罗念生全集 (第二卷)[M]. 上海:上海人民出版社,2004.

[42] 吕大吉.西方宗教学说史 [M].北京:中国社会科学出版社,1994.

[43] 石敏敏.希腊人文主义 [M].上海:上海人民出版社,2003.

[44] 谢选骏.神话与民族精神 [M].济南:山东文艺出版社,1986.

[45] 阎国忠.古希腊罗马美学 [M].北京:北京大学出版社,1983.

[46] 裔昭印.古希腊的妇女 [M].北京:商务印书馆,2001.

[47] 赵林.神旨的感召——西方文化的传统与演进 [M].武汉:武汉大学出版社,
1993.

[48] 周国平.尼采:在世纪的转折点上 [M].上海:上海人民出版社,1986.

[49] 朱龙华.希腊艺术 [M].上海:上海人民美术出版社,1962.